U0891437

本教材为江苏省教育厅“青蓝工程”学科建设项目

21世纪应用型本科系列教材
总编辑委员会

总 主 编 刘继南
主　　编 丁海宴
执行主编 金梦玉
编　　委 王春生　王更新　严　翔　韩骏伟　翟静宜
吕　艳　刘林利　林晓鸣　宗珉玄　张慧临
丁纪晖　曹培鑫　李绍彬　李有兵

“文化产业类”系列教材
编辑委员会

主　编 韩骏伟
编　委 赵　阳　胡晓明　姜东旭　陈建华

21世纪应用型本科系列教材•文化产业类

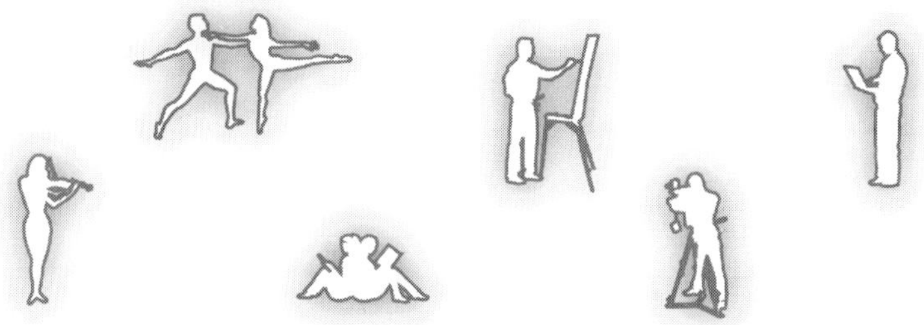

区域文化产业

QUYU WENHUA CHANYE

韩骏伟　姜东旭　编著

中山大学出版社

版权所有　翻印必究

图书在版编目（CIP）数据

区域文化产业/韩骏伟，姜东旭编著．—广州：中山大学出版社，2011.1
（21世纪应用型本科系列教材·文化产业类）
ISBN 978-7-306-03759-6

Ⅰ. 区…　Ⅱ. ①韩…　②姜…　Ⅲ. 文化—产业—中国—高等学校—教材　Ⅳ. G124

中国版本图书馆CIP数据核字（2010）第189886号

出 版 人：祁　军
策划编辑：邹岚萍
责任编辑：邹岚萍
封面设计：李晓新　王洪亮
责任校对：杨文泉
责任技编：黄少伟
出版发行：中山大学出版社
电　　话：编辑部 020-84111996，84111997，84113349，84110779
　　　　　发行部 020-84111998，84111981，84111160
地　　址：广州市新港西路135号
邮　　编：510275　　传　真：020-84036565
网　　址：http：//www.zsup.com.cn　E-mail：zdcbs@mail.sysu.edu.cn
印 刷 者：广州市新明光印刷有限公司
规　　格：787mm×960mm　1/16　14印张　280千字
版次印次：2011年1月第1版　2011年1月第1次印刷
印　　数：1～3000册　　定　价：28.00元

如发现本书因印装质量影响阅读，请与出版社发行部联系调换

内 容 提 要

文化产业发展迅猛，是21世纪的朝阳产业。经济一体化、全球化发展趋势势不可挡，而区域化是一体化和全球化的基础。文化产业作为经济产业部门之一，区域化发展趋势明显。区域文化产业差异较大，无论是国内的文化产业还是国际的文化产业，区域文化产业的发展速度、规模、特点都成引人关注的内容。

本书对区域文化产业相关概念、理论与案例进行介绍，内容包括区域文化产业发展的决定因素、区域文化产业空间结构与布局、区域文化产业结构优化、文化产业集群与文化产业园区、区域文化市场与贸易、区域文化产业协调发展与创新、区域文化产业发展战略与规划和区域文化产业政策与管理等问题。同时，为了帮助读者加深对区域文化产业基本概念和理论的理解，本书精选了国内外的一些案例、相关政策，供读者阅读时参考。

本书可以作为高等院校文化产业管理、艺术管理、新闻传播学、公共事业管理、国际文化贸易、会展经营管理、动漫产业管理、文学、艺术学等相关专业的教材或教学参考书，也是文化产业研究者、政府管理者、文化产业从业者和爱好者的重要参考资料。

目　　录

第一章　区域文化产业的理论基点

◉本章知识要点

区域与区域文化产业的概念

区域文化产业的特征

区域文化产业的形成与发展

区域文化产业学科的研究对象、内容与方法

导入案例 >>>

文化产业发展的云南现象

云南，是我国民族文化资源最富集的地区之一，这里生活着25个世居少数民族，其中15个是云南特有的民族。

以元谋猿人、腊玛古猿为代表的史前文化和古滇青铜文化、大理南诏文化、爨文化、抗战文化等构成了云南历史文化演进的主线，南方丝绸之路、茶马古道为代表的文化足迹至今仍充满着无穷魅力，世界文化遗产丽江古城一直吸引游人流连忘返，等等。这些悠久的历史文化和灿烂的民族文化，都是云南重要的资源和财富，不断在中国舞台乃至世界舞台给人带来耳目一新的艺术感受和震撼，呈现出持续快速繁荣发展的新景象。原生态歌舞集《云南映像》震撼无数观众，长篇力作《水乳大地》征服了众多读者，《七彩云南》大型民族歌舞倾倒美国观众，《丽水金沙》、《蝴蝶之梦》渐成文化品牌……云南文化，千帆竞发，共争风流。

尽管席卷全球的金融“寒流”持续影响区域文化产业，但闪耀着民族特色光芒的云南文化产业却如山茶花一般，开遍了整个云岭大地，焕发着勃勃生机，成为令人关注的“云南现象”。2009年以来，《印象丽江》观众总数比上年同期递增200%，成为国际金融危机背景下，云南“逆市飘红”的旅游文化产品之一。

云南在西部经济欠发达地区走出了一条具有云南特色的文化产业创新发展之路。

（见 http：//www. ccdy. cn/2010 －04/16/content_ 421226. htm）

第一节　区域文化产业的概念与特征

一、区域文化产业的概念

（一）区域

1. 区域的概念和类别

要理解区域文化产业，首先要理解“区域”概念和“文化产业”概念。从国际上北美自由贸易协议的订立、欧洲联盟的整合、亚太经济合作会议的发展，到国内西部大开发、东北振兴、中部崛起等的推进，区域经济和区域发展成为引人注目的概念。

对区域的理解，从不同角度有不同认识，一般而言，区域是一个地理概念，指地表的二维平面，既可以指一个国家甚至比国家更大的地理位置，如中国是一个区域，东北亚也是一个区域；也可以指比国家小如一个市、区、乡或镇甚至更小的地域。人类社会的政治、经济与文化都是以区域为基础发展起来的。

区域文化产业中的区域，是具有自然意义和社会经济意义的空间系统集合，既包括二维平面，又包括社会经济因素，既有自然特征，又具有社会特征。

区域按照不同的标准可以划分为不同的类型。按物质内容划分，区域可以分为自然区域和社会经济区域。自然区域又可以分为非生态系统自然区域和生态系统自然区域，前者如流域、大地貌单位（平原区、山区和高原区），后者如太平洋生态系统、黄淮海平原农田生态系统等。而社会经济区域又包括经济区域、社会文化区域等，前者如东北经济区、山东经济区等，后者如华人文化圈、东方文化圈等。

区域按照内在结构可以划分为均质区和结节区。均质区指具有单一的面貌，根据划分区的标准，其特征在区内各个部分表现相同。如气候区和农业区就具有均质区的性质。结节区是形成于区域内部结构或组织的协调，区域内包括一个或多个聚焦点（中心），以及环绕聚焦点的地域，中心和地域之间为流通线路所联结，区的边界处于联结的末梢。均质区如三大经济带、老少边穷地区等，结节区如东北经济区、流域经济区和城市经济区等。

2. 区域的特征

（1）内在的整体性。内在整体性针对均质区而言，是指形态特征的一致性；对结节区而言，则指中心与腹地经常的、稳定的联系。整体性是区域系统性的表现。

（2）空间界线的客观性与模糊性。区域无论存在的形式如何，都具有以下一些特点：地域性、综合性、层次性等。区域是客观存在的，但确切的区域之间的界限是不多见的。区域有内核边界，任何标定的区域都是“由思维构成的精神上的概念”，都是假定的。

区域是客观性和主观性的统一。区域的客观性表现为不同区域内存在客观上的差异性以及地理上的客观界线，区域的主观性表现为界线划分具有主观性。

3. 区域系统

区域是一个系统，用系统科学的理论和方法研究区域运动规律，探讨区域发展、可持续发展和协调发展的途径，是区域经济学的发展方向，区域文化产业也会用系统科学的理论、方法分析相关问题。

区域作为系统，由要素构成，要素形成一定的结构，并由结构产生一定的功能。区域系统具有综合性、整体性、动态性、开放性、空间性、地域性、层次性等特征。

（二）文化产业

文化产业概念的渊源可以追溯到德国法兰克福学派和英国伯明翰学派对“文化工业”的学院式研究，也可以追溯到20世纪80年代大伦敦市议会讨论文化商品时提到的“文化产业”一词。“文化工业”、“文化产业”英文名称均为“culture industry”。

联合国教科文组织关于文化产业的定义如下：文化产业就是按照工业标准，生产、再生产、储存以及分配文化产品和服务的一系列活动。这是从文化产品的工业标准化生产、流通、分配、消费的角度进行的界定。

目前，国内使用频度较高而且较易产生混淆的是创意产业和文化产业，两大概念之间存在一定的交叉性，均强调创新精神、创造才能以及技术和产品的创新对产业发展的决定性影响。创意产业主要指创意要素起核心或主导作用的产业，文化产业主要指文化内容要素起核心或主导作用的产业。当然，文化产业也强调创意，创意产业也强调内容，并且在产业层面有许多的重叠之处。

事实上，世界各国对文化产业并没有一个统一的说法，各国国情不同、历史不同、产业发展也不同，因此称谓也有所区别，在美国称为版权产业，在日本称为内容产业，在英国称为创意产业，虽然内涵方面有差异，但是外延方面却有极大的重合。

2003年9月，中国文化部制定下发的《关于支持和促进文化产业发展的若干意见》，将文化产业界定为“从事文化产品生产和提供文化服务的经营性行业”。2004年，国家统计局对“文化及相关产业”的界定是：为社会公众提供文化娱乐产品和服务的活动，以及与这些活动有关联的活动的集合。

随着我国经济实力的增强，人们收入水平逐渐提高，文化产品的消费越来越多，国内各级政府一直倡导文化产业的发展，文化产业将成为朝阳产业。

（三）区域文化产业

今天经济一体化的进程在加快，无论从世界经济发展，还是从我国的经济发展来看，经济一体化进程都成为一种必然的发展趋势，并且速度不断加快。

安塞腰鼓表演

经济一体化并不排斥区域化，一体化是区域化的发展趋势，区域化是一体化的基础，二者相互促进，共同发展。经济一体化发展中日益呈现出区域性特征，各地区以区域为基础参与全球一体化进程。

经济一体化进程并未完全消解区域的界限，在某种程度上使区域的界限更加明显，使区域经济优势更加明显。

文化产业作为国民经济的产业部门之一，也呈现出区域化特征，不同区域间的文化产业差异较大，既有竞争又有合作，在竞争与合作中推动文化产业整体发展。振兴民族文化、大力发展文化产业、推进“文化走出去”战略、塑造国际形象、提升软实力都需要我们关注区域文化产业的发展问题。

区域文化产业集合了区域和文化产业的概念，所谓区域文化产业，是指以区域为单位形成的文化产业，不同区域之间的文化产业存在明显的差异。区域文化产业也是一个系统，同样具有综合性、整体性、动态性、开放性、空间性、地域性和层次性的特征。

根据不同的标准可以划分为不同的区域文化产业。根据所处洲域的不同，文化产业可以划分为北美区域文化产业、欧洲区域文化产业、南美区域文化产业、东亚区域文化产业等。欧洲的文化产业又可以分为不同国家的文化产业，如英国的文化产业、德国的文化产业、法国的文化产业等。对于各个国家的文化产业，也可以进一步细分。比如，美国的文化产业可以分为不同州的文化产业，如纽约州文化产业、加利福尼亚州文化产业。

国内区域文化产业可以根据不同的流域划分为长江流域文化产业、黄河流域文化产业、珠江流域文化产业等，可以分为不同地区的文化产业如东北区域文化产业、西北区域文化产业、华南区域文化产业、西南区域文化产业等，也可以根据行政区划的不同分为北京区域文化产业、广西区域文化产业、云南区域文化产业、河南区域文化产业、江苏区域文化产业等不同省（自治区）市的区域文化产业。这些都是区域文化产业的表现形式，其中，城市是文化产业发展的主体，城市是各个区域文化发展的核心，是推动区域文化产业发展的重要力量。

二、区域文化产业的特征

（一）区域性

区域文化产业的第一个特征就是区域性特征或地域性特征。区域文化产业是在区域基础上形成的，它必须存在于一定的地理范围，脱离地理位置的文化产业是不存在的。

不同区域的经济特点、文化特点以及其他的社会要素存在差异性，这些差异性使区域文化产业具有特色，并区别于其他区域的文化产业。

大到一个国家、小到一个城市的文化产业，都体现了区域性的特征，总是以区域为基点形成差异鲜明的不同文化产业。不同的区域之间，其文化产业的发展模式、内在架构、结构要素、发展历史、文化特性、产业特色等都有明显的区域性特征。

（二）独特性

独特性是指不同的区域文化产业都有一些特色突出的内容，这些特色成为区域文化产业相互区别的突出特征。

不同国家之间的文化产业各有特色，差异明显，如中国、美国、日本与法国。虽然这些国家有些是发达国家，另一些是发展中国家；有些属于西方文化领域，另一些属于东方儒家文化领域，但这些国家的文化产业都有区别于其他国家的独特内容，这些内容既能体现民族特色，又能体现独特的历史文化。

即使一个国家内部的文化产业，区域之间也存在极大的差异性。以美国为例，美国是个移民国家，人民来自世界各个民族，这些移民带来了各自民族的语言、文字和文化，他们集聚于不同的区域，在区域内从事生产，发展贸易，频繁交流，在此基础上形成一定的经济、政治和历史，形成独特的区域文化产业。

美国百老汇街区

我国是多民族国家，不同区域的社会有不同的文化传统，有不同的经济政策，有不同的区域观念以及不同的区域资源，这些区别促成了区域文化产业独特性的形成。古都北京、西安与现代化的上海、深圳，这些城市的文化产业各有特色，形成独特的区域文化产业。

下，只有在满足基本生存需求后才可能消费更高级的精神文化产品，满足高层次的需求。经济发达意味着人们生活水平高，意味着基本生存和生理需求已得到满足，意味着对更高层次需求的追求和满足。这也是为什么发达国家人口规模小文化市场较大的原因，也是为什么发达国家文化产业较为发达的原因之一。

我国不同区域的经济发展程度和人们收入水平状况有很大的差异，一般来说，东部的经济更发达一些，人均收入水平较高，中西部相对落后一些，人均收入水平较低。东南沿海经济发达相对应的文化产业发展得也比较快，如上海、浙江、江苏、北京、广东等地，这些区域文化产业都各具特色，文化产业产值占区域经济总产值比重较高，文化市场广阔，文化产品消费市场大。相反，中西部的经济相对落后，文化产业所需要的资金、市场等也受到限制，该区域的文化产业落后于东部地区。

当然，西部的个别城市由于大力发展文化产业，该区域文化产业表现也很优异。但是，西部个别地区发达的文化产业却依赖于东部的文化市场，其文化产品大都为东部或者是国外区域的人口所消费。这从侧面也反衬出文化消费市场的重要性。

（四）文化因素

经济是主要因素，并不意味着经济的决定性作用，除了经济因素、自然因素影响区域文化产业的形成与发展外，还有文化因素。文化产业的核心是文化资源，每一个区域文化产业都是在充分利用文化资源的基础上发展起来的。

没有文化资源就没有文化产业，更没有区域文化产业，不同区域文化产业发展水平的影响因素之一就是文化资源的丰富程度、利用程度。区域可供利用的文化资源越多、利用得越充分，就越能促进区域文化产业的发展。

文化资源的拥有程度与利用程度相比较，如何利用文化资源更重要。一些区域文化资源丰富，却不知如何开发利用；另一些区域文化资源贫乏，却能博采其他区域文化资源为己所用，从而推动区域文化产业发展。美国文化产业的发展就是一个整合利用全球文化资源的过程。

除此之外，区域文化还影响着区域消费者的消费行为，影响区域居民的性格、观念、品质、心理等，进而影响他们的行为选择，影响区域文化产业的发展思路，影响区域居民的消费。例如，我国地大物博，不同区域的人们性格、习惯等差异较大，我们在分析湖南卫视的独特现象时，认为部分原因是与湖南人敢为天下先的区域文化特性紧密相关。

（五）市场机制

美国经济发达，但是作为一个移民国家，其文化发展历史短，传统文化资源较为匮乏，大部分文化是移民带来。但由于美国的市场机制成熟，资本充足，能够充分整合其他民族的文化资源为其所用，能够克服其内在的文化不足，促进文化产业的发展。例如，利用中国文化元素拍摄出来的《功夫熊猫》、《花木兰》等影片就是整合资源的例子，这完全得益于美国成熟的市场机制。

《功夫熊猫》电影剧照

二、区域文化产业的发展

（一）国外区域文化产业

从国外看，不同国家的文化产业差异性较大，即使同一个国家，不同区域文化产业的发展程度也不一样。下面对世界上有代表性的区域文化产业进行简要介绍。

1. 美国纽约的区域文化产业

美国经济发达，经济发展也体现出区域性，不同区域的经济发展差异性也较大。这里以纽约为例分析介绍美国的区域文化产业。

纽约不仅是美国最为发达的经济区，也是美国文化产业最为发达的区域之一，以纽约为核心形成了该区域的文化产业。纽约的影视业、舞蹈业、时装产业、传媒业表现最为突出，美国1/3的影视产品出自这里，这里被称为“舞蹈之都”，服装业是纽约最大的都市型工业，以高新科学技术为特征的新媒体发展也极为迅速。

纽约 SOHO 区

纽约有以艺术展示为特色的苏荷区、格林尼治村的柏立克街、新兴艺术区威廉斯堡，以及集聚了众多专业广告人士的麦迪逊道等。各种演艺场所众多，影院林立，除了百老汇、林肯艺术表演中心等知名演艺场所外，《纽约时报》广场区集中了上百座大小剧场，文化基础设施齐全，拥有众多的世界级博物馆、美术馆、图书馆、艺术中心等。20世纪大量的艺术形式在这里诞生，形成了文化产业集群，产生了较好的集聚效应。

2. 英国伦敦的区域文化产业

在英国，文化产业被视为创意产业，在外延上，创意产业与文化产业略有差别，但大部分都是相同的，所以下文中介绍英国创意产业时，仍以文化产业概念来介绍。

伦敦作为英国的首都，是国际上著名的文化产业之都，伦敦的文化产业是城市重要的支柱产业之一，也是近年来发展最快的产业之一。伦敦的广告、音乐、视觉与表演艺术、出版、广播电视、时尚设计等行业，在英国文化产业中具有明显优势，使得伦敦区域文化产业在英国最为发达。伦敦电影与电视广播业收入占全英国的75%，音乐产业产值约占英国音乐产业产值的50%，伦敦出版业的产值约占英国出版产业的36%，此外，伦敦的博物馆和画廊产业发达，每年前来参观的人数达1亿，艺术品拍卖仅次于纽约，位居全球第二。

从空间来说，伦敦文化产业形成集群发展的态势。比较有代表性的如依托传统制造业闲置载体发展的创意集群——伦敦泰德现代艺术馆，另一个代表是国王十字车站（King's Cross Station）地区，集中了建筑、当代艺术和手工业等视觉设计行业，广告等传媒和数字研发产业，以及大量的音乐和表演艺术团体。

伦敦大英博物馆

伦敦是文化名城，文化基础设施历史悠久、知名度高，有世界上最大的博物馆——大英博物馆，有国家画廊、国家剧院和皇家莎士比亚剧院，还有伊丽莎白音乐厅、艾伯特音乐厅、皇家音乐学院等，集中了全国90%以上的音乐商业活动，70%的影视活动。

伦敦还是英国文化产业最为集中的区域，英国1/3的演艺公司、1/3的设计机构、70%的唱片公司、90%的音乐活动、2/3的全职电影工作者、50%以上的广播电视从业人员、46%的广告从业人员、85%的时装设计师都集中于伦敦。伦敦是全球三大电影制作中心之一、三大广告产业中心之一，是英国的游戏产业中心，以及全球范围内传媒机构和集团较为集中的城市。英国73%的电影后期制作活动集中在伦敦，2/3以上的国际广告公司总部设在伦敦，书籍及杂志的出版商有1800余家，众多知名的报纸、杂志、通讯社、广播公司、出版集团等媒体云集于此。

3. 日本东京的区域文化产业

日本作为亚洲经济最为发达的国家之一，其文化产业也非常发达。在国内，以东京为代表的区域文化产业是日本文化产业的典型代表。

东京是亚洲最为发达的经济区之一，也是亚洲最为发达的文化产业区域之一。动漫产业是东京最具优势的文化产业。众多的动漫公司集中于此，有几千家动漫和游戏软件企业，培养了一批国际顶尖级的漫画大师、动漫导演以及大量的动画绘制者。东京文化机构密集，全日本 80% 的出版社都集中在此，还有著名的国立博物馆、西洋美术馆、国立图书馆等文化设施。

东京作为一个国际性的大都市，经常举办各种国际文化交流活动，如东京音乐节和东京国际电影节等。与动漫产业相关的论坛、节事、竞赛活动等创意活动主要有东京国际动漫节和杉并卡通节。

4. 法国巴黎的区域文化产业

法国是欧洲的发达国家，是欧盟的主要成员国之一。法国作为欧洲政治、经济、文化中心，其文化产业发展非常迅速，巴黎区域的文化产业是法国文化产业最具特色的代表。

自 1960 年代以来，随着新工业国家的兴起及冲击，法国也出现了工业非中心化及工业郊区化的过程。

巴黎卢浮宫

巴黎作为法国的政治、历史文化、经济中心，其文化产业自 1970 年以来随着城市经济的转型呈现蓬勃发展的势头。除了传统工艺行业之外，印刷、出版业也同样在巴黎表现出极强的优势。进入 21 世纪，巴黎文化产业的领域与空间也在不断变化与扩展。

巴黎文化产业的发展是一个传统与现代结合的过程，传统的文化基因深深地烙在现代城市经济发展的印迹中。

柏林勃兰登堡门

5. 德国柏林的区域文化产业

德国是世界经济最为发达的国家之一，德国历史上为世界贡献了众多的哲学家、艺术家和文化学者。柏林作为首都，是德国区域文化产业的典型代表。

柏林作为德国的政治、经济和文化中心，是德国最大的城市，人口超过 340 万，也是德国最大的区域文化市场。文化产业集群正是柏林发展最具前景的一个产业，这个集群包括媒体、创意艺术以及 IT 相关产业等三个领域。创意艺术正是创意产业集群发展的核心，它们和音乐、电影、电视、出版发行相互交融。

在 2005 年，柏林共有 22700 家公司从事集群内的工作，大多数的企业都是从事艺术和设计，除此外还有

4800家公司或是从事书籍以及报纸的印刷发行，或是一些通信技术公司、建筑公司、文化遗产公司、营销公共关系公司等等。

同时，柏林有大量的艺术家、演员、制片人、作家以及其他高素质的创意人员。柏林也是第一个加入欧盟创意网络的城市，这也使得它在全球范围能够更好地发展文化产业，柏林现在已经成为德国文化产业的中心。

从发达国家的区域文化产业发展现状我们可以得出以下一些结论：

（1）文化产业的发达程度与经济发展程度有极强的关联度，发达国家的文化产业的区域性特征较为明显。

（2）区域文化产业的发展总是集中于一个国家或地区的经济发达、市场成熟、文化资源丰富的区域。

（3）每个区域文化产业都具有自己特色明显、优势明显的文化产业行业和领域。

（二）中国的区域文化产业

中国是一个地域辽阔、人口众多、文化深厚、资源丰富、内部区域差异大的国家，正处于工业化、城市化、国际化、现代化的高速发展时期，区域文化产业差异明显，当然问题也较为突出。

从宏观上说，我国可以分为东部、中部和西部三大区域，东部又涵盖珠江三角洲区域、长江三角洲区域以及环渤海三角洲区域。另外，我国区域也可以划分为西北、西南、华北、东北、华东、华南等不同的宏观区域，还有根据行政区域又可以划分为不同的省市区域。

即使同一个省市，其内部的经济状况、文化状况、地理等因素的差异形成了内部不同的区域文化产业，以江苏为例，苏南、苏中、苏北的经济状况不同，各具特色和优势，使得不同区域文化产业发展程度、规模、速度、优势、内部结构、要素等方面差异较大。

我国的区域是融合了历史因素、经济因素、地理因素等在内的，以行政区划为核心的区域。下面以珠三角、长三角、环渤海三角区域，东北、中部、西部区域为代表介绍文化产业。

1. 珠三角区域文化产业

1978年改革开放、1997年香港回归、1999年澳门回归逐渐形成了大珠三角区域经济体系，相应地珠三角利用其区位优势、政策优势、文化特色，形成了有特色的区域文化产业。香港的影视产业、广东的文化产业园区、深圳的大芬油画基地等都是这个区域比较有代表性的特色文化产业。

2. 长三角区域文化产业

长三角是继珠三角之后的又一区域经济增长极，以上海为核心，囊括江苏、浙江的经济体逐渐形成。上海、杭州、无锡、苏州、南京、横店等是长三角区域文化产业的代表城市，这里文化产业园区众多，动漫基地遍布各处，文化底蕴深厚，文化设施齐全，区域内、区域间的联系紧密，交通往来频繁，伴随长三角经济体的形成，该区域文化产业也蓬勃发展起来。

3. 环渤海三角（经济带）区域文化产业

环渤海三角是继珠三角、长三角之后的又一经济发展地带，指以辽东半岛、山东半岛、京津冀为主的环渤海滨海经济带，同时延伸辐射到山西、辽宁、山东及内蒙古中东部。这里文化资源丰富，政治优势明显，交通便利，艺术家众多，文化传媒集团林立，形成了独具特色的环渤海三角区域文化产业。

4. 东北区域文化产业

东北，古称辽东、关东、关外、满洲，是中国东北方向国土的统称，包括辽宁省、吉林省、黑龙江省和内蒙古自治区东部（即“东四盟市”：呼伦贝尔市、兴安盟、通辽市、赤峰市）。随着“振兴东北”口号的提出，东北经济发展被提上日程。东北老工业基地的经济基础好，文化产业发展迅速，伴随着经济结构调整升级，这里的文化产业迎来了快速发展的好机遇。不同的省份进行体制改革，充分利用自己独特的文化资源，产生了一批优秀的文化传媒公司。

哈尔滨冰雕

5. 中部区域文化产业

以河南、湖北、湖南、安徽等省为代表，利用独特的文化资源，在演艺、影视传媒、出版印刷等领域的文化产业发达，在全国乃至世界范围都产生了一定的影响力。随着中部崛起，经济发展加速，一批有代表性的区域文化产业日益显露。

6. 西部区域文化产业

中国西部由西南五省（自治区）一市（四川、云南、贵州、西藏、重庆、广西），西北五省（自治区）（陕西、甘肃、青海、新疆、宁夏），内蒙古，以及湖南、湖北的部分地区组成。

西部区域远离海域，经济相对落后，但是西部文化资源丰富，云南、陕西、四川、广西、西藏、新疆等省（自治区）的文化产业潜力巨大，各具特色，这些地区的文化产业的部分行业发展速度甚至超过了东部个别发达省市。

下面以城市为代表介绍区域文化产业的发展程度：

上海莫干山艺术区

（1）上海的区域文化产业。上海是我国经济最为发达的地区之一，也是与外界进行文化、经济交流最为频繁的区域之一，是长江三角洲经济区的核心，伴随着经济中心地位的形成，这里也是文化产业最为发达的区域之一。

上海汇集了众多的传媒集团、影视机构、演艺集团、艺术机构，明星云集，每年的电视节、电影节颁奖典礼众多，艺术活动多种多样，云集了优秀的文化产业人才。

这里每年的演艺节目众多，大型的电影都将此作为宣传的重要站点。人们生活富裕，文化消费水平高，基础设施齐全，动漫基地、文化产业园区众多。这里也是高校众多的区域之一，培养了大量文化产业人才。

许多创意产品、重要的文化形式都从上海产生并流行于全国。这里也是国际交流的重要城市，每年往来的国际文化人才、创意人才、艺术人士众多。

（2）北京的区域文化产业。北京是我国的政治、文化、经济中心，是我国区域文化产业最为发达的区域之一，也是我国的文化产业中心之一。这一区域集政治优势、经济优势、历史文化优势于一体，在文化产业的各个领域发展都极为突出和优异。

北京有国家级权威的报纸、杂志、广播电台、电视台，有众多的艺术机构，有各类传媒集团，有众多一流的文化创意人士和艺术家，创作了大量的优秀文化作品和艺术品。这里每年举办各种精彩的文艺活动、艺术活动和颁奖典礼，全国乃至世界的明星、艺术家汇集于此参与各种盛大典礼。

这里文化活动设施齐全且先进，许多建筑富有特色，有世界闻名的博物馆、图书馆，有众多的美术馆、画廊，有各种展览，有众多精美、价值连城的艺术品。

这里高校云集，为文化产业从创意到市场营销及技术制作等各环节或领域提供人才。这里也是金融中心，为文化产业的发展提供金融上的支持。

（三）我国区域文化产业的特征

1. 内容的多样性

我国地大物博，区域差异大，民族较多，区域间的文化传统、发展历史、经济基础都不一样，因此文化产业呈现出多样性的发展态势。

2. 发展的不平衡性

正如我国经济的发展呈现出不平衡性一样，我国的区域文化产业也呈现出不平衡性，这种不平衡性既有区域之间的不平衡性，也有区域内的不平衡性，在发展规模、发展阶段、发展速度等方面都存在差异性。同时，有的区域文化产业发达，但是消费不足；有的区域文化产业消费规模大，但是文化产业生产不足。

3. 资源的特色性

不同区域的资源特色比较明显。比如，云南充分发挥其独特的民族特色发展文化产业，广西阳朔也充分利用了其独特的文化资源推动广西文化产业的发展，河南彰显其中原文化优势发展河南文化产业，并形成了特色的文化精品。

4. 产业的同质性

虽然我国区域文化产业的差异性比较明显，但是由于行政体制方面条块分割、部门利益、地方利益，不同区域间出现文化产业趋同、重复建设的现象，对于国家而言，这就是资源浪费，对于地方而言又很难形成竞争力。

第三节 区域文化产业学的研究对象、内容与方法

一、区域文化产业学的研究对象

一门学科的出现，必须有区别于其他学科的研究对象，否则就失去了其存在的依据。作为交叉学科的区域文化产业也不例外，区域文化产业是区域经济学和文化产业的交叉学科，是研究区域文化产业基本理论和发展规律的学科。

文化产业蓬勃发展，被誉为朝阳产业，如同区域经济一样，文化产业也呈现出区域性特征。不同区域之间的文化产业存在着差异性。为什么不同区域的文化产业的发展程度、特色、发展水平会存在巨大的差异呢？不同区域文化产业发展的原因在哪里呢？这些问题必须综合运用区域经济学和文化产业的理论才能解决。

区域文化产业研究的是区域文化产业的结构、内部运动规律，同时也包括区域文化贸易往来的运行机制和影响因素等内容。

二、区域文化产业学的研究内容

（一）区域文化产业的基本概念

本书将介绍区域文化产业涉及的基本概念以及相关的理论，这些内容涉及区域经济学以及文化产业领域的一些知识点。比如区域、文化产业、区域文化产业、区位、区域空间结构等概念，以及区域的平衡理论与不平衡理论等内容，区域文化产业发展的影响因素等。

（二）文化产业的空间结构与布局、文化产业结构优化、文化产业集群和文化产业园区等

从空间结构与布局的角度分析不同区域文化产业的特性、存在的问题以及区域文化产业集群形成的原因，并从结构优化的角度，使区域文化产业结构优化，促使其更快发展。

（三）区域间文化产业的贸易往来和协调发展

区域间的贸易往来现状、影响因素，区域文化产业的生产要素的流动，不同区域文化产业的矛盾与协调发展，包括对区域壁垒、地方保护主义、区域文化产业趋同等现象进行分析。

（四）区域文化产业的规划发展和政策

区域文化产业的发展战略与规划，以及政府的规制管理。政府在发展区域文化产业中的作用明显通过战略的制订、规划的实施以及监督管理保障区域文化产业健康发展。从国外文化产业发展的经验来看，一般都有文化产业规划。我国《文化产业振兴规划》的出台，将有力地推动我国文化产业的发展。各区域在国家文化产业振兴规划的指导下，为解决各地方的区域文化产业发展问题，区域内的文化资源优势发挥问题，区域间的文化产业如何互通有无、良性竞争问题，政策激励与规制问题，而制定地方性的文化发展政策和规划方案。

三、区域文化产业学的研究方法

区域文化产业作为一门新兴交叉学科，必然要用到区域经济学和文化产业学的相关研究方法、概念等内容。

（一）区域文化产业学的理论视角

1. 区域经济学的理论与方法

本书在写作过程中，多处借鉴了区域经济学的概念和理论视角，可以说区域经济学为区域文化产业的写作提供了方法论上的保障，区域经济学中一系列的概念在本书中均有所涉及和运用。

2. 文化产业的理论与方法

涉及文化产业的范围、文化产业的领域、文化产业的概念、文化产业的特殊性等。区域文化产业学是区域经济学与文化产业学的交叉学科，既用到了区域经济学的理论，

也用到了文化产业学的概念和实践。

(二) 区域文化产业学的研究方法

研究方法是指在研究中发现新现象、新事物，或提出新理论、新观点，揭示事物内在规律的工具和手段。研究方法是人们在从事科学研究过程中不断总结、提炼出来的。由于人们认识问题的角度、研究对象的复杂性不同，同时研究方法本身处于一个不断地相互影响、相互结合、相互转化的动态发展过程中，因此对于研究方法的分类目前很难有一个完全统一的认识。

从不同的角度出发，可以有不同的研究方法，大致包括实证研究法和规范研究法、定性研究法和定量研究法、归纳法和演绎法、实地调研和文献查阅，这些研究方法各有其优劣，在研究过程中会有不同程度的应用。本书所用的主要研究方法如下：

1. 规范研究法

它是根据一定的价值观念或理论对行为主体的行为结果及产生这一结果的制度、环境或政策进行评判，回答行为主体的行为应该是什么的分析方法。本书在写作过程中，在分析区域文化产业主体行为时，用的就是规范研究法。

2. 定性研究

它是与定量研究相对的概念，定性研究也称质化研究，是社会科学领域的一种基本研究范式，是科学研究的重要步骤和方法之一。定性研究是指通过发掘问题、理解事件现象、分析人类的行为与观点以及回答提问来获取敏锐的洞察力。本书在写作过程中，更多的是应用定性研究，探寻区域文化产业发展的原因。

3. 实地调研和文献查阅

本书在写作过程中，对一些区域的文化产业通过文献资料查阅等方式加深认识，也通过亲自调查的方式获取部分区域文化产业发展的一手资料。

本章小结 □□□

本章主要讲述了区域文化产业的基本概念和基本理论，并介绍了区域文化产业区域性、独特性、不平衡性、客观性、主观性和层次性特征。除了区域文化产业的基本特征外，本章对有代表性的区域文化产业发展状况、特点也做了重点介绍。希望通过本章的学习，能够对区域文化产业概念有深刻的认识和理解。

又像“庄园”的名词。比佛利山是好莱坞西边另一个自成一区的市镇，一幢别墅动辄百万美元，街上都是名牌货，简直就是“财富”与“名气”的同义词。

除了少数适合步行的购物街就是全洛杉矶地价最贵、好莱坞巨星最爱的住宅区，一幢幢典雅的豪华别墅坐落在绿树和围栏之内，布鲁斯·威利、菲尔·柯林斯、成龙等都是这里的住民。有些疯狂的追星族还会购买八卦媒体出版的《明星地图》，循着地址去找明星的家。

占地420英亩的环球影城本是提供给拍电影和电视影集的场地，有1万多部影片就是从这里出炉的，现在此处也成了独特的市镇，有片厂，有住宅区，更有令大人小孩都惊声尖叫的主题乐园。

环球影城利用拍电影的高科技，设计出“回到未来”、“ET外星人”、“侏罗纪公园”等刺激的游戏，让玩的人亲身经历剧中惊险，仿佛电影中的一分子。好玩之余，令人又不得不佩服好莱坞电影无中生有的神奇功力。

迪斯尼乐园

同时，好莱坞电影在全球的影响与日俱增，几乎集中了全美所有大型的电影制作发行公司，目前从事娱乐制作产业人数达到24万人，年收益达300亿美元。电影业作为娱乐业的火车头，带动了包括音像、电视、印刷、出版、旅游等整个娱乐业的发展，不仅给洛杉矶带来丰厚的利润，而且在很大程度上塑造着洛杉矶的城市形象，从事娱乐相关产业的人员达60万。主要的无线广播电视台如CBS、ABC、NBC等都在洛杉矶设有制作部门，《洛杉矶时报》成为美国第二大报纸。环球影城、迪斯尼乐园等著名旅游景点以及蜚声全球的阳光、沙滩，每年给洛杉矶带来超过2000万人次的停留过夜的游客，消费达到110亿美元。洛杉矶还拥有湖人和快船两支NBA球队、世界级的洛杉矶交响乐团和2个现代艺术博物馆等。

4. 文化旅游业

据了解，洛杉矶吸引游客的两个主要因素，就是天气和美景。除此之外，各族裔艺术家不遗余力的贡献，也有助于推动洛杉矶成为艺术之都，并引起不同兴趣的游客的注意。

据洛杉矶旅游局介绍，洛杉矶是全球最受欢迎的旅行目的地之一。2005年，它接待了2500多万游客，消费总额达到了129亿美元。美国旅行产业协会的调查结果也显示，2003年，洛杉矶是美国国内游第四大目的地，仅居于拉斯维加斯、奥兰多和芝加哥之后；而据美国国际贸易管理署（International Trade Administration）的统计，它在美国国际游目的地中排第二，仅次于纽约。

2004年11月，洛杉矶郡经济发展公司对文化旅游给洛杉矶郡带来的经济影响作了一个研究，发现2003年前往洛杉矶的文化游客达到了258万人次，其文化活动消费总额为5.35亿美元，相关的经济产出达11亿美元。除艺术相关机构的就业外，这些文化游客的到来至少为洛杉矶郡提供了相当于1.05万个全职工作岗位，而且为州、郡和市政府创造的税收达到了5400万美元。

2005年8月，洛杉矶郡艺术委员会下属的“艺术+文化洛杉矶”与洛杉矶旅游局也发布了《洛杉矶文化旅游研究》报告。研究发现：

(1) 在最近的一次旅行中，洛杉矶文化游客的平均消费比全美国文化游客的平均消费高38%；2004年，这一数字高达62%。

(2) 洛杉矶的文化游客是一般休闲旅游者的两倍。

(3) 洛杉矶文化游客的回头率高于芝加哥、纽约、圣地亚哥、旧金山和华盛顿特区这五个城市。

(4) 洛杉矶文化游客的首选活动中，园林参观挤掉了主题公园游览的排位，而选择去海滨的游客则与去剧院的旗鼓相当。

纽约中国戏院

洛杉矶越来越吸引艺术人才进驻。据《纽约时报》介绍，洛杉矶成为美国第二大艺术之都已有20年的历史。在这20年里，这座城市因移民而来的艺术家、艺术商人及博物馆馆长而获益匪浅。据美国人口普查局统计分析，最近几年来，进出洛杉矶的艺术家数量之比为2∶1，这一比例远高于美国任何一个大都市。

过去数年，洛杉矶的当代艺术与艺术家饱受无中心艺术区之苦，现在一些重量级的新中心开始显现。新中心有好几个：位于市中心的正在茁壮成长的画廊区，这里过去晚上通常是一个“鬼城”；还有卡尔夫市和圣莫尼卡市的老工业区。新生代的博物馆馆长也慕名而来：洛杉矶郡艺术博物馆、盖蒂博物馆以及哈默博物馆近年来都相继招募了艺术管理人才。

盖蒂艺术中心

当然，洛杉矶也是一个重要的表演艺术中

心。洛杉矶爱乐乐团（L. A. Philharmonic）被认为是美国最有活力的交响乐团之一，在搬进格兰德大道的迪斯尼音乐厅后，更受欢迎了。

资料来源

1.《洛杉矶产业转型对深圳建设国际化城市的启示》，见 http：//info. 10jqka. com. cn/news_ content. php？ cdate = 2007 - 12 - 08&guid = 00000000100012lo6y。

2.《神游洛杉矶》，见 http：//www. 51766. com/xinwen/11013/1101355203. html。

3.《各方为洛杉矶文化旅游献计》，见 http：//www. istis. sh. cn/list/list. aspx？ id = 4325。

思考与练习

1. 区域文化产业形成和发展的影响因素有哪些?

2. 简述区域的概念及其特征。

3. 举例说明自然因素在区域文化产业形成和发展过程中的作用。

4. 简要分析你所在省市的区域文化产业。

5. 选取较小的区域，调查该区域文化产业状况。

6. 根据本章案例《大洛杉矶区文化产业地图》，分析大洛杉矶区域文化产业的特点，影响大洛杉矶区域文化产业发展的因素有哪些。

第二章 区域文化产业发展的决定因素

◉**本章知识要点**

自然资源禀赋和区位条件

社会与生产要素

制度政策因素

市场机制成熟度

导入案例 >>>

深圳文化建设中的科技自觉

在深圳，文化产业实现跨越式发展，通过文化与科技之双翼“孵化”出新型文化业态和新一代文化科技企业。“文化科技产业”这一概念，最早出现在深圳华强集团的战略发展报告中。一批类似深圳华强的成长型高科技企业纷纷向文化产业转型，广泛吸收文化营养；而传统的文化企业更加注重依托新兴科技的力量，将创新科技赋予传统文化以新形式，也使创意得到最大限度的发挥。

据抽样调查显示，2009 年底深圳市有 6477 家文化科技结合的企业，约占深圳文化企业数量的 70.37%，实现境内外上市的企业超过 7 家。据深圳文化产业发展办公室数据统计，2008 年，在 401 家申请重点文化企业资质的企业中，文化科技结合型有 230 家，具备软件企业或高科技企业资质的企业数量有 49 家（同时具备软件和高新技术资质的 26 家，只具备高新技术资质的 14 家，只具备软件企业资质的 9 家），占 21.30%。

与此同时，文化科技产业通过创新使文化产品价值“倍增”，“创富效应”日益明显，在增加值和人均产值等方面均高于单纯的文化产业和科技产业。经初步估算，2008 年深圳文化科技业态企业增加值约为 476.36 亿元，占文化产业增加值 550 亿元的 86.61%，同比增长 20.08%，增长幅度较同期文化产业增加值增长幅度 15.60%，高 4.48 个百分点；与同期的高新技术产业增加值增长比例 15.00% 比较，高 5.08 个百分点。

作为一个文化资源十分贫瘠、文化底蕴并不深厚的新兴城市，深圳的文化产业为什么能够迅速崛起？为什么能够和国际老牌的文化都市一争高低？为什么能够在新兴的文化领域中占领制高点？这不能不引发人们的思考。

（见 http：//www.ccdy.cn/2009－12/06/content_ 324412.htm）

第一节 自然资源禀赋与区位条件

不同区域的文化产业呈现出极大的差异性，影响区域文化产业发展的主要因素有哪些呢？本书认为包括自然资源禀赋因素、社会因素和制度因素三大方面，除此之外与区域市场成熟度也紧密相关。这些因素前文略有提到，本节将详细分析。

自然资源禀赋因素在推动区域文化产业发展中的作用明显，自然资源禀赋因素是区域经济乃至区域文化产业发展的先决条件，是区域文化产业存在的客观基础。区域经济与区域文化产业的发展是建立在自然资源禀赋的基础上，不同区域的自然禀赋因素不同，是促成区域文化产业形成乃至差异性极大的原因之一。虽然如此，但决定区域之间文化产业差异性和发展水平的更主要因素是社会要素、制度要素等，因为，综观不同国家、不同区域的文化产业，我们会发现，自然资源禀赋和区位条件并不是决定性的条件和因素，相反，许多自然资源禀赋和区位条件较差的区域，其文化产业却很发达。

一、自然资源禀赋

自然资源禀赋论，是指由于各区域的地理位置、气候条件、自然资源蕴藏等方面的不同所导致的各区域专门从事不同部门产品生产的格局。不仅国家之间的自然资源禀赋存在差异，就是一个国家内部的不同地区也存在着资源禀赋的差异性，这种差异性是不同区域文化产业差异的首要原因。

1. 地理位置

地理状况千差万别，复杂多样，或高山，或平原，或江河湖海。地理位置的不同，影响极其深远，它影响区域范围内的信息交流和商品交换，进而影响交通运输，在自然经济发展时期，还直接决定了区域生产方式的差异。同时对文化方面也有所影响，塑造着不同的区域文化。

地处平原，可能就以农业生产为主；在草原，可能就以游牧为主；地处沿海，可能就以渔业为主。这些区域，由于所处的地理位置不同，气候条件、生存条件、自然资源等都不一样，因此其生产方式也不一样。到今天，科学技术日益发达，科技应用极其广泛，自然条件对生产方式的影响逐渐减弱，但是它仍然是影响区域经济的重要因素。

而不同的地理位置，不同的生产方式，也塑造着不同的区域文化。古希腊靠海，塑造了民主的城邦文化；中国地处中原，塑造了博大的中原文化，有人分别称之为“蓝色文明”和“黄色文明”。因此，地理位置的差异对社会生产的影响是多方面的。

地理位置的差异性对于区域文化产业发展的影响体现在以下几个方面：

（1）地理位置直接决定着区域文化产业的经济环境。一般而言，经济发达地区的文化产业也比较发达，而经济落后的地区，文化产业相对而言也比较欠缺。当今世界，经济的发达地区都集中于交通便利、靠近江河湖海的区域，无论是中国的上海，还是西方的纽约、伦敦等地，都是如此。我国东部与中西部的经济实力相差较大，主要原因也是因为地理位置不同，进而影响经济水平。因此，地理位置决定了文化产业的经济环境，而经济发展为区域文化产业的兴起、发展以及提高提供着消费市场和各类人才等生产要素。不同的地理位置，不同的经济发展水平，不同的文化市场，造就了不同的区域文化产业。

（2）地理位置直接影响着区域文化企业生产的成本。地理位置便利，海运交通发达，对于出口、运输、贸易往来都十分便利。文化企业由于处于不同的区域，其运输的成本不同。

首先，便利的交通条件，对区域间运输有利；成本较低，区域间的贸易往来更为频繁，处于这一区域的文化企业会更有竞争力。

其次，便利的交通条件对于区域人们的日常交往、文化交流和感情沟通也有利。长三角区域高密度的交通网，对这一区域的经济、文化、贸易的交流是十分有益的。

最后，地理位置地处交通便利处，也有利于信息的交流，无论是科技的、文化的、生产的、市场的信息，都是现代文化企业发展的关键要素。

（3）地理位置为区域文化产业提供了独特的文化资源。地理位置形成独特的地形、地貌等，可以成为区域文化产业发展的独特资源。俗话说得好，靠山吃山、靠水吃水，广西桂林的山水、内蒙古的草原、江浙的小桥流水、新疆的大漠风光、西藏的高原风情等等，这些都是自然风貌，都是独特的文化发展资源，成为这些区域文化产业发展的优势。当然，优势和劣势就像一个硬币的两面，这些独具特色的地理风光，有时也成为制约当地文化产业发展的重要因素。

2. 气候条件

从全球来说，气候种类多样。我国地大物博，横跨纬度和经度较大，气候类型繁多。不同的气候，对当地的生产方式、生活方式、作息习惯等影响很大，会进一步影响区域文化产业。

充分利用气候条件发展文化产业，也是区域文化产业发展的思路之一。比如，海南可以利用其冬季暖如夏季的特点，发展旅游业，哈尔滨可以利用其寒冬塑造冰雕，发展旅游业，从而都使该区域形成独具特色的文化产业。这些都是区域文化产业充分利用气候条件开发自身文化产业的典型案例。

3. 自然资源蕴藏对区域文化产业发展的影响

这种影响包括两个方面。

一方面，自然资源影响地方经济的发展。比如生产石油，可以使石油生产国富裕，可以使一个荒漠之地变成现代化城市。通过发展经济，促进生产，提高人们的生活水平，为文化产业提供必要的资本积累和消费市场，来推动区域文化产业的发展。

另一方面，自然资源本身如土地、水流等，也可以成为区域文化产业发展的重要因素。在众多的自然资源中，土地资源变得弥足珍贵。因为人们的生活首先要有居住环境，对于企业而言，需要厂房、高楼大厦等作为办公地点，对于文化产业而言，它的艺术创作者需要房屋居住。但是，城市化进程使得生产和生活的成本都在增加，因此，虽然大城市的文化产业不断集中，有积聚效应，但是成本的增加，也使得企业和个人不堪成本重负，竞争压力增大。

比如，纽约区域文化产业就受到土地资源的影响，随着居住人口增多，土地的价格在逐渐升高，企业、艺术创作者等的土地租住成本不断上升，迫使艺术工作者逐渐离开原来集中的 SOHO 区，寻找新的适合艺术创作的区域。

二、区位条件

区位理论是区域经济学的重要理论，着重分析企业进行区位选择的影响因素，作为区域经济的产业部门之一，区域文化产业也必然受到区位选择的影响。

区位论从点、线、面等区位几何要素进行归纳演绎，从地理空间角度提示了人类社会经济活动的空间分布规律，揭示各区位因子（因素）在地理空间形成发展中的作用机制，并着重分析了企业进行区位选择时考虑的因素。

1820—1830 年代，区位理论诞生，其主要内容是探讨人类经济活动的空间法则及一般规律，寻找工业、农业、商业等经济活动的最佳地点，即研究各种经济活动的最佳布局。传统区位论研究的是如何在一国国内进行生产布局，当然，我们也可以进一步延伸，用来解释国际经济活动中的空间布局问题，也可以把范围缩小，用区位因子理论分析区域的产业布局。

（一）区位理论介绍

1. 区位的概念

区位一词来源于德语“standort”，英文于 1886 年译为“location”，即定位置、场所之意，我国译成区位，日本译成“立地”，有些学者意译为位置或布局。区位包括天文区位、自然地理区位、经济区位、文化区位、政治区位等。

（1）天文区位。是指反映某一事物的经纬度位置。

（2）自然地理区位。是指反映某一事物与山、江、河、湖、海等自然环境要素相互关系的区位。

（3）经济区位。也称为经济地理区位，是指反映某一事物与经济实体的相互关系的区位。

（4）文化区位。也称为文化地理区位，是指反映某一事物与文化环境相互关系的区位。

（5）政治区位。也称为政治地理区位、地缘政治区，是指反映某一事物与政治中心、政治边界等政治要素相互关系的区位。

长三角便利交通网和巨大市场

2. 区位的特征

（1）区位的综合性。区位包括自然区位和社会区位两大类。自然区位可分为天文区位和自然地理区位；社会区位可分为经济区位、文化区位、政治区位等。一个区位都是自然区位与社会区位的综合体。

（2）区位的确定性。区位总是在一定方位上，而且方位和距离决定了区位的唯一性，方位和距离规定了某个文化企业公司或某一区域的确切位置。

（3）区位的层次性。区位可以用不同的距离尺度表述，如大位置、小位置、地址、微位置。

（4）区位的历史性。地理环境的变化引起区位的历史变迁。比如沙漠扩张、海岸升降、河流改道、港口淤塞等，均可引起自然地理区位的变更，在现代自然环境日益恶化的情况下，这一特点表现更为突出。除了自然因素外，交通技术革新、交通网络扩展、行政区划变更等，也会引起经济地理位置的变化。区位的历史性是城市迁移和兴衰的重要原因。

（二）从区位理论的角度分析区域文化产业的形成

不同地区的区位条件不同，不同区域的生产要素丰富程度不同，不同的文化产业所需要的生产要素也有差异，区域文化产业的发展程度也因区位的差异性而存在水平差异。

区位理论解释了文化企业在选择区位时的影响因素，反过来也为我们思考区域文化产业的形成和发展提供了很好的借鉴因素。下面从区位角度分析区域文化产业的形成。

1. 成本因素

成本因素是文化企业区位选择考虑的首要因素。一个区域的交通便利程度、所处的位置（距离原材料、消费市场的远近）成为文化企业选择区位的考虑因素。

2. 市场状况

区位条件中的市场状况是区域文化产业发展的另一个决定性因素。一个区域的消费市场大小、市场的开发程度、市场的文化接受度等，成为文化企业积聚于此并促成此区域文化产业发展的重要因素。

3. 商业中心和信息因素的考虑

知识经济时代的到来，信息获取的速度和质量成为企业决策的重要因素，并成为在激烈的市场竞争中关乎成败的重要因素。因此，区位条件中的商业中心和信息获取的便利性等因素是文化企业进行区位选择考虑的重要因素，也是对区域文化企业发展产生重要影响的关键要素之一。

4. 生产要素的丰富性，尤其是人力要素的丰富性

文化产业需要创意人才，需要丰富的人力资源支撑，生产要素的丰富程度是区位条件中的重要考虑因素。

5. 文化、生态、景观影响着文化企业的区位选择

很多时候，文化企业选择区位的时候，不仅仅考虑成本等因素，还会考虑文化生态景观特色等综合性的因素。

第二节　社会与生产要素

影响区域文化产业发展的因素除了自然资源禀赋和区位条件因素等，还有社会与生产要素等，在现代社会，后者是区域文化产业发展的重要影响条件。

一、社会要素

社会要素涉及的内容广泛，一个区域就是一个社会，不同区域之间的差别，除了自然方面外，主要体现为社会结构、社会功能、文化资源等方面。下面我们介绍社会因素是如何影响区域文化产业发展的。

1. 历史遗产

文化产业的发展往往具有历史延续性，一个区域的历史传统如何，对区域文化产业的发展具有影响。

河北承德避暑山庄具有 300 多年的历史文化，这提升了该城市的知名度，有利于发展旅游、吸引外资。东南沿海文化产业的发达除了得益于千年历史积淀外，也与近代中国的发展密不可分，当外国侵略者把沿海的城市化为通商口岸时，同时把西方文化和市场观念带到这片区域，使这里产生了我国最早的报业、出版业、印刷业、影视业等。

承德避暑山庄

2. 文化资源

文化资源的丰富度是影响区域文化产业发展的重要因素，文化产业发展需要文化资源，文化资源为文化产业发展提供了内容。发展区域文化产业需要对文化资源进行合理开发、保护和利用。

3. 观念因素

文化商品是一种特殊的产品，对人们观念、意识、价值观等都会产生影响，对社会的聚合、民族的认同、内部关系的协调等也会有或明显或潜移默化的影响。

反过来，对文化产业的理解和认识，也影响到了文化产业的发展。对文化产业的认识存在时代的差异性。过去我们往往只强调文化事业，而没看到文化的产业功能，因此忽视了文化产业的发展。随着文化产业概念的提出并在党的理论文件中得以确认，文化产业迎来了大发展大繁荣的时代，这就是观念因素的作用。因此，发展区域文化产业要解放思想观念，哪个区域思想观念解放得早、解放得好，哪个区域文化产业的发展就比较快。

除此之外，不同区域之间的人们的观念也存在差异性。不同区域由于历史传统不一样，接受新事物的能力、接触新事物的机会不一样，对文化产业的认识也不一样。不同的观念会产生不同的心态，会有不同的文化消费观和不同的文化市场状态，这些都影响文化产业的发展。从法兰克福学派开始，对于文化产业的理解就存在着不同的认识，今天关于高雅艺术和通俗艺术的争论，关于文化产品意识形态的争论，都与观念认识有关。改革开放的历史，也是解放思想的历史，只有思想观念解放了，发展文化产业才不至于畏首畏尾。

4. 教育机构

我们看到，无论是纽约、伦敦、东京，还是上海、北京，这些区域不仅文化产业发达，而且高校较多，积聚着大量的文化创意人才和经营管理人才。高等院校的数量与质量，反映了一个地区的教育水平，并影响该区域对文化产业的认识程度。良好的学术氛围、创新意识，对区域文化产业的创意、经营都有极大的帮助。

5. 区域的硬件设施齐备程度

包括交通、图书馆、博物馆等，这些设施既是文化产业发展水平的重要表现，同时也是文化发展的重要条件。

二、生产要素

1. 技术条件

文化产业的发展离不开科学技术的支持，报业、影视业、印刷业、演出业等文化产业与各种技术的发明和应用紧密联系在一起。

美国的文化产业发达，与其高水平的科学技术是分不开的。比如《功夫熊猫》、《阿凡达》等影视的后期制作，都需要大量的技术支持。

电影《阿凡达》海报

（1）科学技术拓展了人类的想象空间，为文化产业的创意提供了丰富的土壤。

（2）科学技术为区域文化产业的发展提供了技术支持和设备支撑。数字产业、游戏动漫产业都离不开技术的支撑。

（3）科学技术为人们消费文化产品提供了设备。无论是巨大的演出场所，还是令人炫目的3D演出影院，这一切都需要技术的支撑。现代的网络产业、网络消费、电子图书等，都离不开技术。

（4）科学技术为信息的交流和产品的流通提供了辅助性的条件。现代社会成为一个地球村，现代的通信设备以及快捷的交通，使得国际间的合作与交流更方便，家庭办公、远距离操控和管理都成为可能。

因此，我们发现，区域产业技术发达程度，对区域文化产业的影响是巨大的。

2. 人力资源因素

前文提到，文化产业和创意产业之间是有交叉的，事实上，文化产业也需要创意，可以说，文化产业与创意产业二者的核心部分是相同的。对于文化产业的发展而言，不仅仅需要一般的技术人才、营销人才、管理人才，更需要创意人才，创意人才是文化产业持续、繁荣发展的重要条件。

3. 资本支撑

资本是文化产业发展的必备条件之一。产业的发展必须有充足的资本支撑，现代化的文化产业发展，无论是网络视频，还是国际性的演出，或者是大电影制作，产品的生产和竞争的加剧都要求巨额资本的提供，我们甚至可以说，没有充足的资本，就没有文化产业的发展。美国好莱坞大片的制作，与纽约发达的金融产业和规范的资本市场密切关联。发达的区域金融产业和规范的区域资本市场，可以为文化产业的发展提供充足的资金，降低风险，消除产业发展的瓶颈。

4. 其他产业的支撑度

文化产业不可以离开其他产业而单独发展。文化产业是复杂的产业之一，与其他的产业包括通信业、交通业、制造业、金融业等有着千丝万缕的联系，这些产业为文化产业的发展提供必要的产业支撑。

第三节　制度因素与区域市场机制成熟度

前文提到，文化产业的形成与发展离不开自然因素和社会因素的作用，除此之外还受到制度因素的制约。综观古今中外，国家间、区域间的自然条件差异性大，但是有些国家与区域却能在恶劣的自然环境下，齐心协力、艰苦奋斗，文化产业发展取得较大成绩。除了社会因素外，制度因素和市场因素起到较大作用。

一、制度因素

制度因素是影响区域文化产业形成与发展的重要因素。市场经济是法治经济，最终都是通过制度来规范实施。所谓制度，从广义上说不仅仅包括各种法律、法规、政策等抽象性规定，还包括在实践中形成的各种规范、习惯、习俗等。从狭义上说，主要是指调节各种经济关系和社会关系的法律规范性文件。

法律的重要作用，《论法的精神》这部经典著作早已阐述，欧美资本主义几百年的发展历史，也是法律健全史。没有健全的法律，就没有欧美国家今天发达的经济、民主的政治和强大的国力，也就没有日益成熟、蓬勃发展的文化产业。

中国作为新兴的、最具成长潜力的、最大的发展中国家，其成就的取得与我们加强制度建设、加强法制建设紧密相关，发展文化产业需要我们进一步加强制度建设，做到有法可依、有法必依、执法必严、违法必究，为社会主义文化市场保驾护航。

稳定健全的制度为区域文化产业提供良好的制度环境。制度的稳定，可以使社会稳定，可以促进宏观经济的稳定。社会稳定可以使人们更有序、放心地从事文化创作、文化生产和消费。

同时，制度的健全对于文化产业筹集资金、组织生产、抵押贷款，对于人们的文化产品信用消费，对于生产的各个环节的协调推进等方面都具有其他因素不可替代的功效。

从制度上说，就是要为文化产业的发展创设好的法律环境，制定调节文化产业发展的各种法律、法规、规范等，并且真正运用这些法律来规范文化产业内部各种关系。

社会主义法制建设取得了很大的成就，区域文化产业的发展得益于这些成就的取得，但是，由于我们国家建设的历史比较短，经验缺乏，区域文化产业内部的一些关系还不规范，法律不健全，还没有达到完全意义上的有法可依、有法必依、执法必严、违法必究，因此需要我们进一步努力完善文化产业制度建设，只有这样才能促进区域文化产业长久、健康、稳定的发展。

二、区域市场机制成熟度

文化产业主要是生产文化商品，目的是满足大众的精神需求。文化产品和其他商品一样，也符合商品流通的一般规律，受市场三大机制——价格机制、供求机制、竞争机制调控。

通过对世界区域文化产业研究发现，文化产业的发达程度与市场机制的成熟度密切相关，伦敦、巴黎、东京、香港等区域文化产业发达，原因之一是这些区域市场机制成熟并良性运行。西方国家现代市场体制运行有几百年的历史，在资源整合、市场开发、产品制作等方面都有成熟的经验，能够以市场为导向，遵循市场规律发展区域文化产业。

我国原来是计划经济体制，1978 年改革开放后，才逐渐确定了市场机制在调控资源方面的主导地位，但是由于区域的开放程度不同，市场机制的运行成熟度不同，甚至在一些地区，市场的体制仍不完善，市场在调配资源中还受原有的计划经济体制干扰，受到政府部门的强力干涉。

上海、广州等地，地处沿海，19 世纪以来就接受外来文化的影响，西方的商品生产、市场开发观念等都潜移默化地影响着这里的人们，这些观念瓦解了传统的自然经济和小农意识，培育了现代的市场观念，改革开放后，更是利用改革开放的先发优势和持续完善的市场机制，不断推动这些区域文化产业的发展。

市场机制的完善程度对区域文化产业的发展程度通过以下几方面发生作用：

（1）市场机制的完善程度直接决定着区域的商品文化发达程度。以浙江为例，地处沿海，商品经济发达，人们的商品经营意识强烈，遍布世界各地的浙商，展现着这片土地上的人们的商品文化观念。

（2）市场机制的完善程度直接决定着区域文化产业资源整合的质量。文化产业的运转，需要资源的整合，包括人、财、物（设备、文化资源等）资源整合，越是市场机制完善的区域，其文化产业在发展的过程中，资源的整合就越顺畅，融通资金、租赁设备、获取经营人才和创意人才就越有效率。

（3）市场机制的完善程度使文化产业产品价格信息传递更准确。在市场经济下，企业的生产主要受价格机制、供求机制和竞争机制的调控，市场机制越完善，价格的传递就越迅速，对于生产者而言，其产品生产就越发理性。

（4）市场机制的完善程度直接决定着区域文化产业的竞争程度。在市场经济条件下，文化企业之间存在竞争，而竞争越激烈，越会导致优胜劣汰，就会使得资源向优秀企业集中，并促使这些企业进一步提高生产效率和产品质量。美国纽约、英国伦敦等区域，往往同一领域的文化企业高度集中，竞争激烈，产生一批优秀的国际型大企业、大公司，创造一批优秀的文化产品，引领世界潮流。

（5）市场机制的完善程度直接决定着文化产业商品的生产、流通、分配、消费等各环节的顺畅开展，推动扩大再生产的顺利进行。市场机制通过价格的传递、竞争的优胜劣汰，使商品的生产、流通、分配、消费等顺利开展。

综上所述，我们发现，区域文化产业发展是一个系统工程，需要对自然资源、社会要素、制度资源进行综合利用和优化，才会促进区域文化产业的迅速发展。区域文化产业发展必须充分利用区域的优势，综合考虑区位条件、自然禀赋、社会文化条件、生产要素丰富程度、市场机制完善程度和政策的配套程度，引导特色的区域文化产业发展。区域文化产业的发展必须有配套的条件支撑，否则只能使资源浪费，最终归于失败。

本章小结

本章在第一章的基础上深入探讨了影响区域文化产业产生、形成和发展的因素，具体包括自然资源禀赋与区位条件、社会与生产要素、制度因素与市场机制成熟度等内容，但这些因素对区域文化产业所起的作用并不是均衡的。发展区域文化产业，要根据区域具体情况，在这些影响因素上下工夫，努力推进区域文化产业的发展。

案例精选

广西阳朔文化产业

作为具有鲜明民族文化特色和丰富民族文化资源的少数民族自治区，广西堪称“文化富矿”。

改革开放前，广西经济不发达，几乎没有文化产业可言，提起广西的文化，人们首先想到的就是“刘三姐”。

1959年，彩调剧《刘三姐》首次在南宁公演，立即轰动南宁，引起文艺界的高度关注；1960年4月，“刘三姐专题文艺会演”在南宁举行，演出了彩调剧、歌舞剧、歌剧、桂剧、木偶剧、壮剧等各种形式的《刘三姐》剧目共43场；1960年10月，《刘三姐》赴北京公演，随后在全国巡回演出，历时15个月，在24个省区市演出500多场，影响力遍及全国；1961年，电影《刘三姐》在国内外公映，很快风靡港、澳、台、日本和东南亚，海外掀起“刘三姐热”。由此，逐渐形成了“刘三姐”这一文化品牌。

“刘三姐”的文化历史辉煌久远，但在那个年代，这仅仅是广西文化的一枝独秀。改革开放以后，随着广西经济的发展和国家文化产业战略的推行，广西文化产业也开始摆脱“一枝独秀”的局面，逐渐形成文化旅游业和节庆会展业两大特色，分别以《印象·刘三姐》和南宁国际民歌艺术节为代表。

据广西壮族自治区文化厅文化产业处介绍，2008年，广西文化系统文化产业及相关产业机构共有1.4万多个，从业人员约7万人，实现总产值21.42亿元，较2007年增加了21.37%，实现增加值19.87亿元。

《印象·刘三姐》演出现场

2004年，大型山水实景演出项目《印象·刘三姐》面世，这一在漓江河畔打造的民族文化艺术精品组合了桂林山水风光、民族艺术经典《刘三姐》和艺术大师张艺谋，探索出了广西文化产业与旅游结合的新路子，也有力地拉动了周边农村经济，引导农民致富。山水剧场周边村庄的农民大力发展服务业，有的农民每月出租望远镜的收入就达上千元。

2008年，《印象·刘三姐》演出接待了近80万观众，票房收入8000多万元。公演至今，总票房收入已达5亿多元。

在广西这个“天下民歌眷恋的地方”，《大地飞歌》则是“刘三姐”之外的另一张文化名片。1999年，每年一届的广西南宁国际民歌艺术节开始举办，11年来，开幕式晚会《大地飞歌》被誉为全国最好的文艺晚会之一，有200多个国家和地区、近2000人次外国艺术家到南宁参加民歌艺术节的演出。晚会以歌星唱民歌为特色，唱红了一大批民族歌星。

2004年以后，《大地飞歌》成为中国—东盟博览会的开幕晚会，并于2006年首次走出国门，开启了“欧洲之旅”。2008年，大地飞歌文化传播有限责任公司推出主题活动独家冠名权等招商办法，为民歌节筹资上亿元，形成了民歌节自身持续发展的产业链。

从单一的文化品牌到广阔的文化集群，在21世纪以来的近10年发展中，广西文化产业依托北部湾实现从“指头”到“拳头”的整合，涌现出一批具有浓郁地方特色的文化品牌：以《八桂大歌》为代表的舞台艺术精品、以《印象·刘三姐》为代表的文化创意产业品牌、以“漓江画派”为代表的美术品牌、以南宁国际民歌艺术节为代表的节庆文化品牌等。

从业态上看，广西文化产业异彩纷呈。新闻出版行业2008年实现总产值92.46亿元，销售收入70.98亿元，利润总额4.72亿元；文化娱乐产业的消费市场进一步拓宽，2008年仅在广西文化系统登记的文化市场经营户就有14000多个，从业人员约11万人，创增加值3亿多元；2008年，广西电影业院线实现票房总收入为5232万元，比2007年增长了42.33%；动漫业逐渐成为广西北部湾经济区文化产业发展的重要行业，柳州的大型游戏机生产企业海威（国际）科技有限公司凭借动漫主打产品迅速发展，业务遍布海内外，2008年产值过亿元。

如今，广西已形成了区域性特色文化产业群。文化部命名首批国家文化产业示范基地《印象·刘三姐》等项目，拉动了广西文化旅游业；“一地一品”项目以单一商业艺术品的生产和销售为主，依靠“公司+协会+农户”的生产经营模式，打造地区优势产业；建设以城市为文化核心力的文化产业园区。如2008年规划建立的桂林文化产业示范园区，占地1200～1500亩，集公共文化事业、文化创意产业、文化配套服务、文化生态环境于一体，打造大型综合性文化商业中心，创造桂林新的经济增长点。

广西要在建立中国—东盟文化产业园区这一框架下，通过打造品牌，培育文化产业市场主体，支持、鼓励和引导广西私营、个体企业走向东盟，也为东盟企业到广西发展文化产业创造条件，打好基础。

下面对《印象·刘三姐》项目作简单介绍。

阳朔县位于广西壮族自治区东北部，桂林市区东南面，隶属广西桂林市，位于漓江西岸，风景秀丽。全县总面积1428.38平方公里，辖6镇3乡，114个行政村（居）委，总人口30万，居住着汉、壮、瑶、回等13个民族。

《印象·刘三姐》演出现场

“桂林山水甲天下，阳朔堪称甲桂林”，高度概括了阳朔的自然风光在世界上所占有的重要位置。"山青、水秀、峰奇、洞巧"，为天下四绝。而集旅游、演出、观光于一体的《印象·刘三姐》成为近年来最经典的文化产业发展案例，也成为广西文化产业充分利用自己文化、民族、历史遗产特色的样板。

《印象·刘三姐》是世界上最大的山水实景剧场，著名导演张艺谋出任总导演，国家一级编剧梅帅元任总策划、制作人以及两位年轻导演王潮歌、樊跃的全力参与，数易其稿，历时三年半制作而成。

方圆两公里的漓江水域，12 座背景山峰，广袤无际的天穹，构成迄今世界上最大的山水剧场，该剧充分利用了桂林的特殊地形为演出所用。

桂林山水——独特的文化资源

《印象·刘三姐》演出以自然造化为实景舞台，放眼望去，漓江水、桂林山化为中心的舞台，给人以宽广的视野和超然的感受。山峰隐现、水镜倒影、烟雨点缀、竹林轻吟、月光泼洒随时都会进入演出，成为美妙的插曲。晴天的漓江，清风倒影特别迷人；而烟雨漓江，赐给人们却是另外一种美的享受；细雨如纱，飘飘沥沥；云雾缭绕，似在仙宫，如入梦境……演出正是利用晴、烟、雨、雾、春、夏、秋、冬不同的自然气候，创造出无穷的神奇魅力，使那里的演出每场都是新的。

演出以《印象·刘三姐》为总题，大写意地将刘三姐的经典山歌、民族风情、漓江渔火等元素创新组合，不着痕迹地融入山水，还原于自然，成功地诠释了人与自然的和谐关系，创造出天人合一的境界，被称为"与上帝合作之杰作"。演出把广西举世闻名的两大旅游、文化资源——桂林山水和"歌仙"刘三姐的传说进行巧妙的嫁接和有机的融合，让自然风光与人文景观交相辉映。演出立足于广西，与广西的音乐资源、自然风光、民俗风情完美地结合，看演出的同时，也在看漓江人的生活。

刘三姐歌圩坐落在漓江与田家河交汇处，与闻名遐迩的书童山隔水相望。现在，歌圩几乎全部被绿色覆盖，里面种植有茶树、凤尾竹等，加上所植草皮，绿化率达到了90%以上。其中，灯光、音响系统均采用隐蔽式设计，与环境融为一体，水上舞台全部采用竹排搭建，不演出时可以全部拆散、隐蔽，对漓江水体及河床不造成影响。观众席依地势而建，梯田造型，与环境协调，同时也考虑到了行洪的安全。就连所设的两座厕所也引进韩国技术，建成目前全国最先进的生态环保厕所，厕所的污水并不直接排入漓江，而是循环使用。另外，100 多亩建设用地上，鼓楼、风雨桥以及贵宾观众席等建筑散发着浓郁的民族特色。

观众席由绿色梯田造型构成，180 度全景视觉，可观赏江上两公里范围的景物及演出。观众席设位2200个，其中，普通席2000个，贵宾席180个，总统席20个；演员阵容强大，由600多名经过特殊训练的演员构成；演出服装多姿多彩，根据各个不同的场景选用了壮族、瑶族、苗族等不同的少数民族服装；整个演出时间约60分钟。

《印象·刘三姐》演出既强调艺术的表现，也高度重视环境保护，工程建设与自然环境融为一体。阳朔瑰丽山水成为《印象·刘三姐》独特演出的必备要素，成就了演出的巨大成功。

资料来源：

1.《聚焦广西文化产业：从刘三姐“一枝独秀”到北部湾文化产业圈》，见 http：//news. qq. com/a/20090909/002738. htm。

2.《桂林阳朔〈印象·刘三姐〉》，见 http：//www. book-hotel. cn/date/art/87. html。

思考与练习

1. 区域文化产业形成和发展的影响因素有哪些？

2. 以自己最熟悉的区域文化产业为例，分析影响其形成与发展的主要因素是什么，为什么。

3. 自然因素、社会因素与制度因素影响区域文化产业形成与发展的机理是什么？

4. 根据本章案例《广西阳朔文化产业》，结合本章理论内容，分析阳朔区域文化产业形成的主要因素。

第三章　区域文化产业空间结构与布局

◉本章知识要点

区域文化产业空间结构概念
区域文化产业空间结构的理论视角
区域文化产业空间结构的要素
区域文化产业的空间开发模式
区域文化产业空间布局

导入案例 >>>

厦门、天津、湖南、青岛等省市文化产业布局结构

近些年来，随着文化产业的迅速发展，各地方区域纷纷出台文化产业发展规划，通过规划来优化区域文化产业空间结构，进行区域文化产业布局。

厦门文化产业布局结构确定为“一主、两带、八片（或组团）”。“一主”指厦门本岛，在这里将形成鼓浪屿文化旅游休闲集聚区、旧城文化旅游购物集聚区、环筼筜湖文化消费集聚区、五缘湾及环岛路文化产业集聚区的“四区”协同发展，同时，湖里文化产业园、乌石浦油画产业园、厦港文化创意产业园的“多园”也将参与联动布局；“两带”指环西海域文化休闲旅游产业带和环东海域文化创意产业带；“八片”则是依托四个辅城，形成海沧辅城的海沧、马銮组团，集美辅城的杏林、集美组团，同安辅城的大同、西柯组团和翔安辅城的马巷、新店组团，八个片区优势互补，规模集聚，错位发展。

天津文化产业布局将按照山、海、城、乡“四带多点”的框架展开，即开发建设中心城区都市文化产业带、滨海新区开放型海洋文化产业带、北部山区休闲旅游文化产业带、周边区县民俗文化产业带；建设国家级动漫产业基地、数字出版和印刷复制基地、京剧和曲艺艺术展演基地、民间工艺品制作和集散基地等产业集聚区。

湖南省文化产业战略布局按“一区”（长沙）、“三带”（大湘西、潇湘流域、京广线）、“四轮驱动”（电视、出版、报业、演艺＋新兴动漫与传统文化产业）、“两翼齐飞”（旅游、会展）开展。

青岛出台文化产业发展专项规划，构建“一城一带六区”文化产业格局，集中打造环胶州湾文

化产业带，重点建设市南文化创意产业、市北特色文化街、崂山滨海旅游文化、城阳乐器和工艺美术品生产、胶南美术品创作、黄岛影视传媒文化等六大文化产业集聚区。

（①《厦门文化产业发展布局规划初现雏形》，见 http://www.amoyoffice.com/NewsShow.aspx?id=5131&page=1；②《天津"四带多点"布局文化产业》，见 http://news.enorth.com.cn/system/2010/01/13/004427238.shtml；③《湖南省文化产业战略布局：一区、三带、四轮驱动、两翼齐飞》，见 http://www.globrand.com/2009/109807.shtml；④《"一城一带六区"构建文化大青岛》，见 http://www.qingdaonews.com/gb/content/2010-08/12/content_8455687.htm）

第一节　区域文化产业空间结构的要素和类型

一、区域空间结构的概念和理论[①]

区域空间结构是指各种经济活动在区域内的空间分布状态及空间组合形式。区域空间结构是区域经济的一种重要结构，区域经济活动在地理空间上进行，一方面，开展各种经济活动需要把分散在地理空间上的相关要素组织起来，形成特定的经济活动过程；另一方面，各种经济活动之间需要相互联系、相互配合，但是它们的区位指向又不尽相同，于是就需要考虑如何克服地理空间的约束而将它们相互连接起来，形成一个大的经济系统。

区域空间结构是在一定的发展时期和条件下区域内各种经济组织进行空间分布与组合的结果。随着时间的变化，多种因素推动着区域空间结构的演变。

（一）弗里德曼的"核心-边缘"学说

美国学者弗里德曼提出发展的核心-边缘模式。他将地区划分为四种类型区：①核心区，为新工业和技术革新发源地；②上进过渡区，为投资增加、农业生产力提供、移入人口多于移出人口的地区；③后进过渡区，为劳动生产力和土地生产力低、青壮年劳动力移出地区；④资源边际区，能与核心区合作无间，对经济发展起促进作用，但最终面临资源枯竭和经济衰退的地区。

弗里德曼把区域空间结构的演变划分为四个阶段：

（1）前工业阶段的区域空间结构。工业化之前，区域空间结构的基本特征是区域空间均质无序，其中有若干个地方中心存在，但是它们之间没有等级结构分异。由于这

① 本部分内容参见吴殿廷：《区域经济学》，科学出版社2009年版，第120页。

个时期区域的生产力水平低下，经济极不发达，总体上处于低水平的均衡状态，区域内部各地区之间相对封闭，彼此很少联系。

（2）过渡阶段的区域空间结构。这个阶段是工业化的初期。在工业化的进程中，某个地方经过长期积累或外部刺激而获得发展的动力，经济快速增长，发展到一定程度就成为区域经济的中心。这个中心的产生打破了区域空间结构的原始均衡状态。在这个阶段，区域空间结构由单个相对强大的经济中心与落后的外围地区所组成，该中心以其经济发展的优势吸引外围地区的要素不断向它集聚，并越来越强大，而外围地区则更趋落后，从而致使该区域空间结构日趋不平衡，构成典型的二元结构。

（3）工业化阶段的区域空间结构。在工业化阶段，随着经济活动范围的扩展，在区域的其他地方产生了新的经济中心。这些新经济中心与原来的经济中心在发展上和空间上相互联系、组合，就形成了区域的经济中心体系。由于每个经济中心都有与其规模相应的大小不一的外围地区，这样区域中就出现了若干规模不等的中心－外围结构。这些中心－外围结构依据各自的中心在经济中心体系中的位置及关系，相互结合在一起，构成了中心地体系及其对应的空间结构体系。

（4）后工业化阶段的区域空间结构。在这个时期，经济发展达到了较高的水平，区域内各地区之间的经济交往日趋紧密和广泛。同时，不同层次和规模的经济中心与其外围地区的联系也越来越紧密，它们之间的经济发展水平差异在缩小。所以，区域内就形成了功能上一体化的空间结构体系。随着中心与外围地区界线的逐渐消失，区域将最终走向空间一体化。

（二）产业结构－空间结构协同演化规律①

薛普文等学者认为，区域空间结构是在一定地域范围内各种经济之间相互联系、相互作用而形成的空间组织形式，而城镇是各种经济活动在地域上的结合点，是地域空间组织的中枢，城镇体系是区域空间结构的核心。工业、服务业和农业的分布特征影响城镇体系的特征，对于区域空间结构的研究，可以以部门结构分析为基础，从不同阶段部门结构的发展特征来分析部门空间分布对城镇分布的影响。据此，提出与部门结构演变相对应的区域空间结构演变四阶段模式。

（1）低水平的均衡阶段，以经济活动分散孤立、小地域范围内的封闭式循环为特征的空间结构。这个阶段，区域处于准封闭的自给自足的小农经济结构中，区域经济水平低下，非基本部门占有绝对优势，其规模有限，影响空间范围狭小，经济主体是农业，此外还有为本地服务的商业、地方农产品加工业和地方小型制造业等。它们在一定

① 本部分内容参见吴殿廷：《区域经济学》，科学出版社 2009 年版，第 121 页。

地域范围内构成内部封闭循环的空间单元。一般来看，县域是这种封闭空间的最基本单元，区域内经济活动前向、后向联系甚少。因此，在城镇体系中，城镇等级均衡，各级城镇单个和总体的规模较小，城镇的职能均较单一，相互联系较少，以上下等级城镇之间的行政、商业以及其他服务性活动的联系为主，与同级城镇之间缺乏密切的联系及职能分工；区域被相互孤立的县域中心的各个较小封闭区域所分割，形成低水平的、均衡的、稳定的城镇体系。

(2) 极核发展阶段，以极核发展为特征的空间结构。在此阶段，基本部门开始形成，以水平发展为主，地理位置优越，交通条件、经济基础较好的具有优势区位的城镇，集中发展几个主要的基本部门，形成区域发展的极核点（地带），在极核点（地带）上也吸引了基本部门较大规模的积聚。此阶段的总特征为：基本部门在空间积聚发展，促使较高等级城市发展迅速，形成区域经济发展极核；但基本部门结构并不复杂，城市经济结构比较简单，较低等级城镇变化不大，城镇之间联系仍以不同等级的纵向联系为主，形成了极核城镇发展较快的非均衡城镇体系，区域经济总体基础仍旧薄弱。

(3) 扩散阶段，以由极核城市（地带）向外扩散为特征的空间结构。此阶段区域经济发展已具一定基础，基本部门体系以垂直发展为主，前向联系向纵深发展，层次更加丰富，在极核城市（地带）涌现出新的更高层次的经济活动，开始向较低等级城镇进行扩散。基本部门的垂直发展和空间分布变化，城镇发展由极核城市的发展转向在城镇体系中由高到低、逐级递进和均衡化方向发展，极核城市与基本部门所扩散的城镇之间有较为密切的经济联系，形成非均态的、由极核城市向较低等级城市逐步扩散发展的城镇体系。

(4) 高水平的均衡发展阶段，以网络化、均衡化、多中心为特征的空间结构。此阶段区域社会经济已比较发达，产生了一些新的基本部门，形成了多样化、多层次的基本部门体系，在空间上呈非集聚、网络状交错分布，促使城镇体系结构多样化，各城镇出现职能分异，区域内多种较高等级经济活动在空间上出现分异，由集中于单一中心城市转为分布多个城市，城镇体系向均衡化发展。此阶段城镇体系的特征是：城镇化水平提高，城镇群体在空间分布和规模结构较为均衡，以一个综合性中心城市或数个职能分异、互补的中心城市为核心，构成大中小城镇之间交错联系的均衡网络。

(三) 区域空间结构理论对区域文化产业空间结构研究的启示

1. 弗里德曼的“核心 - 边缘”学说下的文化产业空间结构

(1) 前工业阶段的区域文化产业空间结构。真正的文化产业是近代以后才出现的，在工业化之前，社会生产文化产品，也消费文化产品，但是，从生产上说，文化产品的生产并没有达到规模化、批量化的程度，大都还处于自然手工阶段，并没有在社会上形成一个产业。从区域空间结构的角度说，在这个阶段，区域空间均质无序，其中有若干个地方中心存在，而文化产品的生产和消费也多集中在这些区域，这些区域相对而言经济发达、人口较多，适合文化的发展。不同区域，其所生产的文化产品存在很大的差异性，由于不同的区域缺乏联系，使得这种文化生产按各自的轨迹发展着。

（2）过渡阶段的区域文化产业空间结构。这个阶段是工业化的初期，这一时期，某些区域发展到一定程度就成为区域经济的中心。一般来说，文化产业的形成与发展总是与经济的发展水平紧密关联，在工业化初期，形成了区域的经济中心，也意味着相伴随的文化生产逐步集中发展起来，并逐渐形成文化中心。人们越是意识到这个中心的存在，就越能吸引更多的文化生产集中于此，使该地区的文化生产越发强大，而外围地区则更趋向落后，从而致使该区域文化产业空间结构日趋不平衡，构成典型的二元结构。

（3）工业化阶段的区域文化产业空间结构。这个阶段是中心地体系及其对应的空间结构体系即多中心出现阶段。而相应的文化产业不仅形成了，而且日益成为整个社会的一个大产业，每个区域中心都拥有相应的特色文化产业，并与其他区域的文化产业形成竞争与协作。

（4）后工业化阶段的区域文化产业空间结构。这个阶段不同层次和规模的经济中心与其外围地区的联系也越来越紧密，经济发展水平差异在缩小，区域内形成了功能上一体化的空间结构体系，并将最终走向空间一体化。相应地，区域文化产业间的发展水平差异缩小，在功能上和空间上逐渐走向一体化。

2. 产业结构－空间结构协同演化规律对区域文化产业发展的启示

我们也可以根据产业结构－空间结构协同演化规律来分析文化产业空间结构的演化过程。

（1）低水平的均衡阶段。此阶段处于准封闭区域环境下，以自然经济为主，县域是最基本的单位，区域之间的联系较小。

相应地，区域的文化产业也主要以县域为核心，结合区域自身的优势、文化特色发展起来，此时区域的文化产业不够发达，区域间的文化产业从生产到流通、消费的各个环节联系都较少，前向、后向一体化更是无从谈起。封闭的环境造成了封闭的产业发展。

（2）极核发展阶段。在此阶段，出现了发展的非均衡性，自然禀赋、交通状况较好的区域优先发展起来，并且区域的特色优势产业表现优异，甚至出现集聚状况。对于文化产业而言，也是如此。伴随着交流的增加，文化也渐渐繁荣起来，文化特色凸显，个别区域的文化影响力渐大，人才汇集，文化生产多样，消费增加。

（3）扩散阶段。在此阶段，极核城市更加迅速发展，经济结构复杂，不同行业、不同层次的经济活动交流频繁，前向、后向一体化日益成熟，伴随着极核城市的发展，文化产业也大为发展，文化产业更加集中，影响范围更广，与外界交流更加频繁，文化艺术形式多样，并且不断地向其他城镇扩散。

（4）高水平的均衡发展，网络化、均衡化、多中心为特征的空间结构。文化产业也出现相类似的特征，因区域自然禀赋、经济优势等不同，区域文化产业特色各异，区域文化产业空间结构更加合理，不同文化产业在各个区域分布，充分发挥自身优势，文化产业也呈现网络化、均衡化和多中心化发展趋势。

二、区域文化产业空间结构的要素

区域空间结构是各种经济组织在区域内的空间分布状态及空间组合形式，区域文化产业的空间结构就是文化产业相关主体在区域内的空间分布状态及空间组合形式。从定义中我们发现，区域文化产业空间结构的要素包括区域的构成和文化产业活动的主体，下面对这两方面作简要介绍。

（一）区域的构成

区域的构成并不是简单地从地理上划分为几块就可以解决问题的。区域构成包括具体的区域范围、区域内的城镇及所处的经纬度、城镇的相对位置关系等。当然，区域空间分析得越具体，对于该区域空间结构的分析就越清晰准确，如果包括地理位置、自然条件、资源状况、建筑物、河流气候等方面内容，则对深入探讨区域文化产业空间结构就更有意义。假设我们分析长三角区域的文化产业空间结构，我们就首先要找出该区域典型的城镇比如上海、杭州、南京、苏州、镇江、扬州等，进而分析这些城镇的位置、自然条件、资源状况等，然后再具体分析文化组织在其中的具体分布特点，最终确定该区域的文化产业空间结构。

杭州 LOFT49 艺术区

不同的文化产业适应于不同的区域环境，不同的区域所能容纳的文化产业也不一样，因此区域的文化产业空间结构存在极大差异。

（二）文化产业活动的主体

产业构成包括文化产业相关企业、文化产品消费者、文化产业的服务部门、相关的政府管理部门等。区域文化产业空间结构需要考虑文化产业层次、文化企业在区域内的分布。

首先，我们看文化产业的层次。根据我国文化产业统计规范，文化产业分为核心层、外围层和相关层三个层次，九大类别，分别是新闻服务，出版发行和版权服务，广播电视电影服务，文化艺术服务，网络文化服务，文化休闲娱乐服务，其他文化服务，文化用品、设备及相关文化产品的生产，文化用品、设备及相关文化产品的销售（如图所示）。

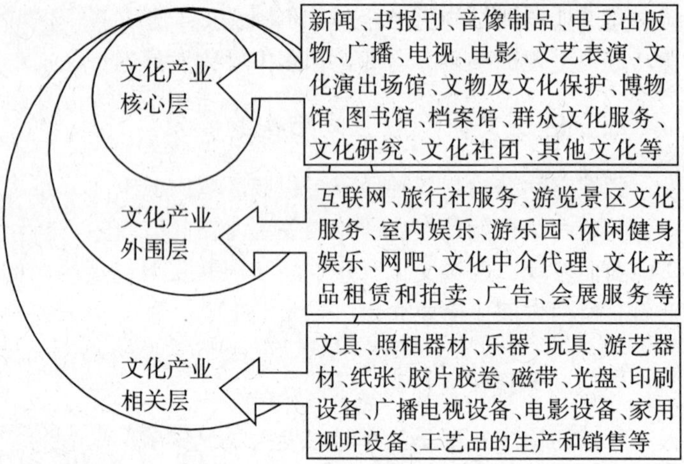

文化产业层次

其次，是相应的组织机构，主要是文化企业。每个层次的文化产业都有众多的文化产业组织、机构、企业或公司，文化产业层次就是由这些组织所组成的，在分析区域文化产业空间结构时，我们不仅需要了解区域文化产业的层次状况，还要了解具体的组织构成，在此基础上确定区域文化产业的空间结构。

区域文化产业组织机构组成了区域文化产业层次，这些组织机构分布在一定区域的空间范围内，并最终形成了具有特定经济内涵和相应功能的点、线、网和面的区域文化产业空间结构。

三、区域文化产业空间结构的类型

区域文化产业空间结构主要指文化产业在区域中的空间联系，涉及以下几个方面：①文化产业各部门在区域内的位置；②区域文化产业各部门之间的相对位置；③文化产业在整个区域空间结构中的地位。

区域文化产业空间结构根据产业构成和区域的集中程度分为综合集中型、单一集中型、综合分散型、单一分散型四种类型。

综合集中型区域文化产业空间结构，是指区域的文化产业涵盖的类别广泛且主要集中于个别城市。典型的例子如北京，这里文化产业种类多，且该区域的文化产业主要都集中于北京市区。

单一集中型区域文化产业空间结构，是指区域的文化产业涵盖类别少，但集中于个别城镇或区域。比如美国纽约百老汇区域，这里分布着几十家剧院，从而形成了美国商业性戏剧娱乐中心，这可以看成是单一集中型区域文化产业空间结构。

综合分散型区域文化产业空间结构，是指区域文化产业涵盖的类别多，但是并不是集中于某一两个城市，而是均匀分布于这个区域。如长三角区域文化产业空间结构，长三角区域文化产业种类多，活动多样，上海、江苏、浙江整体实力强劲，同时各个文化产业机构和活动均匀地分布于三个省市的主要区域。

单一分散型区域文化产业空间结构，是指区域文化产业涵盖的类别少，且不集中，这种情况一般出现于经济不发达的区域。

我们确定区域分析对象时，由于确定的区域不同，区域文化产业的空间结构类型也不同。比如，确定百老汇作为区域分析对象时，其空间结构就是单一集中型，如果确定百老汇所在的城市纽约为分析对象，其空间结构就是综合集中型。因此，区域文化产业的空间结构如同区域文化产业一样，具有相对性。

第二节　区域文化产业的空间开发模式

一、区域空间发展理论与模式

区域空间发展理论与模式包括均衡与非均衡发展理论、梯度转移理论、增长极理论、点轴开发模式和网络开发模式。下面就这些理论进行简单介绍，并在这些理论的基础上思考区域文化产业的空间发展模式。

（一）均衡与非均衡发展理论

这种观点以 R. 纳克斯的“贫困恶性循环”理论和 P. N. 罗森斯坦的“大推动增长”理论为代表。

1. “贫困恶性循环”理论

1953 年，纳克斯在《不发达国家的资本形成》中提出贫困恶性循环理论。纳克斯认为，由于发展中国家的人均收入水平低，投资的资金供给（储蓄）和产品需求（消费）都不足，这就限制了资本形成，使发展中国家长期陷于贫困之中。

R. 纳克斯

该理论包括两个方面：

一是供给方面，存在着“低收入→低储蓄能力→低资本形成→低生产率→低产出→低收入”的恶性循环。

二是需求方面，同样存在着一个“低收入→低购买力→投资引诱不足→低资本形成→低生产率→低产出→低收入”的恶性循环。

贫困恶性循环理论的经济含义具体如下：

（1）（核心）资本形成不足是发展中国家陷入长期贫困的根源，也是其经济发展的主要障碍，其根本原因又在于人均收入水平过低——发展前景悲观。

（2）贫困恶性循环，由供给循环和需求循环两个序列共同构成，二者相互影响和制约。

（3）要打破贫困恶性循环，必须大规模增加储蓄，扩大投资，形成各行业的相互需求，使恶性循环转为良性循环，“供给创造需求”。

2. “大推进”理论

1943 年，P. N. 罗森斯坦发表了著名论文《东欧和东南欧国家的工业化问题》，提出了资本形成的“大推进”理论。他认为，发展中国家要从根本上解决贫穷落后问题，关键在于实现工业化。而要实现工业化，首先要消除的障碍是资本形成不足。但在增加资本形成的过程中，必须达到足够的规模，分散的、小规模的、个别部门的投资不能形成经济发展的氛围，给工业化带来足够的动力，这是因为，发展中国家经济具有两个重要特征：

一是工业化基本条件的不可分割性，表现为作为工业化起步拉动力的市场需求和资金来源的储蓄均不可细化分割，而必须达到足够的规模才能进行。

二是缺乏工业发展所必要的“外部经济”，表现在企业规模过小，缺乏规模效益，企业之间彼此提供的“外部经济”效应微小，投资的社会获利能力很低，因此，必须实行资本形成的“大推进”战略，即同时在各个工业部门全面进行大规模投资，使各个工业部门之间相互创造需求，提供市场，克服“不可分割性”，产生“外部经济”效应和“规模经济”效应。

（二）非均衡发展理论

1. G. 缪尔达尔的循环累积因果论

该理论认为，经济发展过程在空间上并不是同时产生和均匀扩散的，而是从一些条件较好的地区开始，一旦这些区域由于初始优势而比其他区域超前发展，则由于既得优势，这些区域就通过累积因果过程，不断积累有利因素继续超前发展，从而进一步强化和加剧区域间的不平衡，导致增长区域和滞后区域之间发生空间相互作用，由此产生两种相反的效应：一是回流效应，表现为各生产要素从不发达区域向发达区域流动，使区域经济差异不断扩大；二是扩散效应，表现为各生产要素从发达区域向不发达区域流动，使区域发展差异得到缩小。在市场机制的作用下，回流效应远大于扩散效应，即发达区域更发达，落后区域更落后。

基于此，缪尔达尔（瑞典著名经济学家，1898—1987）提出了区域经济发展的政策主张。在经济发展初期，政府应当优先发展条件较好的地区，以寻求较好的投资效率和较快的经济增长速度，通过扩散效应带动其他地区的发展，但当经济发展到一定水平时，也要防止累积循环因果造成贫富差距的无限扩大，政府必须制定一系列特殊政策来刺激落后地区的发展，以缩小经济差异。

2. A. 赫希曼的不平衡增长论

A. 赫希曼

赫希曼，著名经济学家，出生于德国，后移民美国。该理论认为，经济进步并不同时出现在每一处，经济进步的巨大推动力将使经济增长围绕最初的出发点集中，增长极的出现必然意味着增长在区域间的不平衡是经济增长不可避免的伴生物，是经济发展的前提条件。他提出了与回流效应和扩散效应相对应的“极化效应”和“涓滴效应”。“极化效应”是指一个地区只要它的经济发展达到一定水平，超过了起飞阶段，就会具有一种自我发展的能力，可以不断地积累有利因素，为自己进一步发展创造有利条件。“涓滴效应”是指在经济发展过程中并不给予贫困阶层、弱势群体或贫困地区特别的优待，而是由优先发展起来的群体或地区通过消费、就业等方面惠及贫困阶层或地区，带动其发展和富裕。在经济发展的初期阶段，“极化效应”占主导地位，因此区域差异会逐渐扩大；但从长期看，“涓滴效应”将缩小区域差异。

3. F. P. 佩鲁的增长极理论

法国经济学家佩鲁首次提出的增长极概念，其出发点是抽象的经济空间，是以部门分工所决定的产业联系为主要内容，所关心的是各种经济单元之间的联系。他认为，增长并非同时出现在各部门，而是以不同的强度首先出现在一些增长部门，然后通过不同渠道向外扩散，并对整个经济产生不同的终极影响。显然，他主要强调规模大、创新能力强、增长快速、居支配地位的且能促进其他部门发展的推进型单元即主导产业部门，着重强调产业间的关联推动效应。法国区域经济学家 T. B. 布代维尔从理论上将增长极概念的经济空间推广到地理空间，认为经济空间不仅包含了经济变量之间的结构关系，也包括了经济现象的区位关系或地域结构关系。

因此，增长极概念有两种含义：在经济意义上特指推进型主导产业部门；在地理意义上特指区位条件优越的地区。应指出的是，点轴开发理论可被看做是增长极和生长轴理论的延伸，它不仅强调“点”（城市或优区位地区）的开发，而且强调“轴”（点与点之间的交通干线）的开发，以点带轴，点轴贯通，形成点轴系统。

4. 区域经济梯度转移理论

该理论认为工业各部门甚至各种工业产品都处在不同的生命循环阶段，在发展中必须经历创新、发展、成熟、衰老四个阶段，并且在不同阶段，将由兴旺部门转为停滞部门，最后成为衰退部门。区域经济学者把生命循环论引用到区域经济学中，创造了区域经济梯度转移理论。根据该理论，每个国家或地区都处在一定的经济发展梯度上，世界上每出现一种新行业、新产品、新技术，都会随时间推移由高梯度区向低梯度区传递，威尔伯等人形象地称之为“工业区位向下渗透”现象。

5. 威廉姆逊的倒“U”型理论

美国学者 J. H. 威廉姆逊把库兹涅茨的收入分配倒“U”型假说应用到分析区域经济发展方面，提出了区域经济差异的倒“U”型理论。他通过实证分析指出，无论是截面分析还是时间序列分析，结果都表明，发展阶段与区域差异之间存在着倒“U”型关系。这一理论将时序问题引入了区域空间结构变动分析。由此可见，倒“U”型理论的特征在于均衡与增长之间的替代关系依时间的推移而呈非线性变化。

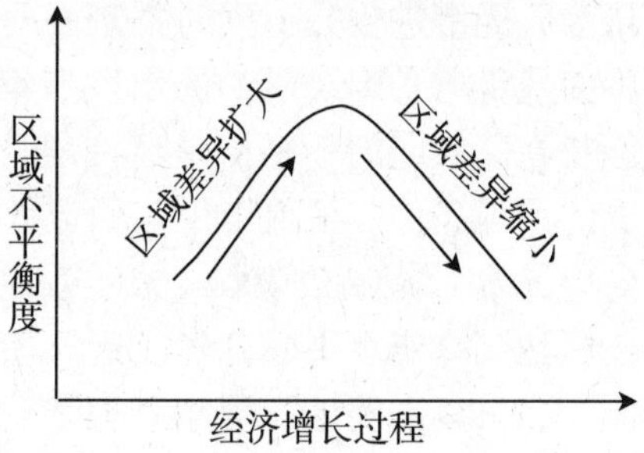

倒“U”型发展规律

综观上述两类非均衡发展理论，其共同的特点是：二元经济条件下的区域经济发展轨迹必然是非均衡的，但随着发展水平的提高，二元经济必然会向更高层次的一元经济即区域经济一体化过渡。其区别主要在于，它们分别从不同的角度来论述均衡与增长的替代关系，因而各有适用范围。在关于增长是否无论所处发展阶段如何都存在对非均衡的依赖性问题上，这两类理论之间是相互冲突的。增长极理论、不平衡增长论和梯度转移理论倾向于认为无论处在经济发展的哪个阶段，进一步的增长总要求打破原有的均衡；而倒“U”型理论则强调经济发展程度较高时期增长对均衡的依赖。

6. 点轴开发模式

点轴开发理论最早由波兰经济学家萨伦巴和马利士提出。点轴开发模式是增长极理论的延伸，从区域经济发展的过程看，经济中心总是首先集中在少数条件较好的区位，成斑点状分布。这种经济中心既可称为区域增长极，也是点轴开发模式的点。随着经济的发展，经济中心逐渐增加，点与点之间，由于生产要素交换需要交通线路以及动力供应线、水源供应线等，相互连接起来就是轴线。这种轴线首先是为区域增长极服务的，但轴线一经形成，对人口、产业也具有吸引力，吸引人口、产业向轴线两侧集聚，并产生新的增长点。点轴贯通，就形成点轴系统，因此，点轴开发可以理解为从发达区域大大小小的经济中心（点）沿交通线路向不发达区域纵深地发展推移。

7. 网络开发模式

区域网络开发是区域经济发展中一个新的重要模式，是在点轴开发模式基础上的进一步延伸。当一个区域的经济发展到一定阶段以后，各类增长极（即各类中心城镇）和增长轴的影响范围不断扩大，在较大的区域内已经形成了商品、资金、技术、信息、劳动力等生产要素的流动网及交通、通讯网。在此基础上，通过网络的外延，加强了与区外其他区域经济网络的联系，在更大的空间范围内，将更多的生产要素进行优化配置，促进整个区域经济的全面发展。从理论上看，区域开发会逐步呈现出从增长极点开发—点轴开发—网络开发三个不同的发展阶段。而交通网络、通讯网络以及信息网络等是构成网络开发模式的核心，它们是构成网络开发模式的关键因素。

二、对区域文化产业空间开发模式的思考

通过对区域空间结构的理论介绍，结合前面提到的区域空间结构演进规律，我们对于区域文化产业空间开发模式的思考如下：

（1）根据“贫困恶性循环”理论，贫困国家与地区可能陷于贫困陷阱。处于该区域的文化产业是否也会因此而受到连累呢？我们认为，根据“贫困恶性循环”理论，贫困国家和地区由于贫困，缺乏必要的资金、消费水平、消费市场等，可能导致整体持续贫困下去，对于该地区的文化产业而言，也可能处于低水平状态。世界上主要的贫困地区大都集中于亚非拉，同样，这些国家的文化产业也不发达。

但是，我们认为，贫困国家或地区可以集中人力、物力、财力发展一些重点产业，可以逐步改善贫困状态。贫困国家与地区充分利用已有的资源，形成个别文化产业的优势，同时紧跟世界科技发展前沿，加强新媒体投入，缩小与发达国家的差距，逐步发展起来。

（2）按照大推进的理论，各个部门要均衡发展，均要加大投入，才可能形成外部效应和规模效益。均衡发展一度作为发展中国家与地区发展的指导理论，在推动经济均衡发展起到了很好的作用。但是，由于区域之间、部门之间本身的发展就存在着不均衡性，人为地使之平均化，也是违背规律的。我国改革开放之后，允许一部分地区和人先富起来，对一些行业和产业优先发展，这对经济的整体发展都是很有益的。

在我国，地区之间的差异性较大，该地区是否适合优先发展文化产业，要对区域的经济结构、自然资源优势等权衡考虑后再做决定。云南地处西南，经济与东部相比较不

算发达，但是云南却充分利用其独特的自然环境、气候资源和生态系统，充分利用当地的民族文化，发展区域文化产业，这一点值得我们深入思考和研究。

（3）缪尔达尔的循环累积因果论认为，总是有些区域的优势明显，经济优先发展起来，并通过回流效应和扩散效应影响整体经济的发展。对于这些区域，文化产业是否可以作为该区域优先发展起来的产业？我们认为，一般而言，文化产业要在整体经济发展起来之后，才会有较大的发展；但是也有例外，一些地区可以优先发展文化产业。优先发展文化产业的地区通过回流效应，吸引地区更多人力、物力、财力集中于此，虽然也有扩散效应，但是在市场经济条件下，回流效应大于扩散效应。

（4）依据赫希曼的不平衡增长论，一个地区，只有超越一定阶段才会快速发展。文化产业也是如此，只有达到一定规模，文化产业才会形成规模效应和外部效应，推动文化产业的飞速发展。同时，文化产业发达的区域，通过向落后地区传输文化观念、文化产品等，影响落后地区的文化观念、经济发展。改革开放 30 年来，国外的市场经济文化通过影视作品、图书、杂志等涌入我国，在影响我们观念的同时，也促进了我国文化产业的繁荣发展。

（5）增长极理论认为增长首先出现在某些部门，即主导产业部门。所以，区域要想发展，必须首先寻找到主导产业部门。那么，文化产业是否能成为主导产业部门？对于文化产业发展比较落后的地区，是否可以说要等到主导产业部门发展起来后才可以发展文化产业呢？我们认为，按照一般的发展路径，文化产业并不是最初就成为该区域主导产业部门的，但是对于个别区域而言，可以成为优先发展部门，并成为主导产业部门。以阳朔为例，我们可以充分地发现文化产业在阳朔区域经济发展过程中的突出作用。

（6）区域经济梯度推移理论的启示。对于文化产业而言，现在是朝阳行业，正处于蓬勃发展阶段，而原来的一些工业部门已经成为夕阳产业。从文化产业的角度说，我们国家的文化产业与美国、英国、法国这些国家相比较，处于低梯度层次上。根据“工业区位向下渗透”现象，我们知道每一个新行业、新产品、新技术都会随时间推移由高梯度区向低梯度区传递，文化产业，也会出现这个现象。需要低梯度的国家与地区不断地学习高梯度的国家与地区的文化产业发展经验。同时，对于高梯度区域文化产业而言，要不断创新，使自己一直保持高梯度层次。

（7）根据威廉姆逊的倒“U”型理论，经济增长与区域平衡发展之间存在着倒 U 型关系。那么对于文化产业而言，是否也存在着文化产业的快速发展与区域之间产业差距的倒 U 型关系呢？一般情况下是如此，即文化产业发展越迅速，区域间的差距越大，但随着文化产业的进一步发展，差距拉到最大的时候，再随着经济发展，区域的差异会缩小，即在区域间差距由小到大、又由大到小的过程中，达到区域文化产业的一体化。

（8）点轴模式，也适用于文化产业的区域空间开发。我们研究发现，文化产业的空间开发模式符合点轴模式。无论国外，还是国内的珠三角、长三角、环渤海三角区域，文化产业总是首先在一些重要的点（城市）上发展起来，同时以重要的交通线、通信线等为轴，向周围辐射。

（9）区域文化产业的发展，最终也要走网络开发模式，不同的点、线，最终通过众多的轴、面连成复杂的网络，形成网络化的区域文化产业，使区域文化产业均衡发展。

不同的区域要根据具体情况，采取不同的理论指导来发展自己的文化产业。

第三节　文化产业空间布局

一、文化产业空间布局的概念

1. 文化产业空间布局定义

文化产业空间布局是指文化产业在一国或一地区范围内的空间分布和组合的经济现象，涉及文化产业的各部门、各要素、各链条及区域的空间，而产业的布局涉及要素较多，这些要素的变化也影响着产业布局的变化。

产业布局论经过杜能、韦伯、胡佛、克里斯塔勒等经济学家的研究及完善，形成了很多理论学说，文化产业的空间布局是在这些理论学说的影响和指导下进行的。

2. 文化产业空间布局的内容

（1）文化产业布局层次。文化产业的布局是分层次的，我们前文提到过，区域是可以从系统的角度来研究的。文化产业布局的层次性，是根据区域范围大小及文化产业的特点进行层次分布。从江苏省的文化产业布局来看，首先是在省级布局，然后是关于市级文化产业的布局，最后是更低层次的文化产业空间布局。

（2）文化产业布局机制。从机制来讲，包括两种，即市场机制和计划机制。计划机制是我们过去经常用到的、通过行政的方式进行文化产业布局。市场机制，即通过市场的自由选择进行区位选择来布局。在现实中，文化产业布局是二者共同作用的结果。

（3）区域文化产业结构。文化产业结构，是指文化产业在区域国民经济宏观产业结构中的比例关系以及区域文化产业内部各产业、行业之间的比例关系。

3. 文化产业空间布局的影响因素

这些影响因素大体包括以下几类：一是区域的整体规划；二是区域整体产业空间布局现状；三是其他一些因素，包括自然、市场、社会、区位等因素。

（1）文化产业的空间布局要受制于区域的整体发展规划，服从于区域的整体利益。

（2）文化产业的空间布局不是无源之水，它是一个建立在已有基础上渐进的过程，因此要受到区域文化产业空间布局历史与现状的影响，是在已有的空间布局基础上的进一步发展。

（3）其他一些影响文化产业空间布局的因素：

第一，自然禀赋状况。包括原材料、交通、地理环境等，这些是影响文化产业空间布局的客观因素，文化产业的空间布局，需要在对区域范围内的自然禀赋全面了解和掌握基础上进行。

第二，市场状况。文化市场如何，主要的消费者集中于哪个区域或者区域的哪个范围，决定着区域文化产业的布局，一般来说，文化产业总是布局于最贴近消费者的地方。

第三，人力资源状况。人才尤其是创意人才是文化产业发展决定性因素，在其他条件不变的情况下，哪个区域最容易吸引创意人才，哪个区域的创意人才最多，文化产业空间布局要考虑这些要素条件。

第四，文化产业自身特点。文化产业复杂多样，每个行业特点各异，对地理位置的要求也有差异，因此，在进行文化产业空间布局的时候，一定要首先考虑各个文化产业行业自身的特点。

第五，区位特点。区位特点是一个重点考虑的因素，区位不同，适应发展的文化产业不同，布局也不一样。文化产业空间布局的开展要建立在区位特殊性基础上。

二、文化产业布局的原则

文化产业布局要遵循全局原则，因地制宜原则，效率优先、兼顾公平、协调发展原则，可持续发展原则以及文化安全原则。

1. 全局原则

文化产业布局是一个系统工程，需要处理协调各种错综复杂的关系，涉及文化产业各个领域。因此，在进行文化产业布局的时候，需要具有全局视野，要有整体观、大局观，要有利于区域文化产业的整体发展，更有利于整个区域产业的发展。

文化产业空间布局，其目的是为了实现整体的优势，实现整体的效益，就是要达到使整体所产生的效益大于各个部分所产生的效益之和。不能为了某一个或某两个行业发展而损害整体利益。同时，在文化产业空间布局时，要注意保护环境。

2. 因地制宜原则

空间布局，既要有利于文化产业各个行业充分发挥自身的优势，同时也要有利于充分利用各地域的区位优势。区域文化产业布局要考虑到区域的特殊性，要根据区域具体的自然资源、历史文化遗产、产业结构、经济实力、人口分布等因素考虑适合自己区域的布局。

3. 效率优先、兼顾公平、协调发展原则

区域布局要遵循效率优先原则，区域的产业在布局的时候要集中，要有利于降低成本，提高效益，要有利于规模效益、集群效益的发挥。同时也要考虑整个区域的协调发展、公平发展问题，要公平处理文化产业内部不同行业的关系，使整个产业协调发展。

4. 可持续发展原则

这一原则的体现为：文化产业的空间布局，要有长远观，不能图短期效应，而坏长久大计。文化产业布局不能图眼前利益，不能短视，要创造具有竞争力的产业布局，非有战略眼光不可。要抱着继承遗产、发扬文化、造福子孙的理念进行产业空间布局。

5. 文化安全原则

国防有安全，文化产业也有国防安全，文化可以产生软实力，对国家整体实力增强至关重要。因此，在文化产业的空间布局时，要考虑以下几点：不能泄露国家文化发展的机密，破坏国家的文化安全；要有利于民族文化继承，有利于文化繁荣原则；不能崇洋媚外，不能搞低俗文化。

本章小结

区域文化产业空间结构与布局是区域文化产业学的重要内容，空间结构和布局好坏直接决定区域文化产业的发展效率。通过本章学习，要熟练掌握区域文化产业空间结构的概念、基本理论和构成要素，并在此基础上深刻认识区域文化产业空间开发模式和区域文化产业空间布局的基本原则。

案例精选

天津市文化产业布局

天津市推出《文化产业振兴规划》和《第一批文化产业振兴重点工作计划》。按照规划，天津文化产业布局将按照山、海、城、乡“四带多点”的框架展开，即开发建设中心城区都市文化产业带、滨海新区开放型海洋文化产业带、北部山区休闲旅游文化产业带、周边区县民俗文化产业带；建设国家级动漫产业基地、数字出版和印刷复制基地、京剧和曲艺艺术展演基地、民间工艺品制作和集散基地等产业集聚区。通过这些努力，天津文化产业增加值有望年均增长30%以上，到2011年底文化产业增加值占全市生产总值比重超过4%。

天津市文化街

由天津市委宣传部策划筹拍的大型史诗文献电视剧《解放》、由天津电影制片厂推出的《我的左手》等一批文化精品项目，实现了思想性、艺术性和观赏性的完美统一，一经播映便获得专家和观众的一致好评，成为天津市文化产业的夺目亮点。

作为历史文化名城，天津文化底蕴丰富，是全国著名的戏剧、曲艺之乡，艺术门类齐全，文化产品影响广泛，但长期以来天津文化产业发展总体水平却不高，居民人均文化消费偏低、文化体制机制不活、文化企业普遍规模较小、产业集聚度不高等问题，困扰着文化产业整体发展。

2009年以来，面对国际金融危机的严重冲击，天津市宣传文化部门以“文化竞争力走在全国前列”为目标，打响了文化大发展攻坚战，相继推出《关于支持文化体制改革和文化产业发展的意见》等多项扶持政策。在为天津市文化体制改革和文化产业发展提供制度保障的基础上，陆续完成以天津市杂技团为试点的文艺院团改革、以天津电视台为代表的制播分离改革以及12家出版单位和12个区县新华书店转企改制，逐步摸索出一条出精品、出人才、出效益的新路。

在大额专项资金奖励、部分税收减免等措施的激励、扶持下，天津市以动画漫画、电脑游戏为代表的创意产业异军突起，依托海河和南北运河两岸自然和历史文化资源，初步建立起“一线三点五团”的文化创意产业体系，和平区6号院、河北区3526创意工场、红桥区“意库”创意产业园、西青区“凌奥”创意产业园等20余个创意产业基地迅猛发展，津产漫画版《四大名著》、国内首款心理调节类游戏“快乐芯”、全国首部京剧三维动画《定军山》等一批代表着国际一流水平、极具核心竞争力的创意产品相继问世。目前，国内超过1/4的知名漫画作者已扎根天津，全国近1/3的漫画作品在津出品，在动漫这个文化产业的新兴领域，天津已领跑全国。

天津6号院

2009年7月以来，天津市集中推出了天堂电影沙龙、意式风情区情景表演、津味相声风景线等11个文化产业项目，初步形成集群效应。不但听相声、看表演、品民俗、听音乐各得其所，即使想亲自演电影、拍戏也能梦想成真。如今的天津演艺市场也是空前火暴，津湾广场剧院大型全景晚会《海河之夜》、天津歌舞剧院大型民族乐舞《异彩流金》等一批彰显天津文化特质、采用市场化运作的精品节目，已成为初到天津者必看的节目。据初步统计，这些项目已经累计接待游客200万人，不仅提升了天津文化产业的竞争力，而且带动了工业、贸易、旅游等相关产业的发展。

天津市在文化基础设施建设方面也不遗余力。天津市文化中心、杨柳青年画艺术中心等项目正加紧建设；天津音乐厅翻建后重新开业，已成功举办多场高质量、高水平演出，成为天津商贸区里的“文化地标”；1000个“农家书屋”遍布津沽大地，广大农民群众也能充分享受文化事业发展带来的成果。

资料来源：《天津“四带多点”布局文化产业》，见 http：//www. cnci. gov. cn/content%5C2010113/news_ 55646. shtml。

资料链接□□□

一、天津市文化产业振兴规划

为加快振兴我市文化产业，充分发挥文化产业在调整结构、扩大内需、增加就业、推动发展中的重要作用，培育新的经济增长点，打好文化大发展大繁荣攻坚战，向文化强市的奋斗目标迈进，根据《文化产业振兴规划》（国发〔2009〕30号）精神，结合我市实际，特制定本规划。

一、我市文化产业发展的基础和现状

天津是国务院命名的历史文化名城，建城设卫600多年，具有十分深厚的文化底蕴。天津在近现代历史进程中占有特殊重要的地位，拥有大量近现代文化遗存、众多历

史文化名人、风格独特的中西建筑和重大历史事件见证地，可开发利用的历史文化资源丰富；天津是全国著名的戏剧、曲艺之乡，艺术门类齐全，拥有全国一流的专业院团，广播影视新闻出版实力雄厚，文化产品影响广泛；天津地处京、津、冀城市群的交汇点和环渤海中心位置，连接国内外、联系南北方、沟通东西部，海港、空港、铁路、公路网络密集，具有明显的区位优势；天津教育发达，高等院校、职业教育、社会培训网络健全，为发展文化产业提供了强有力的人才支撑；滨海新区进一步开发开放，国家赋予多项先行先试政策，为发展文化产业提供了良好的政策环境和浓郁的创新氛围。

市委、市政府高度重视文化建设。近几年来，大力繁荣艺术创作生产，一批优秀精神文化产品在全国获奖并产生重要影响；深化文化体制改革，推进经营性文化事业单位转企改制，组建了一批直接面向市场的文化企业，文化市场更加开放、多元和活跃；实施项目带动战略，建设了一批文化大项目好项目，形成了各具特色的文化产业集聚区；转变行政管理体制和政府职能，制定扶持政策，文化市场管理效能明显提高；加快推进公共文化服务体系建设，实施各项文化惠民工程，新建和改造一批市级重点文化设施，为发展文化产业奠定了坚实的基础。

同时也要看到，我市文化产业发展总体水平还不高，远低于支柱产业要求，在全国处于中等水平；居民人均文化消费偏低，多样化、多层次的文化消费需求还没有得到有效满足；文化体制机制不活，政事不分、事企不分、管办不分的现象依然存在，统一开放、竞争有序的市场体系尚未形成，民营文化企业规模和数量较小，文化市场不够活跃；对文化资源的挖掘、整合、开发利用不足，文化与科技旅游商贸结合不够紧密；文化产业配套政策不足，扶持力度不大，在吸引企业落户、资金投入、人才引进等方面政策优势不够明显；自主创新能力不足，文化产品的市场竞争力不强；文化企业普遍规模较小，产业集聚度不高，尚未形成具有较强影响力的大型企业和产业集群。

二、指导思想和基本原则

1. 指导思想

全面贯彻党的十七大精神，以邓小平理论和“三个代表”重要思想为指导，深入贯彻落实科学发展观，紧密围绕市第九次党代会提出的建设文化强市的目标和任务，充分发挥天津历史悠久、文化资源丰富的优势，大力培育市场主体，加快转变文化产业发展方式，进一步解放和发展文化生产力，促进文化产业又好又快发展。

2. 基本原则

坚持把社会效益放在首位，努力实现社会效益与经济效益的统一；坚持以体制改革和科技进步为动力，增强文化产业发展活力，提升文化创新能力；坚持走天津特色文化产业发展道路，学习借鉴国内外优秀文化，积极推动天津特色文化繁荣发展；坚持实施重大项目带动战略，加快推进重大工程项目，扩大产业规模，增强文化产业整体实力和竞争力；坚持内外并举，积极开拓国内国际文化市场，增强天津文化在国内外的影响力。

三、规划目标

（1）到2011年底，基本建成面向市场、具有活力的文化产业体系，结构优化、运作规范的文化市场体系，体现时代精神和天津特色的文化产品生产体系。

（2）到2011年底，初步建成我国北方文化资源集聚中心、文化创意中心、文化产品生产交易流通中心、新型文化业态培育中心、文化旅游休闲度假中心。

（3）到2011年底，初步建成国家级动漫产业基地、数字出版和印刷复制基地、京剧和曲艺艺术展演基地、近现代都市风情影视基地、民间工艺品制作和集散基地。

（4）2010—2011年文化产业增加值年均增长30%以上，到2011年底文化产业增加值占全市生产总值比重超过4%。

四、产业布局

全市文化产业在空间布局上按照山、海、城、乡“四带多点”的框架展开，开发建设中心城区都市文化产业带、滨海新区开放型海洋文化产业带、北部山区休闲旅游文化产业带、周边区县民俗文化产业带，逐步形成区域特色鲜明、结构更加合理、与天津城市发展规划相适应的文化产业发展格局。今后一个时期，在全面推进各种文化产业类型的基础上，发挥天津优势，突出自身特色，重点扶持发展文化创意、广播影视、出版发行、演艺娱乐、文化旅游、数字内容和动漫、文化会展、艺术品交易等八类产业。

（一）文化创意业

重点发展工业和建筑设计、文化科技、时尚设计、咨询策划、艺术创作等行业。以中心城区和滨海新区核心区为节点，打造多个文化创意产业示范园区，形成一区一园、一区一品的发展格局。依托大运河和海河两岸自然及历史文化资源，打造杨柳青、团泊湖、武清、宝坻、津南等文化创意产业组团。加强文化科技的创新和应用，发挥文化创意产业集聚效应，培育具有原创能力的大型创意企业，创作一批富有天津特色的创意产品。积极吸引国内外民间资本和风险投资资金进入文化创意产业，为文化创意产业发展注入活力与动力。

（二）广播影视业

加快广播电视制播分离，提升影片、电视剧和广播电视节目的制作水平和生产能力，扩大跨地区经营范围。基本完成城区有线电视网双向改造，使有线电视网络具有宽带、双向、多功能的承载能力。积极发展电影院线，繁荣电影市场。加快发展以移动多媒体广播、网络广播影视、手机广播电视等新媒体为代表的新兴文化业态。鼓励社会资金建设广播影视创作、拍摄和制作基地。推进有条件的文化企业上市融资，实现快速扩张。到2011年底，广播影视行业年总收入达到50亿元，总资产超过150亿元。

（三）出版发行业

加快传统出版企业技术升级和战略转型，大力发展纸质有声读物、电子书、手机报、网络出版物等新兴出版发行业态，培育具有较强综合实力的大型出版、发行、印刷企业，提升综合竞争力。建设天津印刷工业园、天津出版产业园，适应滨海新区制造业的发展需要，大规模发展包装装潢印刷，推动我市印刷包装产业结构、产品结构的优化升级。做大做强天津出版传媒集团有限公司、北方报业印务股份有限公司等一批龙头企业。加大招商引资力度，建设大型图书期刊物流配送中心，新建一批图书报刊零售网点，完善出版物分销和配送体系。到2011年底，在稳定年出书品种5000种的基础上，畅销书和常销书的比重进一步增加，单本书效益大幅提高，使我市成为中国北方重要的出版物集散中心。

（四）演艺娱乐业

加快文艺演出院团转企改制和资源重组，完成国有文艺院团转企改制，组建演艺集团，形成一批具有较强实力、充满活力的综合性演艺团体。完善演艺娱乐基础设施，培育消费市场，创作精品，面向市场推出一批群众喜闻乐见的音乐、歌舞、戏曲、话剧、相声、杂技等演艺娱乐节目，大力推广高雅艺术。加强演出节目的策划、宣传、包装和营销，重点打造天津国际少儿艺术节、全国（天津）相声新作品大赛、中国原创歌曲颁奖典礼等演艺品牌。以中国（天津）演艺交易博览会为重要载体，努力搭建在国内外有广泛影响的演艺产业平台。

（五）文化旅游业

加强文化和旅游的结合，做强“近代中国看天津”的品牌。建立文化旅游项目推介平台，整体包装宣传我市的文化旅游资源和产品，打造文化旅游精品线路，形成新的文化旅游热点。整合演艺与旅游资源，在重点景区推出有特色的演艺精品。积极开发文化旅游工艺品和传统手工技艺，延伸文化旅游产业链。

（六）数字内容和动漫业

积极扶持数字内容重点企业，重点发展数字出版、数字学习、数字游戏、数字影音、网络服务及移动内容，加强开发、设计、制作、传播和销售，形成较为完善的数字内容产业链。建设动漫产业园区，发挥产业集聚效应和示范带动作用，重点支持原创动漫产品，培育一批动漫龙头企业，推出一批原创优秀动漫产品，做大做强漫画、手机游戏、网络游戏、立体电影等产业项目和优秀品牌，积极培育影视动漫、数字媒体应用技术和动漫衍生品市场。举办动漫展览、动漫大赛等活动，建设民族优秀动漫产品研发中心、动漫人才培训中心和动漫产品交易中心。到2011年底，使动漫产业成为全市文化产业的重要增长点，把我市建成环渤海地区动漫产业中心城市。

（七）文化会展业

重点支持国际性、全国性大型文化会展活动，扩大中国（天津）演艺交易博览会、中国（天津）书法节、中华（天津）民间艺术精品博览会的影响。整合展馆资源，建设多种类型的文化会展中心。发展会展中介组织，支持会展企业向集团化、网络化、专业化、品牌化转型。充分利用互联网和现代信息技术，发展网络营销、网上展览会等新兴业态。

（八）艺术品交易业

支持工艺美术业发展，加强工艺美术人才培养，建立天津传统工艺美术品目录，统一包装宣传、策划营销。建立多种形式的工艺美术品生产基地和经营企业，鼓励民间工艺美术品制作规模化、经营产业化。建立工艺美术品交易市场，规范和完善交易规则，发展艺术品收藏、拍卖、交易、鉴赏、展览。制定出口退税、财政补贴等扶持政策，鼓励工艺美术品出口。

五、推动滨海新区文化产业率先发展

发挥滨海新区在文化产业发展中的龙头带动作用，用好综合配套改革试验区政策条件，坚持走高端、原创、国际化发展之路，突出开放、创新、时尚特色，努力建设成为文化创新的重要策源地、文化创意精品的研发制作基地和文化产品的展示与集散地。

集聚重大文化产业项目，高标准建设国家级滨海新区文化产业示范区、国家动漫产业综合示范园、天津滨海高新技术产业开发区文化产业集聚区，加快企业、项目、资金和人才集聚。建成天津印刷工业园，形成综合性现代出版印刷产业集群。提升国际大型文化活动接待能力，举办文化会展和国际文化交流活动。规划建设滨海新区图书文化广场。突出海洋文化和生态文化特征，发展主题公园、游艇等休闲旅游产业。利用近代明清海防军事文化、近代军事工业文化、近代河海铁路物流文化、近代盐碱海洋化学工业文化等资源，打造海滨文化旅游区。开发建设海河下游湿洼地生态旅游观光和保护区。

整合滨海新区宣传文化资源，与市属媒体优质资源联合，组建天津市滨海广播电视台及控股有限公司，并积极争取我市第二个上星频道。推动泰达有线电视网并入市有线电视网，实现“全市一张网”。率先开展“三网融合”试点，积极发展“物联网”等新兴产业，促进信息化基础设施建设，提高城市信息化水平。

创新文化产业发展模式，用好先行先试政策，探索适合文化产业发展的金融产品和服务，积极与银行等金融机构建立文化产业重点项目授信机制，利用债券、股票、彩票等多种方式筹集文化产业发展资金，尝试以文化企业无形资产质押、发行企业债券等方式，解决文化企业中短期资金需求。

增强文化集聚与辐射功能，建设环渤海国际文化交流中心、文化产品和服务贸易交易市场，建设文化产权交易中心，推动文化产品和服务出口。

六、全面提升中心城区文化产业发展水平

依托中心城区丰厚的文化资源，发掘发挥设施、人才、相关产业集中的综合优势，发展总部型文化企业、高端文化产品和知名文化品牌，形成天津文化的核心竞争力、吸引力和影响力。

培育骨干文化企业，打造总部型高端产业集聚优势。以国有企业集团为龙头，重点发展新闻出版、广播影视、会展交流、网络信息、演艺娱乐等产业，将中心城区建设成为相对集中、辐射广泛的总部型高端文化产业集聚区。大力发展文化创意产业，进一步建设好6号院、桥园创意产业园、陈塘文化产业园、C92文化创意产业园区、天津创意街、凌奥创意产业园、3526创意产业园、天津北新文化创意产业基地等文化创意园区，按照合理布局、特色定位和多点错位、互动发展的原则，形成多个集产、学、研于一体，融商务、休闲、餐饮、旅游等多功能于一身的文化创意产业集聚区。积极推进与高校、科研院所建立产学研联盟，开展战略化合作，形成艺术创作和艺术品展示、销售、拍卖的完整产业链。

打造知名文化艺术品牌，推动文化与商贸、旅游融合。发展特色文化艺术门类，发挥戏剧、曲艺之乡的独特优势，做大做强京剧、评剧、曲艺、杂技等传统艺术，扶持普及交响乐、室内乐、芭蕾舞等高雅艺术，形成传统与现代相互辉映的文化艺术品牌。策划制作全国知名的大型品牌综艺节目，集中展示天津城市形象和文化特色。以近代文化为内涵，以自然资源、历史建筑和名人故居为载体，开发保护利用近代历史文化遗存，整合开发老城津韵、津卫摇篮、意奥风情等文化旅游板块，加快建设五大道、意式风情街、1902欧式风情街、解放北路新古典主义建筑一条街、法式风情区、地中海风情街等历史风貌文化街区，发展旅游、展览、演艺、餐饮等项目。以津湾广场为核心，深度开发海河中游文化资源。以古文化街和鼓楼商业街为重点，建设集文化旅游、商贸购物、休闲娱乐于一体的民俗商贸旅游区。

办好大型文化节庆和会展活动，增强天津文化的影响力。按照国际化、时尚化、都市化定位，积极策划、承办地区性、全国性和国际性会展博览活动。挖掘老城厢民俗传统特色，举办民间绝活绝技表演和妈祖文化旅游节等。发挥经纪公司、行业协会等中介组织的作用，提高会展接待能力，拓展服务市场。结合城市规划改造，整合场馆资源，规划建设文化博览集群。

七、大力发展区县民俗文化产业

突出地域特色，深入挖掘历史、自然和传统民间艺术资源，形成形态各异的文化产业群落和文化产业项目集聚区，将区县丰厚的文化资源优势转化为产业优势。

依托东丽湖、七里海、团泊湖、京津新城、北部山区，建设文化创意、生态环保、休闲娱乐多元素集聚的大型综合文化区。开发建设盘龙谷文化城、武清影视基地、北少林寺等项目。依托玉佛宫，加强对古玉的研究与展示。依托团泊洼“五七干校”，建设文化名人纪念园。发展静海乐器产业，打造“中国北方乐器之都”。挖掘运河、漕运、杨柳青大院、小站练兵、精武门武馆等文化资源，发展文化观光、民俗体验、旅游购物、特色餐饮，打造民俗文化旅游区，形成多个民俗生态旅游胜地。

扶持非物质文化遗产和民间手工艺项目，打造民间艺术品牌。大力发展杨柳青年画、泥人张、风筝魏、于庆成泥塑、芦台张根雕、版画、皮画、苇画、农民画、麦秸画、剪纸、刻字、面塑、皮影雕刻、彩陶等传统艺术，整合民俗传统艺术资源，扩大产业规模，开拓国内外市场。培养农村文化经纪人，建设以民俗工艺品展示、收藏、交易为主的民间艺术产业园区。建设天津非物质文化遗产博物馆，举办民间工艺品博览会和拍卖会、民俗文化博览会等活动，扩大天津民俗文化的知名度和影响力。

办好民间花会、庙会等传统活动，带动旅游和商贸发展。开发保护高跷、竿会、竹马、宝辇、鹤翎会、罗汉会、龙灯会等民间花会，加强对评剧、京东大鼓等国家级非物质文化遗产的传承和弘扬。建设工业观光园、生态旅游特色村、都市农业观光园和潮白河、运河旅游观光带等项目，开发山区旅游资源，发展山区地质、动植物科考探险活动。建设高水平旅游度假中心，提升农家院设施和文化档次，发展休闲商务旅游，带动相关产业发展。

八、政策措施

1. 设立天津市文化产业发展专项资金，支持文化企业发展。组建天津市文化产业投资（集团）有限公司，发挥国有资本在文化产业发展中的导向作用。

2. 建立天津市文化产业项目推介交易平台。以文化产品和文化物权、债权、股权、知识产权等各类文化产权为交易对象，搭建专业化市场交易中介平台和专业性电子商务服务平台，促进文化产业与金融资本的有效对接。

3. 研究制定《关于鼓励和支持区县发展文化产业的实施意见》，加大对区县文化产业发展的扶持力度；制定《天津市关于鼓励和扶持动漫产业发展的实施意见》，落实扶持政策，建立原创动漫作品推广机制；制定《天津市文化产业示范园区评选命名管理办法》，组织评选命名活动，鼓励我市文化产业园区争创国家级产业示范基地。

4. 依据市财政局、市商务委《关于印发〈天津市出口发展基金管理办法〉的通知》（津财建一〔2006〕4号）规定，认真落实企业文化产品和服务出口享受的优惠政策。

5. 积极吸收社会资本和外资进入政策允许的文化产业领域，参与国有文化企业的股份制改造。放宽民营资本的准入机制，降低民营资本准入门槛，减少审批环节，鼓励民营资本参与文化产业发展与振兴，成为市场主体。加大对民营文化企业的扶持力度，制定促进民营文化企业加快发展的政策措施，采用免税、贴息、补助、奖励等方式支持民营文化企业发展，激发社会投资文化产业活力。加强对民营文化企业产品和项目的宣传推介。

6. 鼓励有条件的国有企业创办文化产业园，参与文化产业发展建设，实现文化产业与制造业、商贸旅游服务业相对接，不断拓展上下游的产业链，促进文化产品生产的规模化、集约化，推进第二、三产业共同发展。

7. 鼓励我市文化企业走出去，进行跨地区、跨行业联合或重组，尽快壮大企业规模，提高集约化经营水平。

8. 鼓励和引导有条件的文化企业面向资本市场融资，培育文化领域战略投资者，实现低成本扩张，进一步做大做强。促进金融机构参与文化产业发展建设，解决文化产业发展的资金需求。

9. 市人力资源部门进一步完善我市文化人才评估和奖励制度。

10. 完善文化产业统计制度，建立与国家有关考核体系相衔接、具有天津特点的文化产业统计指标体系。

九、保障条件

（一）加强组织领导

各区县要建立文化产业发展领导小组，形成市与区县两级联动的推进机制。建立相关的考核、评价和责任制度，各文化产业发展领导小组要充分发挥协调指导作用，各级文化行政主管部门具体组织实施，相关部门密切配合，确保本规划提出的各项任务落到实处。

（二）各级财政部门负责对本级国有文化资产进行监督管理

（三）深化文化体制改革

大力推进经营性文化事业单位的改革，重塑文化市场主体，建立健全现代企业制度，提高文化产业规模化、集约化、专业化水平。鼓励公益性文化事业单位进一步推进人事、收入分配和社会保障三项制度改革，建立竞争、激励和约束机制。大力推动行政管理体制改革和政府职能转变，加强综合执法，提高工作效率和执法水平。

（四）培养文化产业创新人才和经营管理人才

加强高等院校文化产业人才培养，设置相关专业，形成优势学科。整合专业教育、职业教育和社会教育资源，建立天津文化创意实训基地等文化人才培养基地，形成不同层次的培养体系。继续实施天津市宣传文化“五个一批”人才工程、“131”创新型人才工程、青年文艺人才工程。加大培训力度，培养一批熟悉市场经济规律，懂经营、善管理的人才。建立健全人才引进和激励机制，完善竞争和分配机制，吸引优秀人才进入文化产业领域。

（五）加大知识产权保护力度

研究制定文化产业知识产权保护和促进办法，鼓励知识产权评价机构发展，建立健全知识产权信用保证机制，支持和鼓励利用知识产权保护实现企业自律和行业自律。严厉打击各种盗版侵权行为，保障文化产业健康发展。

资料来源：《关于印发天津市文化产业振兴规划和第一批文化产业振兴重点工作计划的通知》，见 http://www.tj.gov.cn/zwgh/wigz/szfwi/201001/t20100125_ 112094.htm。

二、天津市第一批文化产业振兴重点工作计划

为全面组织实施《天津市文化产业振兴规划》，按照推进体制创新、重大项目带动的思路，特制订天津市第一批文化产业振兴重点工作计划（2010 年），大力推进20 项重点工作，促进我市文化产业又好又快发展。

一、健全文化产业领导体制

各区县要成立文化产业发展领导小组及办公室。各文化产业发展领导小组负责协调指导文化产业发展工作，办公室负责协调指导具体工作，各级文化行政主管部门负责组织实施，相关部门要密切配合，共同推动本地区文化大发展大繁荣。

二、建设文化创意产业集聚区

按照合理布局、特色定位和多点错位、互动发展的原则，建设国家动漫产业综合示范园、国家级滨海新区文化产业示范区、天津滨海高新技术产业开发区文化产业集聚区，建设 6 号院、C92 文化创意产业园区、桥园创意产业园、天津创意街、3526 创意产业园、凌奥创意产业园等文化产业园区，形成多个集产、学、研于一体，具备商务、休闲、餐饮、旅游等多功能

C92 文化创意产业园区

的文化创意产业集聚区。

三、做大做强传媒业

加大对主流媒体的扶持力度，努力把《天津日报》、《今晚报》、天津人民广播电台、天津电视台建设成为在全国有较大影响的新闻阵地。打造服务滨海、影响区域的财经金融类媒体，建设党报多媒体电子发布平台，增强影响力和传播力。重点办好天津卫视频道，并于2010年开通天津卫视高清频道。整合网络媒体资源，办好天津手机报。建好天津今晚网视全媒体生活服务平台，提供生活资讯及个性化互动服务。生产高水平的广播电视节目，扩大跨地区经营范围。规划建设环渤海传媒中心、新媒体滨海基地。推进有线电视网双向改造，2010年底达到90万户。整合滨海新区宣传文化资源，与市属媒体优质资源联合，组建天津市滨海广播电视台及控股有限公司。推进泰达有线电视网并入市有线电视网，实现“全市一张网”。

四、大力发展影视业

提升影视制作水平和生产能力，推出一批具有天津特色的影视作品，拍摄电影《蓝领》、《画虫儿》，电视剧《风云五大道》、《辛亥革命》、《小站风云》等。积极发展电影院线，建设天堂影院等，繁荣电影市场。加强广播影视基地建设，开发建设盘龙谷文化城、武清影视基地、《红旗谱》影视村、宝坻军事旅游影视文化园、静海团泊湿地影城等项目，建成天津电影艺术中心，搭建天津北方影视剧版权交易信息平台。

五、提升出版印刷发行业

加快传统出版企业技术升级和战略转型，大力发展纸质有声读物、电子书、网络出版物等新兴出版发行业态，建成天津印刷工业园，建设天津出版产业园，促进北方报业印务股份有限公司尽快形成规模效益，推动我市印刷包装产业结构优化升级。完善出版物分销和配送体系，建立图书物流配送中心，新建一批图书报刊零售网点，扩大每日新公司报刊亭覆盖面，建设今晚社区文化便利店。

六、繁荣演艺娱乐业

打造天津文化艺术品牌，办好天津国际少儿艺术节、全国（天津）相声新作品大赛、“打开音乐之门”音乐节、今晚听听室内乐、天津体育之窗等演艺品牌活动。培育演出市场，推出一批群众喜闻乐见的演艺娱乐节目，办好“开心麻花”舞台剧等演出。大力推广高雅艺术。举办中国天津海河之春国际音乐艺术节、都市浪漫——中外著名芭蕾舞经典剧目展演等演出。整修开发曹禺故居，建设曹禺纪念馆，规划建设曹禺剧院。

七、推进文化旅游业

小站练兵园

加强文化和旅游的结合，做强“近代中国看天津”的品牌。建设天津滨海旅游度假区，发展主题公园、游艇等休闲旅游产业。加快建设海河故道文化创意产业园、官港生态游乐园、东丽湖华侨城、天嘉湖旅游度假区、南开文化宫古建筑群、五大道旅游区、中心公园法式风情区等文化旅游项目，建设天津市非物质文化遗产馆，开放李叔同故居。依托文化资源，规划建设精武文化主题旅游区、七里海湿地文化旅游观光线、蓟沽民俗文化产业区、皇仓廒舍文化产业博览区。加快建设宝坻文化名人园、团泊洼“五七干校”名人纪念园、杨柳青大院文化区、小站练兵园、盘山文化产业园等，发展文化观光、民俗体验、旅游购物、特色餐饮。

建立文化旅游项目推介平台，整体包装宣传我市的文化旅游资源和产品，打造文化旅游精品线路。整合演艺与旅游资源，在重点景区推出有特色的演艺精品，积极开发文化旅游纪念品，延伸文化旅游产业链。挖掘我市教育资源，利用历史悠久的知名院校和新建院校发展文化旅游。

八、积极发展动漫业

建设国家动画产业基地，建成天津北新文化创意产业基地，搭建国家动漫产业综合示范园公共技术服务平台，培育和扶持动漫龙头企业，促进动漫产业快速发展。建设民族优秀动漫产品研发中心、动漫人才培训中心和动漫产品交易中心。举办中国原创动漫巡回展览、“河图杯”全国漫画大赛。成立天津动漫产业股份有限公司。

中国（天津）演艺交易博览会

九、扶持文化会展业

组织大型文化会展活动，举办全国非物质

文化遗产产品展销会、“枫叶杯”全国青少年书画大赛等，努力搭建在国内外有广泛影响力的会展平台。建设多种类型的文化会展中心，建设天津梅江会展中心等。

十、发展艺术品交易业

建立《天津传统工艺美术品目录》，统一包装宣传、策划营销。建立北方文物和艺术品交易中心、工艺美术品交易市场、地纬路书画一条街。规范和完善交易规则，发展文物和艺术品收藏、拍卖、交易、鉴赏、展览。大力实施文化产品“走出去”战略，征集文化产品出口项目，编制《天津市文化产品出口目录》，积极扶持我市重点文化出口企业和重点项目开拓国际市场。

十一、发展文化用品制造业

推进文化用品、设备及相关文化产品的生产和销售，鼓励企业自主创新，生产具有自主知识产权的文化产品。扶持乐器生产企业发展，推动民族乐器走出国门。建设静海乐器产业园区，打造“中国北方乐器之都”。建设天津音乐街二期工程，打造华北地区乐器集散基地。

十二、发展民俗文化产业

扶持非物质文化遗产和民间手工艺项目，大力发展杨柳青年画、泥人张、风筝魏、于庆成泥塑、芦台张根雕、版画、皮画、苇画、农民画、麦秸画、剪纸、刻字、面塑、皮影雕刻、彩陶等传统艺术，整合资源，扩大规模，开拓市场。开发保护高跷、竿会、竹马、宝辇、鹤翎会、罗汉会、龙灯会等民间花会。

十三、制定相关扶持政策

研究制定《关于鼓励和支持区县发展文化产业的实施意见》，加大对区县文化产业发展的扶持力度；制定《天津市关于鼓励和扶持动漫产业发展的实施意见》，落实扶持政策，建立原创动漫作品推广机制；制定《天津市文化产业示范园区评选命名管理办法》，组织评选命名活动，鼓励我市文化产业园区争创国家级产业示范基地。

天津艺术博物馆

十四、提供资金保障

设立天津市文化产业发展专项资金，支持

文化企业发展。组建天津市文化产业投资（集团）有限公司，发挥国有资本在文化产业发展中的导向作用。鼓励和引导有条件的文化企业面向资本市场融资，与银行等金融机构建立文化产业重点项目授信机制，通过多种渠道筹集文化产业发展基金，尝试以文化企业无形资产质押融资、企业债券发行等方式，解决文化企业资金需求。

十五、建立文化产业项目推介交易平台

以文化产品和文化物权、债权、股权、知识产权等各类文化产权为交易对象，搭建专业化市场交易中介平台和专业性电子商务服务平台，建立文化创意产业交易中心，促进文化产业与金融资本的有效对接。以国家级展会为平台，展示天津企业项目，加大交易招商力度，扩大经济效益。

十六、支持民营文化企业发展

加大对民营文化企业的扶持力度，重点支持一批在业界处于领军地位的文化企业，提升科技含量，发挥品牌效应，增强规模优势。制定促进民营文化企业加快发展的政策措施，采用免税、贴息、补助、奖励等方式支持民营文化企业发展，加强对民营文化企业产品和项目的宣传推介。

十七、鼓励社会资本进入文化产业领域

按照有关政策规定，鼓励社会资本和外资进入文化产业领域，参与国有文化企业的股份制改造。放宽民营资本准入机制，降低民营资本准入门槛，减少审批环节，鼓励民营资本参与文化产业发展与振兴，成为市场主体。

十八、完善文化产业人才奖励制度和文化产业统计制度

整合专业教育、职业教育和社会教育资源，建设一批文化人才培养基地，有针对性地培养文化产业发展适用人才和后备人才。开展大规模培训，培养一批熟悉市场经济规律，懂经营、善管理的人才。人力资源部门进一步完善我市文化人才评估和奖励制度，吸引财经、金融、科技等领域的优秀人才进入文化产业领域。建立与国家有关考核体系相衔接、具有天津特点的文化产业统计指标体系。

十九、深化文化体制改革

大力推进经营性文化事业单位的改革，完成国有文艺院团和文化经营单位的转企改制，组建天津北方演艺集团有限公司、天津市文化产业总公司。推动公益性文化事业单位进一步推进人事、收入分配和社会保障三项制度改革，建立竞争、激励和约束机制。

抓好党报党刊发行体制改革，推进非时政类报刊转企改制。在市电台电视台的影视剧、影视动画、体育、科技、娱乐等节目栏目进行制播分离改革，提高规模化、集约化生产水平。推动行政管理体制改革和政府职能转变，成立区县文化市场行政执法队伍。

二十、加大知识产权保护力度

研究制定文化产业知识产权保护和促进办法，鼓励知识产权评价机构发展，建立健全知识产权信用保证机制，支持和鼓励利用知识产权保护实现企业自律和行业自律。严厉打击各种盗版侵权行为，保障文化产业健康发展。

资料来源：《关于印发天津市文化产业振兴规划和第一批文化产业振兴重点工作计划的通知》，见 http：//www. tj. gov. cn/zwgk/wjgz/szfwj/201001/t20100125_ 112094. htm。

思考与练习

1. 什么是区域文化产业空间结构?
2. 影响文化产业空间结构的因素有哪些?
3. 区域文化产业空间开发模式有哪些?
4. 影响文化产业空间开发模式选择有哪些因素?
5. 文化产业空间布局的影响因素是什么?
6. 文化产业经济区划的类型有哪些?
7. 根据本章案例《天津文化产业布局》，分析天津文化产业布局的特点及依据。

第四章　区域文化产业结构优化

◉**本章知识要点**

区域文化产业结构及其特点

区域文化产业结构演进

区域文化产业结构优化及其评价

导入案例 >>>

西安市曲江国家级文化产业示范园区

西安位于中国西部，拥有丰富的历史文化资源。曲江新区的建设充分挖掘整合了该区域的历史文化资源，彰显了古都文化的巨大魅力，促进了区域经济发展和产业结构优化升级。

曲江新区位于西安城东南，属于雁塔区，原名西安曲江旅游度假区，陕西省人民政府于 1993 年批准设立省级旅游度假区。2003 年 7 月，经西安市政府批准，更名为“曲江新区”。

2002 年以来，曲江新区以盛唐文化为品牌，以资源整合为手段，先后投入资金 80 多亿元，开发建设了大雁塔北广场、大唐芙蓉园、大唐不夜城、曲江池遗址公园等一批重大文化旅游项目。2004 年，曲江新区组建了曲江文化产业投资集团，通过重大项目的组织运营，迅速做大做强，成员企业达 19 家。为了谋求文化产业和资本市场的对接，曲江新区以大唐芙蓉园为核心，将优质资产和资源进行重组，组建了西安曲江文化旅游产业集团。2006 年 5 月，曲江文化产业集团设立文化产业扶持基金，整合了 30 多家影视公司和十多家演艺公司，组建了曲江影视集团和曲江演艺集团。2007 年，曲江新区分别组建了曲江会展控股公司、曲江国际会展集团。

西安曲江新区作为四个国家级文化产业示范园区（西安曲江新区、深圳华侨城集团公司、曲阜新区文化产业园、沈阳棋盘山开发区）之一，其发展史就是该区域产业结构优化和文化产业结构升级的过程。

（见 http://travel. yunnan. cn/html/2009 - 07/01/content_ 531722_ 4. htm）

第一节　区域文化产业结构配置

一、区域文化产业的结构

产业结构，亦称国民经济的部门结构，指国民经济各产业部门之间以及各产业部门内部的构成、联系和比例关系。社会生产的产业结构或部门结构是在一般分工和特殊分工的基础上产生和发展起来的。

现代农业

以产业发展的顺序及其与自然界的关系，将经济活动划分为第一、第二、第三产业。费歇尔在《安全与进步冲突》中，首次提出三次产业分类法。克拉克将经济活动分为 A（农业）、I（工业）、S（服务业）（AIS 分类法），三次分类法逐渐普及。库兹涅茨研究三次产业在国民生产中所占份额随经济增长所发生的变化规律，三次产业分类法最终为各国所接受。

改革前，我国对产业实行五大类分类法，即农业、工业、建筑业、运输业、商业。改革开放后，引进三次产业分类法，即第一产业：农、林、牧、渔；第二产业：工业（制造、电力、煤气、水的生产和供应）；第三产业：除第一、第二产业外的产业，包括交通运输业、邮政、电讯、零售、文化、卫生、社会福利等。

根据各产业所占比重的不同，可以划分为金字塔型产业结构、鼓型产业结构、哑铃型产业结构、倒金字塔型产业结构。

金字塔型产业结构表示第一产业占主导地位，是农业社会或农业国的产业结构。

鼓型产业结构，又称橄榄型结构，表示第二产业占主导地位。其中，第一产业比第三产业比重低的，是工业化后期社会的产业结构；第三产业比第一产业比重低的，是工业化前期社会的产业结构。

哑铃型产业结构表示第一、三产业的比重较大，第二产业比重低，是工业落后的国家和地区的产业结构。

倒金字塔型产业结构表示第三产业所占比重大，是后工业化社会或发达国家的产业结构。

这里研究产业结构的子概念之一即文化产业结构。文化产业结构，是指文化产业在国民经济宏观产业结构中的比例关系以及文化产业内部各产业、行业之间的比例关系。

区域文化产业结构是文化产业在区域国民经济宏观产业结构中的比例以及区域文化产业内部各产业、行业之间的比例关系和内在联系。

从文化产业的内容来看，根据《文化及相关产业分类》，文化产业结构分为三个层级：文化产业核心层、文化产业外围层和文化产业相关层。其中，文化产业核心层包括：新闻服务、书报刊和音像出版物的出版发行和版权服务，广播、电影电视，包括文艺表演、博物馆、图书馆在内的文化艺术服务，文化研究，文化社团等。文化产业外围层包括：网络文化服务，旅游，休闲健身、文化休闲娱乐服务，广告和会展服务等。文化产业相关层包括：文具、照相器材、磁带、光盘等文化用品、设备，以及包括工艺品在内的相关文化产品的生产销售。

从文化产业内部各行业的发展历史来看，文化产业分为现代传媒产业和传统文化艺术产业。现代传媒产业包括三个部分：一是报刊、通讯社、图书出版业以及其他纸制媒体出版和发行业；二是以电台、电视台、通讯社等媒体为主体，以电影制作发行、电视制作发行播映、音像出版发行、电视网络经营等为具体形式的行业；三是以移动互联网与微视频为代表的新媒体，包括网络新闻传媒业、专业性网络传媒业、商业性网络传媒、电子商务、网络广告等。传统意义上的文化艺术包括：艺术表演业，艺术品展览、拍卖、销售，博物馆，图书馆，会展业，文物及文物保护，等等。

二、区域文化产业结构的特点

这里主要分析我国区域文化产业结构的特点。

1. 区域间文化产业发展不均衡

整体而言，文化产业发展不足，在宏观产业结构中的比例偏低。在我国区域文化产业中，东部沿海的文化产业相对而言较好，中西部相对落后些。各区域文化产业产值占总产值比重不高，与发达国家相比较有很大距离。在解决就业人口数量方面还可以有较大的空间。第三产业将成为解决我国就业问题的重要出路，而文化产业作为第三产业的重要组成部分，潜力巨大。

2. 区域文化产业内部各产业发展不平衡，内部结构不尽合理

文化产业是一个大产业，内部又包括众多的小行业，如演出、传媒、艺术品等等，区域文化产业内部各产业发展不平衡，结构不够合理。另外，该优先发展的产业未能优先发展，特色文化产业不突出，整个文化产业呈齐头并进均衡式发展。

3. 区域产业结构同质化严重，区域间分工不明，重复建设严重

区域文化产业发展过程中，大都是采用政府主导性的模式，因此存在着各地区同时上同类项目、遍地开花重复浪费的现象。例如，近些年的动漫产业发展、动漫基地建设、文化产业园区建设就存在类似现象。

4. 与国际相比，国内区域文化产业大都处于低端状态

比如，我国动漫业虽然红红火火，但是与动漫生产大国日本、美国相比较，生产大都处于低端水平，主要是承接加工生产的环节。

5. 区域文化产业结构不断优化

从总体上说，伴随我国文化产业的发展和区域文化产业结构的不断完善，整体的区域文化产业结构在不断优化。

6. 文化事业与文化产业未能均衡发展

文化事业与文化产业是大力发展文化的两个重要方面，不能忽略其中的任何一个。区域文化产业结构优化，并不意味全部都要产业化发展，文化事业与文化产业要根据市场状况、国家政策合理调整比例。

第二节　区域文化产业结构演进规律

一、区域文化产业结构演变的影响因素

（一）配第－克拉克定律与区域文化产业结构演进

英国经济统计学家科林·克拉克，于1940年发表了他的著名经济学著作《经济进步的条件》，首次提出了三次产业的划分，并研究了劳动力在三次产业之间的转换规律。

克拉克通过对主要发达国家劳动力转移的实证研究得出结论：随着经济的发展和人均国民收入水平的提高，劳动力首先由第一产业向第二产业转移，进而再向第三产业转移；从劳动力在三次产业之间的分布状况看，从事第一产业生产的劳动力比重逐渐下降，第二产业特别是第三产业劳动力的比重则呈现出增加的趋势。这就是配第－克拉克定律。

之所以称之为“配第－克拉克定律”，是因为早在17世纪英国经济学家威廉·配第就曾经揭示过关于劳动力转移的这种现象。配第认为：制造业比农业进而商业比制造业能够得到更多的收入，这种收入的差异会促使劳动力由低收入部门向高收入部门转移。克拉克认为自己发现的规律只是印证了配第的观点，在理论上总结出来罢了，因而称其为“配第定律”。后来人们就称该定律为“配第－克拉克定律”。

文化产业属于第三产业。1949年新中国成立后到1978年间，我国产业发展中配第－克拉克定律体现并不明显。但是，从1978年改革开放至今，劳动力由第一产业向第二、三产业转化非常迅速。在农村，除春节之外，只有妇女、儿童和老人留守，而大

部分的青壮年都外出打工，农村劳动力向第二、三产业转移。

而对于文化产业而言，只有在充分发展农业、工业以及部分第三产业后，才会更迅速地发展起来。对于我们国家而言，不同区域的劳动力转移的速度不一样，相比较，东部沿海借改革开放的春风，迅速推进了产业结构升级。也正因为如此，文化产业才在东部迅速发展起来了。广东原来是吸引农村剩余劳动力最多的区域之一，现在却因为产业结构的演变，正在减少对外地劳动力的吸收。

区域文化产业也在整体的产业结构演化中，慢慢地演化为朝阳行业甚至成为区域经济中的支柱产业，在区域经济中的地位不断提升，贡献的价值不断提高。

（二）库茨涅兹的产业结构变化规律与区域文化产业结构演进

库茨涅兹在他的著作《各国的经济增长》一书中，从国民收入和劳动力这两个方面，对伴随经济发展而出现的产业结构演变规律作了分析研究，并得出结论：

（1）随着国民经济的发展，区域内第一产业实现的国民收入在整个国民收入中的比重，与第一产业劳动力在全部劳动力中的比重一样，处于不断下降之中。

（2）在工业化阶段，第二产业创造国民收入的比重及占用劳动力的比重都会提高，其中前者上升的速度会快于后者。在工业化后期，特别是后工业化时期，第二产业的国民收入比重和劳动力比重会不同程度地下降。

（3）第三产业创造国民收入的比重及占用劳动力的比重会持续地处于上升状态，其中，在工业化前期、中期阶段，其劳动力比重的上升速度会快于国民收入比重的上升速度。

根据库茨涅兹的学说，对照我们国家区域文化产业发展情况，我们发现：伴随着第一产业国民收入比重的下降和第一产业劳动力在全部劳动力中比重的下降，以及在工业化阶段，伴随着第二产业国民收入比重及占用劳动力比重由提高到降低的过程，区域中从事第三产业包括从事文化产业的人口及其生产的价值都处于不断上升之中。

（三）钱纳里关于区域发展阶段理论与区域文化产业结构演进

美国经济学家H. 钱纳里在《工业化和经济增长的比较研究》一书中，通过对34个准工业国经济发展的实证分析，提出任何国家和地区的经济发展都会规律性地经过六个阶段。

第一阶段——传统社会：产业结构以农业为主，绝大部分人口从事农业，没有或极少有现代工业，生产力水平很低。

第二阶段——工业化初期阶段：产业结构由以落后农业为主的传统结构，逐步向以现代工业为主的工业化结构转变，工业中则以食品、烟草、采掘、建材等初级产品的生产为主。

第三阶段——工业化中期阶段：制造业内部由轻型工业的迅速增长，转向重型工业的迅速增长，非农业劳动力开始占主体，第三产业开始迅速发展。这就是所谓的重型化工业阶段。

第四阶段——工业化后期阶段：在第一、二产业协调发展的同时，第三产业开始由平衡增长转入持续的高速增长，成为区域经济增长的主要力量。

第二、第三、第四阶段合称为工业化阶段，是一个地区由传统社会向现代社会过渡的阶段，其中工业化中期阶段是关键。

第五阶段——后工业化社会：制造业内部结构由资本密集型产业为主导向以技术密集型产业为主导转换，同时生活方式现代化，高档耐用消费品在广大群众中推广普及。技术密集型产业的迅速发展是这一时期的主要特征。

第六阶段——现代化社会：第三产业开始分化，智能密集型和知识密集型产业开始从服务业中分离出来，并占主导地位，人们消费的欲望呈现出多样性和多变性。

这个过程也是区域文化产业结构不断演进的过程，是区域文化产业由小到大、由弱到强的过程。

在第一阶段，文化产业作为一个很小的行业，数量少，影响力弱，产值低，就业人口少，而且文化生产和消费也以自然经济的状态出现着。

在第二阶段，伴随着工业化初期的发展，整个文化生产日益产业化，成为一个正式的产业部门，为其他产业的发展需要提供新闻、信息等，为日益富裕起来的阶层和工薪阶层提供娱乐节目。

在第三阶段，此时，文化产业在区域中的地位逐渐强大起来，一些大文化企业开始形成。

在第四阶段，区域文化产业数量增多，多种多样，且快速发展，文化产业消费者数量增多，文化产品丰富，文化产业进入快速发展时期，产值增加。

在第五阶段，伴随着技术的进步，新的技术也推动着新型的文化产业产生，文化产业结构不断演进，文化产业成为整个经济中重要的产业之一。

在第六阶段，文化产业在区域结构中协调发展，结构更加合理。

二、区域文化产业结构的演变

（一）推动区域文化产业结构演变的因素

1. 整体产业结构的推进

首先我们要承认，区域文化产业结构是区域产业结构的一个组成部门，区域文化产业的发展状况、结构状况，受制于整个区域产业结构的变动。当整个产业结构由第一产业向第二产业演进、由第二产业向第三产业演进时，整个区域文化产业结构也在这一影响深远的巨大历史变革中，不断调整，并不断演进。

2. 竞争因素的推动

在市场经济条件下，优胜劣汰、强存弱亡的丛林生存法则，必然推动区域的文化企业不断进步，同时对利润的获取又推动着新的文化企业进入这个区域，因此，市场机制下的竞争因素推动着区域文化产业结构的不断演进。

3. 科技推动

整个区域文化产业结构的演进都离不开科学技术的推动，其演进史，也是科学技术革命推动史。科学技术既促进传统文化产业的优化升级，也推动新的文化产业部门兴起，同时，由于科学技术的进步带来的市场竞争使区域文化产业竞争激烈，从而使企业兴起与消亡不断发生。

（二）区域文化产业结构的演变特点

根据国内外文化产业的发展历史和现状，我们得出如下区域文化产业结构演变的特点：

（1）区域文化产业解决的就业人口数在增多，创造的产值不断增加。随着文化产业的发展，文化产业结构的就业人口不断增加，并且文化产业的产值在整个国民生产总值中所占的比例不断提高。

（2）区域文化产业的规模不断增大。各个国家的文化产业都是以重点区域为代表发展起来的，重点区域的文化产业占整个国家文化产业产值的比重较大。区域内的文化产业规模在扩大，有些成为世界知名文化品牌。

（3）区域文化产业的结构不断完善，生产效率不断提高，日益受到现代的组织形式和技术的影响。

（4）文化产业日益成为区域的主导产业。一个区域的产业可以分为先导产业、主导产业、支柱产业和夕阳产业。

产业的发展速度快于全国所有产业的平均发展速度，区域的产业规模在全国范围内占有相当高的水平，这样的产业基本上是主导产业或支柱产业；产业的发展速度快于全国所有产业的平均发展速度，区域的产业规模在全国范围内占有的水平低，这样的产业就是先导产业；产业的发展速度低于全国所有产业的平均发展速度、区域的产业规模在全国范围内占有的水平低的产业，这样的产业要么是先导产业、要么是夕阳产业；产业发展速度低于全国所有产业的平均发展速度、区域的产业规模在全国范围内占有相当高的水平，这样的产业可能是支柱产业和夕阳产业。

一个区域文化产业结构的演进往往伴随着该区域先导产业、主导产业、支柱产业和夕阳产业的推移变化而不断升级，原来的先导产业可能变成主导产业、技术产业，也可能成了夕阳产业。随着新技术的发明与应用，文化产业日益成为区域产业发展中的主导产业。

（5）区域文化产业发展越来越与高新科技结合在一起。数字技术的发展，网络的普及，手机的广泛应用，推动高科技与文化产业融合发展。

第三节　区域文化产业结构优化与评价

一、区域文化产业结构优化

（一）区域文化产业结构存在的问题

我国区域文化产业结构处在不断优化的过程中，但是，区域文化产业内部结构以及区域之间的文化产业结构存在着一系列的问题。

1. 文化产业不够发达，文化产业在区域经济总量中所占的比重还比较低

在许多区域，文化产业仍然被视为该区域微不足道的产业之一，并没有作为一个重要的产业引起关注。该区域的文化产业发展缓慢，从事文化产业的劳动人口数比较少。

2. 区域文化产业内部比例不协调

在区域的文化产业结构中，存在着均衡发展的问题。根据区域产业发展理论，并不是所有的产业都可以作为本地的优势产业来发展的，有些产业不适宜当地的区域优势就不应大力发展。另外，一些区域对文化产业采取均衡发展策略，齐头并进发展各个门类的文化产业，结果导致了优而不优、弱而不弱。市场经济条件下就要求优胜劣汰、有优有劣，这种结构才是合理的，部分区域却与之相反。

3. 区域文化产业重复建设严重

由于原有计划经济体制的影响、地方保护主义以及市场不规范竞争，我国的产业发展存在重复建设的现象，浪费严重，不仅体现在文化产业方面，其他产业也存在这些问题。如何优化区域间的文化产业，做大整个区域的文化产业，需要不同层次、不同区域的政府主管部门、协会、企业共同探讨。

4. 区域产业层次不合理

文化产业分为三个层次，从各个层次比例来看，部分区域存在着产业层级不合理的状况。以河南为例，从层次上来看，河南文化产业层次分布不太合理，外围层明显过

小。2005 年，河南省核心层实现增加值 74. 09 亿元，共有从业人员 31. 11 万人；外围层实现增加值 24. 57 亿元，共有从业人员 30. 38 万人；相关层实现增加值 240. 98 亿元，共有从业人员 58. 56 万人。核心层、外围层、相关层三者的增加值之比为 22∶7∶71，而全国平均水平为 25∶23∶52。“相关层”的增加值占全省文化产业增加值的比重高达 71%，从业人员占全部从业人员的 49%，相比而言，文化产业的“核心层”和“外围层”的增加值所占的比重明显较低。“核心层”的增加值占全省文化产业增加值的比重只有 22%，低于全国 25% 的平均水平，从业人员占全部从业人员的 26%；“外围层”的增加值占全省文化产业增加值的比重只有区区 7%，比全国水平低 16 个百分点，从业人员所占比例却高达 25%。①

杭州动漫节

（二）区域文化产业结构存在问题的原因

1. 观念和认识原因

对文化产业的政治属性关注过多，而对文化产业的经济属性关注较少。区域文化产业的发展有许多心理、观念上的阻碍因素，有许多理论问题还没有研究透彻，这些因素抑制区域文化产业结构的优化。

2. 区域文化产业规划不科学

部分区域在进行文化产业建设过程中没有重点，不能根据区域的资源优势、人才优势、市场优势发展重点文化产业。另外，一些区域有文化产业发展规划，却没有相应的配套措施，规划不能落到实处。

---

① 顾艳芳：《河南文化产业结构分析》，载《焦作大学学报》2008 年第 4 期。

3. 其他因素的影响

地方保护主义、计划经济体制、市场机制不健全导致区域文化产业不协调和区域文化产业结构不合理。行政力量过强，市场机制不能正常发挥作用，各个地方之间相互攀比、互设门槛、自我保护，结果导致了区域文化产业结构不合理。

（三）区域文化产业结构优化的推动因素

1. 整个国家的经济形势发展以及整个区域经济结构优化的推动

经济发展有其自身的规律性，产业结构的演进和优化也有规律可循，产业结构的演进和优化是与整体的经济发展相一致的。文化产业不是从来就有的，也不是从来就是朝阳行业，它是经济发展到一定水平后，整个经济结构的调整和人们精神文化需求共同推动的结果，这些会推动区域文化产业结构的优化。

2. 改革开放的推动

文化产业的官方提法也是近十多年的事情，说明随着改革开放的推进，我们的观念也在发生变化。国外繁荣的区域文化产业、优秀的文化作品推动着我国区域文化产业的发展和区域文化产业结构的优化。

3. 人们的需求

人们对精神产品的需求是不断变化的，这种变化推动区域文化产业结构的优化升级。而且人们从精神需求上说更愿意消费文化精品和有特色的文化产品，只有区域文化产业结构优化了，才能更好地满足人们的需求。

4. 市场机制的健全

市场机制推动着区域文化产业结构的升级，不同的区域，市场机制的健全程度不一样，因此区域文化产业结构的优化升级发展状况也不一样，市场的日益成熟，推动区域竞争，会使区域文化产业结构优化。

5. 人才的因素

人才是最终使产业结构升级的直接因素。做事最终落实到个人，落实到政府官员、企业管理者、学者、科学技术人员身上。一流的人才总是促进事业的开展、社会的进步，总是能够发现问题并积极解决问题。文化产业结构升级也需要文化产业领域各种优秀人才的参与，需要政府管理者、文化企业经营者、学者、科学技术人员解放思想，脚踏实地，推动结构优化。

6. 经验教训

发展文化产业过程中有很多教训，吃一堑长一智，失败的过程也是不断成长的过程，是区域文化产业结构不断优化的过程。

二、区域文化产业结构评价

（一）区域文化产业结构评价的意义

什么样的区域文化产业结构是好的，什么样的区域文化产业结构是需要改进的，这些问题的解决有待于区域文化产业结构评价体系的设计和实施。我国区域文化产业结构存在较多问题，有些区域文化产业的发展是盲目式，有些区域文化产业的发展是运动式、模仿式的，这些区域没能发现自己的优势文化产业，不仅不能促进文化产业的发展，反而阻碍了产业的进步。

推动文化产业结构优化，有利于区域文化资源的充分利用，有利于提高区域文化产业的竞争力，有利于我国文化产业的整体发展，而这些需借助于区域文化产业结构评价体系的构建和实施。

区域文化产业结构评价是区域文化产业发展的风向标，有什么样的评价指标体系，就有什么样的区域文化产业结构。区域文化产业结构评价会引导产业结构调整方向，区域文化产业结构评价是区域文化产业结构优化的参照标准，可以使区域文化产业在发展过程中少走弯路，使区域文化产业更好更快发展。区域文化产业结构评价也是区域文化产业政策制定依据，也是评价政策合理性的重要标准。

（二）区域文化产业结构优化的评价指标

在设计区域文化产业结构优化的评价指标时要考虑以下一些因素：

1. 区域文化产业层次的优化程度

文化产业是分层次的，不同层次的数量比、产值比是区域文化产业结构合理性的一项重要指标。文化产业建设既要强调各个层次文化产业的特点与侧重点，形成众多文化主体共同发展文化生产的积极性和主动性，同时又要强调不同层次文化产业之间和不同文化生产主体之间的协调发展，这样就会形成文化合力，保持文化的整体和谐与文化产业有序结构，只有有序的文化产业结构才能够产生有效的社会功能，并使之更好地服务于社会，满足人们的精神文化生活需要。

不同层次的文化产业又包括不同的类别，区域文化产业应该大力发展具有优势的文化产业类别，对于优势不明显或无优势的文化产业类别要减少投入或不投入。

2. 文化产业产值在区域经济总产值所占的比重、解决就业人口的比例

这里所涉及的就是文化产业与经济部门中的其他产业之间的发展比例合理化问题。这是区域文化产业结构评价指标设计中需要重点考虑的因素之一。

3. 较大规模文化企业的数量

企业的数量和规模是区域文化产业影响力的来源，大的文化产业集团所产生的社会影响力是巨大的，我国的区域文化企业存在弱、小、少、散的特点，这也是我国整体文化产业结构尚不优化的一个表现。

4. 文化产业的所有制结构

我国的文化产业大多数还是公有制的，随着市场机制的进一步完善，我们将发展出所有制比例适当的文化产业。

5. 企业间的一体化程度

区域文化企业的前向、后向一体化程度，这一条主要是考察区域文化产业之间的协作程度。

6. 文化产业和文化事业的比例

文化事业与文化产业要并行发展，有些公益性的则走文化事业之路，需要我们投入大量的财政收入或者通过基金的形式来发展文化事业，营利性的则走产业之路，通过市场解决发展。

7. 农村文化产业

大多数的文化产业集中于城市，大多数的文化产品消费也是集中于大城市，区域文化产业的整体协调是城乡文化产业的协调，作为区域文化企业，要努力开拓农村市场，作为政府部门，政策要向农村倾斜。

三、区域文化产业结构优化的对策

我们根据区域文化产业结构存在的问题，遵循结构科学、发挥区位优势和全局统筹发展的原则，积极对文化产业结构进行调整和优化，具体措施如下：

1. 大力发展市场经济，充分发挥市场机制在区域文化产业中的作用

市场可以有效地调控资源优化配置，根据市场的需要和区域的资源优势，不断推动文化产业结构的优化升级。政府要进一步规范市场秩序，增加合法文化产品的供给，严厉打击非法文化产品的经营活动，形成良好的市场机制和公平竞争的市场环境；政府要转变职能，在文化市场发展初期阶段就要充当好“裁判员”的角色，通过立法、宏观调控等手段规范文化企业的经营行为，为文化企业的健康有序成长营造良好的发展环境。

2. 积极发展优势鲜明、特色明显的区域文化产业，使之成为区域的主导文化产业，打造区域文化产业品牌

鼓励发展新兴文化产业，培育区域文化产业中的主导产业，新兴文化产业、主导产业发展状况如何，直接关系着整个区域文化产业的兴衰。因此，在整体推进的基础上，必须优先、重点培育主导产业，在培育主导产业时，一定要注意避免大而全的现象出

现，同时要考虑区域的实际状况和区位优势，考虑与其他产业的协调程度。

3. 正确处理文化产业与文化事业的关系，塑造良好的投资环境，推进文化产业投资主体多元化

无锡影视城

文化产业与文化事业都依托于文化，服务于大众，二者关系非常密切。但是，文化事业是非营利性的，政府在支持文化事业发展的同时，应努力为文化产业的发展提供良好的条件。很多文化行业都是由政府亲手操作，这并不符合文化产业的发展规律，也不符合市场经济的要求，不利于文化产业的健康成长。

政府在扶植文化企业发展的同时，应尽可能使投资主体更加多元化，将文化企业推向市场，通过市场洗礼，使文化企业优胜劣汰。

4. 在遵循市场机制的条件下，为文化企业的兼并、联合、重组提供必要条件，以形成一批有较强竞争力的文化企业集团

政府部门应通过加快国有文化单位的改革，在国家政策许可的范围内，通过推动民营资本合法进入文化市场等手段，促进不同所有制企业的兼并重组，提高市场集中度，提升文化产业的整体竞争力。

5. 深入探讨文化产业之间的互动机制，加快区域文化产业的前向、后向一体化，加强文化产业与关联产业的联系

要把区域的文化遗产、旅游资源、文艺产品加工工艺等有机调动起来，综合发展。

6. 延长区域文化产业链条，提高产业总体增值水平

要提高一个产业的整体收益，就必须延长产业链条，促进产品的深加工和精加工，提高其增加值。文化产业也是一样，其产业链的长度影响其整体收益，这样对区域文化产业结构优化是非常有益处的。

本章小结

本章是教材重点内容之一，也是区域文化产业发展实践中经常遇到的问题。主要叙述了区域文化产业结构及其特点、区域文化产业结构演进和区域文化产业结构优化及其评价，通过学习，可以深入理解区域文化产业结构的相关问题。

案例精选□□□

伦敦——创意产业之都

伦敦都市圈，以伦敦—利物浦为轴线，包括伦敦、伯明翰、谢菲尔德、曼彻斯特、利物浦等数个大城市和众多中小城镇。这一地区总面积约4.5万平方公里，人口3650万，是产业革命后英国主要的生产基地和经济核心区。

由伦敦城和其他32个行政区共同组成的大伦敦是这个都市圈的核心。作为整个都市圈的龙头，这片约1600平方公里的土地，在雾都时代，曾经是一个工业中心，接着又慢慢演变成一个金融和贸易中心。然而，伦敦日新月异的脚步并没有就此停下。在近十多年里，以创意产业为主的新兴产业开始在大伦敦地区异军突起。凭借着每年210亿英镑的产出值，创意产业目前已经成为仅次于金融服务业的伦敦第二大支柱产业，不少评论都把世界最酷城市的桂冠送给了伦敦。

几年前在英国伦敦举行了一场“头脑风暴”，题目是“一个鸡蛋可以做什么用”。有人说可以用来做漂亮的彩蛋，有人建议将它加工成面膜，也有人说，以后集会时，就怀揣两个鸡蛋，去丢那些“讨厌的人”。

也许很少有人把这些五花八门的答案当真，但2002年，一栋外观酷似鸡蛋的全玻璃建筑，却成了伦敦的市政厅大楼。

游客认为这个是现代的伦敦，很与众不同，看上去好像快要倒的样子，但另外一些人觉得这和周围很匹配，形成一种非常强烈的对比，让人们感受了新旧伦敦的两种风格。

没有人知道，究竟是不是那场“头脑风暴”画出了伦敦市政厅的雏形。但越来越多年轻的灵感，正在这片古老的土地上给人惊喜，却是不争的事实。在伦敦泰晤士河南岸，每天都排着长队，人们等上两三个小时也不愿意错过的，就是眼前这个超级巨无霸，“伦敦眼”。

1993年，《星期日泰晤士报》举办了一场竞赛，征集最疯狂的千禧年庆祝计划。两名年轻建筑师提议，建造一个全球最大的摩天轮，让人们体验一番从高处俯瞰泰晤士河、俯瞰伦敦、俯瞰地球的美妙感觉。

如今，这座135米高的“伦敦眼”，就像块巨大的磁铁，吸引着成千上万的游客，人气一点也不输给泰晤士河对岸的大笨钟。本来只打算让它转上5年的伦敦政府，决定继续保留这个城市新地标。而随着“伦敦眼”、市政厅这些风格鲜明的现代建筑不断给人们带来惊喜之余，大家突然发现，曾经工厂林立的雾都伦敦，如今变样了，它有了一张叫做“创意之都”的新名片。

“伦敦眼”

根据英国文化、媒体与体育部的定义，创意产业是指源于个人创造力、技能与才华的活动，而通过知识产权的生成和取用，这些活动可以创造财富与就业机会。在这样的定义下，13个产业部门被划归为创意产业，它们包括广告、建筑、艺术品与古董、手工艺、设计、时装设计、电影与录像、互动休闲软件、音乐、表演艺术、出版、软件与计算机服务、电视与广播等。伦敦人形象地把这些工作叫做“拍脑袋的活”。而位于伦敦市中心的SOHO，就集聚了很多像这样“靠拍脑袋吃饭”的人。

伦敦著名的莱斯特广场集中了许多有名的电影院和戏院。近年来，随着休闲时间的不断增多，可支配收入的不断提高，伦敦人对休闲产品与服务的需求也不断增加。数据显示，伦敦家庭每周的平均消费约为500英镑，比英国平均水平高出25%；而其中，看电影、欣赏戏剧、参加时装秀等活动的花费，伦敦人更是高出英国平均水平近30%。

如果说蜂拥而至的创意人才带来了满脑袋的点子，而伦敦人的消费能力算是肥沃土壤的话，那么时代大环境一定就是促使创意产业在伦敦开花结果的温暖阳光了。

从18世纪的头号海军强国，到19世纪成为第一个工业化国家，英国的历史上记载着被称为“世界工厂”的辉煌昨天。然而，两个百年过后，随着环保问题日益受到关注，传统的、污染严重的产业渐渐被列入黑名单。而像创意产业这样，不需要消耗能源和自然资源，也不会产生大量废气废渣，只要充分开发人脑就能创造财富的新兴产业开始成为新宠。

1997年，布莱尔当选为英国首相。当时被称为“政坛一股清风”的他，一心想改变老工业帝国陈旧落后的形象，于是，一个“创意产业特别工作组”诞生了，布莱尔亲自担任了工作组主席。不久，英国政府还专门成立了一个文化、媒体和体育部，来分管创意产业。由此，英国成为世界上第一个提出创意理念、又第一个用政策来推动创意产业发展的国家。在这样的大背景下，大伦敦市政府也决定把创意产业作为自己的核心产业来经营，“创意伦敦”的概念应运而生。伦敦市长办公室和伦敦发展署把握着大伦敦创意产业的发展方向。前者主要负责制订方针，后者落实细节，提供协助。

多年来，大伦敦政府帮助解决了许多创意产业在投融资、房地产、人才培养等方面碰到的问题，并提供优惠的税收政策进行扶持。同时，他们还组建了一些更加专业化的协调机构。

伦敦市长和电影行业一起合作创立的摄影伦敦成立于2004年。他们负责提供拍摄建议，联系摄制场地，取得拍摄许可，寻找当地演员，推荐后期制作，等等。而在2004年之前，所有这些手续，都需要拍摄方自己一家一家去联系办理。成立四年来，大到好莱坞巨片、小到音乐录影带，摄影伦敦已经协助拍摄了近2000部作品。越来越多的电影人喜欢来伦敦，伦敦因此一跃成为世界上继纽约和好莱坞之后第三大热门的拍摄地点。设立并理顺从上到下的工作架构，让伦敦尝到了甜头。然而，政府对于创意产业的扶持，并不止于此，他们还另有一条从下到上的道路。

特拉法加广场

为纪念纳尔逊将军而建立的特拉法加广场，是伦敦的地标性建筑之一。然而，在这个古老的广场上，我们却发现了一个非常有意思的现象。广场的三个角落上，都矗立着古老的骑士雕像；然而，在第四个角落上，我们却发现了一座非常现代的、彩色的、全玻璃建筑模型。当年的建造者是打算在这里树立第四座骑士雕像，因为资金不够，这个项目只好不了了之。于是，从1841年广场落成以来，这根立柱上一直是空的。直到2005年，伦敦政府决定启动一项叫做“第四立柱”的活动，把这个空置的平台，提供给年轻活跃的灵感做舞台。第一件亮相的作品是伦敦雕塑家马克奎因的怀孕女子像。此后，作品每18个月轮换一次，候选作品都在临近的国家美术馆展出。从2007年11月开始，第四立柱上的主角成了它。这件充满现代感的作品，是德国艺术家托马斯舒特设计的一个21层楼的旅馆模型。红、黄、蓝三色有机玻璃，在阳光的照射下，特别醒目。在民众中鼓励探讨和争论，为的是给创意产业营造环境氛围。除了第四立柱，从2003年开始举办的伦敦设计节，则是一个灵感更加集中、创意更加活跃的大舞台。五年来，伦敦发展署负责为设计节提供近四成的资金援助，并协同博物馆、零售商、教育界、媒体等一起打造这个节日。每年，陶瓷、家具、珠宝、灯饰、摄影、布艺等各种设计作品云集，就像是一场视觉盛宴，不仅吸引着跃跃欲试的设计师们，也让普通人的生活被灵感点亮。如今，伦敦设计节已经成为全球最具影响力的设计大事件之一，也成为伦敦的一张醒目标签。当然，创意之都的标签一定还不止这一张。

虽然晚于巴黎、纽约和米兰，从1993年开始的伦敦时装节很快就成为世界时尚舞台上的新宠。再加上伦敦独特的创意氛围，这个后起之秀，如今俨然成为业界公认的时装设计师的孵化器。2007年，伦敦发展署还宣布，将分三年出资420万英镑，支持时装界，以提高伦敦时装周在国际市场的分量。设计节、时装节，再加上同样每年举行的游戏节和电影节，热闹的四大节日，将来自世界各地的创意灵感汇集伦敦。而更让人惊喜的是，大家在一番饕餮之后发现，这些节日并不只是狂欢的泡沫，而是早就为伦敦带来了切切实实的好处。

其实，早在撒切尔夫人执政的时候，她就说过，对于工业设计的每一分投入，都可以换来1000倍的回报。那个时候，还没有创意产业这个提法。但同样以个人创造力为源泉的工业设计已经被摆到了一个很高的位置。当然，现在的事实证明，回报可能远不止1000倍。《哈利·波特》从作家笔下的人物，成为风靡全球的形象，继而带动一系列相关产业，一个创意引发的经济爆炸，恐怕比哈利的魔法更耐人寻味。1990年，还是一名英国普通女教师的J. K. 罗琳，在坐火车穿越英格兰时，突然冒出了一个关于小魔法师的点子。而正是这个闪现的灵感，成就了现在风靡全球的《哈利·波特》。10年里，系列小说在全球卖出3.25亿多册，创下出版界的纪录。而J. K. 罗琳的个人资产也接近10亿美元，在全球娱乐界女富豪中排名第二。而从小说中衍生的电影、游戏、玩具、服装等各种相关产品也创造了上百亿美元的利润，造就了一个魔法师的奇迹。

泰特现代美术馆

著名的泰特现代美术馆，就在2007年，伦敦市长利文斯通为《伦敦创意产业报告》作序言的时候，还不忘把泰特作为成功的典范，写在了全文第一段。然而，谁又能料想到，这里曾经是一个废旧的火力发电厂，一度面临着被拆除的命运。2000年5月，泰特现代美术馆在这块其貌不扬的场地上开门迎客了。尽管空间质感很粗，灯光运用也不尽完美，但美术馆方面相信，这个独特的空间可以为艺术家们提供想象的空间。

底楼的涡轮大厅，原来是发电厂的引擎室。现在正在展出的是哥伦比亚女艺术家多丽丝·塞尔萨多的作品《口令》。一道167米的裂缝在大厅地面蔓延，帮助作者表达着人与人之间的隔阂。开馆8年，慕名而来的国内外游客，已经使泰特一跃成为伦敦第二大受欢迎的景点。

泰特的成功，带动了泰晤士河南岸的重新发展。它所在的萨瑟克区，10年前居民不到3000人，是伦敦著名的废旧工业区，然而现在，这里是伦敦地产价格上涨最快的一个区，每年涌入的700多万游客，带来超过1亿英镑的经济效益。

在整个大伦敦地区，创意产业每年创收210亿英镑，占伦敦年度经济总增加值的16%。产业的发展，带动了就业。如今，大伦敦地区有50万人从事创意产业。伦敦正在靠着创意产业的兴起，完成又一次的产业升级。

20世纪70年代末到80年代初，伦敦以金融业和制造业支援服务取代了传统工业，此后30年，以法律服务、会计服务和商业咨询为主的商务服务业在伦敦异军突起。而在过去的10年，随着金融服务业发展趋缓，创意产业开始为伦敦注入新的发展动力。

全球三大广告产业中心之一，全球三大最繁忙的电影制作中心之一，享誉全球的国际设计之都，2/3以上的国际广告公司的欧洲总部设在伦敦……一连串的数据之后，创意产业之都当之无愧。充分利用人才丰富、受众集聚的都市优势，扶持推动高附加值的、可持续发展的产业类别，终于打造出一座世界最酷的城市。大伦敦，向全世界展现了一个从工业之都到创意之都的优雅转身。

资料来源：《世界五大都市圈探访录之伦敦：创意产业之都》，见 http：//news. sina. com. cn/w/2008-03-07/151115098863. shtml。

思考与练习

1. 什么是区域文化产业结构？
2. 区域文化产业结构影响因素有哪些？
3. 区域文化产业结构评级的影响因素是什么？
4. 请根据某区域的实际情况，设计该区域文化产业结构评价指标体系。
5. 根据本章案例《伦敦——创意产业之都》，分析伦敦文化产业优化的推动因素有哪些，其文化产业结构的特点是什么。

第五章　文化产业集群与文化产业园

◉**本章知识要点**

文化产业集群

文化产业集群形成的条件

文化产业园区与孵化功能

区域文化产业集群与文化产业园的未来

导入案例 >>>

青岛市胶南文化产业集群初露端倪

以青岛市绿泽油画国际展览交易中心的建设为标志，胶南油画完成了从贴牌生产到品牌运作、从低端临摹到高端创作的转变。以绿泽画院为龙头，高峪画苑、龙马画院、藏马画院相继崛起，在青岛市胶南形成了以油画、年画、国画、剪纸等为主导产品，集创作、生产、制作、交易、培训、旅游为一体，具有胶南地方特色的美术作品创作生产产业集群。同时，与美术作品创作生产产业集群并立的，是胶南创意动漫、出版发行、文化旅游等正在崛起的新兴文化产业集群，文化产业已成为胶南市加快经济发展方式转变的重要突破口。

在影视创作的下游，和润时代国际影院、蓝海影院等院线相继落户胶南，使胶南的电影放映焕发出新的活力。胶南的出版发行产业正向现代化、多样化发展，形成了文化娱乐、图书报刊、文物流通的市场体系。据不完全统计，目前该市各类文化经营单位有近500家。

短短几年时间，胶南的美术作品创作、创意动漫、出版发行已经集聚起群体优势，胶南文化产业集群初露端倪。

（见 http://www.ccdy.cn/2010 -06/23/content_ 481727.htm）

第一节　文化产业集群

一、产业集群

（一）产业集群的概念

区域文化产业在发展过程中，一些相关联的文化企业与公司出现区域集聚的现象，这种现象的出现反过来又推动了区域文化产业的发展。而这种现象是区域文化产业发展过程中的重要现象，这就是文化产业集群，它是区域文化产业发展过程中需格外关注的内容。

产业集群是重要的区域经济现象，也是区域文化产业研究中重要的理论问题。集群或簇群本意为相同或相似的事物在某地集中出现，早在1970年代或更早的时间，就有国外学者将集群引入到经济学，提出了产业集群的概念。1990年美国哈佛大学商学院教授M. 波特在《国家竞争优势》一书中重新提出产业集群的概念，并用产业集群的方法分析一个国家或地区的竞争优势，从此，产业集群的概念得到学者的普遍接受并风靡一时。集群是产业发展到一定程度的结果。按照波特的理解，产业集群是由与某一产业领域相关的相互之间具有密切联系的企业及其他相应机构组成的有机整体。

M. 波特

从产业集群的概念可以看出：

（1）产业集群必与某一产业领域相关。一般来说，产业集群内的企业和其他机构往往都与某一产业领域相关，这是产业集群形成的基础。

（2）产业集群内的企业及其他相关机构之间具有密切联系。产业集群内的企业及相关机构不是孤立存在的，而是整个联系网络中的一个个节点，这是产业集群形成的关键。

（3）产业集群是一个复杂的有机整体。产业集群内部不仅包括企业，而且还包括相关的商会、协会、银行、中介机构等，是一个复杂的有机整体，这是产业集群的实体构成。

产业集群一般要经过孕育期、形成期、制度化期、巩固期和衰退期这五个阶段，经历开始、发展、成熟、衰退这一发展过程。不同的发展阶段特点不同，不同的发展阶段其形成的原因也有差别。产业集群的不同发展阶段如下表所示。[①]

---

① 内地学者专家对集群不同发展阶段的描述和用语虽与本文略有不同，但观点大抵相近，于此不赘。见盖文启：《创新网络——区域经济发展新思维》，北京大学出版社2002年版。

产业集群的发展阶段

阶　段	内　　容
孕育期	集群的发展可源于某些特定历史和环境因素，例如禀赋的原材料资源、丰富的传统技术和知识以至大量知识研发机构的集聚；企业或有创见的企业家在区内开发新技术、产品或服务，又或面临经济危机逼使区内的企业进行大幅度的转型。在孕育期内催生了大批从传统企业演化或派生的新企业，支撑集群的发展
形成期	区内集聚现象初成，并带来外部经济效益，包括出现了大批分工精密的供货商和服务商，形成了相对完整的产业链；专业劳动力大量集聚，集群区因而形成了吸纳外地专才的劳动力市场中心；边际生产成本降低，令区内企业的竞争力提升
制度化期	新的组织在发展区出现，包括从事科研、知识开发的机构（如大学或科研机构）、行会或商会、财务融资机构以至从事技术贸易的机构。典型的例子是由公共部门和业界共同成立组织，专职推动知识和技术的传授，推动区内区外企业相互合作，以至为业界提供支持服务
巩固期	集群区的外部经济效益愈益明显，在地区及国际市场上占更显著的地位；资金和专业人才持续流入该区；区内人才、企业与行业组织的交流和合作十分频繁，形成一种有利于传播和分享信息、技术和知识的氛围；社会和文化资本因而成为推动集群持续发展的重要资产
衰退期	集群不一定可保持永续的发展；集群有可能在发展过程中陷入“因循积习”的困局，损伤集群的灵活性和创新能力，但专家对集群衰落的成因未有共识

资料来源：European Commission, *Regional Clusters in Europe*, pp. 13 – 15；Örjan Sölvell, Göran Lindqvist and Christian Ketels, *The Cluster Initiative Greenbook*, August 2003, pp. 15～24. 转引自韩骏伟、胡晓明：《文化产业概论》，中山大学出版社 2009 年版，第 104 页。

（二）产业集群与相关概念辨析

产业集群与产业集中、产业集聚、产业链和工业园区概念相近，却又有细致的或显著的差别，在学习过程中会经常遇到，这里进行简要介绍。

1. 产业集中与产业集群

产业集中与产业集群是看着相似实则不同的概念。产业集中是指某一产业内规模最大的几个企业在整个产业内的份额，是产业组织研究的一个重点。产业集中可以通过绝对集中指标和相对集中指标来反映，绝对集中指标通常用位于某一产业内规模最大的几个企业的某项指标（如市场占有率等），在整个行业中的占比来反映，从中可以看出规模最大的几个企业对整个行业的垄断程度，而相对集中指标主要以洛伦兹曲线以及洛伦兹曲线为基础的基尼系数来衡量，可以反映整个产业内所有企业的集中程度（如右图所示）。图中表明市场占有率（纵轴）与市场中由小企业到大企业的累积百分比（横轴）之间的关系。洛伦兹曲线是对角线下方的曲线，曲线越偏向右小下角，表明企业规模不均匀越大，市场集中程度越高。但是，极少数规模相同企业的寡头垄断无法反映。基尼系数原是反映收入分配的指标，数值在 0 ～ 1 之间变动，在用于垄断分析时有不同的含义，系数为 0 时，企业规模完全相等，趋向 1 时，企业分布越来越不均等。一般来说，如没有特别说明，产业集中主要反映产业内企业垄断程度的高低，而与产业的空间分布没有直接关系，同时也没有对产业内企业间联系进行特别关注。因此，产业集中与产业集群的概念相差比较远，两者没有直接联系。

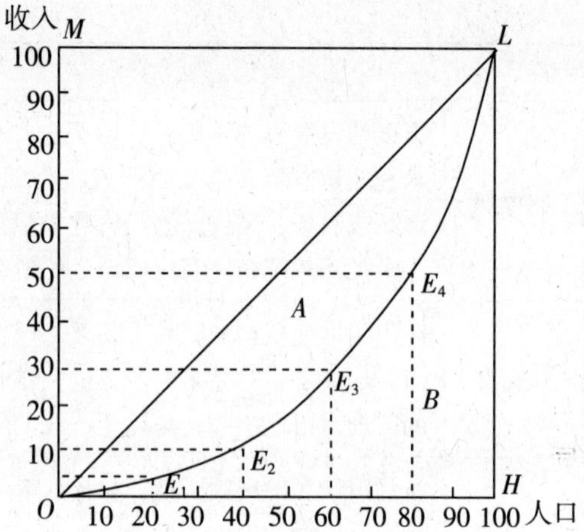

洛伦兹曲线

2. 产业集聚与产业集群

集聚是指事物的空间集中过程，早在一个世纪前，德国经济学家 A. 韦伯在《工业区位论》中就开始使用集聚的概念，主要是讲产业的空间集聚。产业集聚是指产业在空间上的集中分布现象，是经济地理学的研究重点。产业集聚主要是研究产业的空间分布形态，特别注重产业从分散到集中的空间转变过程。产业集聚在某一共同空间发展，可以共享基础设施，带来规模经济受益。产业集聚与产业集群关系密切，但是两者又有区别。产业的空间集群可以形成产业集群，但是并不是所有的产业集聚都可以形成产业集群。虽然有的产业集聚在一起，但是相互之间没有联系，就不能形成产业集群。因此，产业集聚只是产业集群形成的一个必要条件，而非充分条件。

3. 产业链与产业集群

产业链是一个十分传统的概念，是指某种产品从原料、加工、生产到销售等各个环节的关联，早在 1958 年，赫希曼的《经济发展战略》就从产业的前向联系和后向联系的角度论述了产业链的概念，目前，与产业链相关的还有价值链、生产链、供应链、商品链等不同概念。尽管说法发生了变化，但其内容的实质没变，只不过从不同的研究角度对产业的联系进行阐述。与产业集群相比，产业链也强调产业之间的联系，但产业链主要侧重于产业间的联系，对于产业以外的机构如商会、协会、中介机构等关注较少，此外，产业链没有空间集聚的概念。产业集群的概念则要比产业链的概念丰富得多，它既包括产业间的联系，还包括产业及其他相关机构间的联系，而且还强调空间的集聚。

4. 工业园区与产业集群

我国的工业园区建设是与经济技术开发区建设密切相关的，1984 年中央开始在沿海地区设立经济技术开发区，当时国家对开发区的基本要求是“三为主、一致力”，即以工业为主、以出口为主、以利用外资为主，致力于高新技术产业发展。随着不同类型不同级别的开发区在我国全面展开，各种类型的工业园区也相应建设起来。

工业园区建设的初衷是以利用外资为主，因此，园区内的工业主要以区外企业为主，工业园区是典型的外力驱动型经济增长方式。正因为如此，就使得很多工业园区在发展的过程中，没有很好地考虑自己的区域背景，致使园区的产业定位与周边地区相脱节，缺少与当地企业的联系，不能实现园区与所在区域产业的联动发展。与工业园区不同，产业集群强调产业之间的紧密联系，是依靠内力发展的理论。但是，在有的工业园区内，企业之间的联系非常密切，形成了产业集群。因此，工业园区为产业集群形成提供了空间，能否形成产业集聚则要看企业之间的联系状况。

（三）产业集群对区域经济的作用

产业集群依靠内部联系网络，有力地推动了当地区域经济的迅速发展。很多国家或区域的政府通过培育地方产业集群，使本地生产系统的内力和区域的外力有效结合，提高了区域竞争力，取得了不少成功的经验。近几年，我国部分沿海地区开始形成一批有较大影响力的产业集群，成为拉动区域经济发展、提高产业竞争力、实现跨越式发展的重要方式。产业集群对区域发展的影响，主要表现在如下几个方面：

1. 产业集群推动了区域经济增长

产业集群实际上是把产业发展与区域经济，通过分工专业化与交易的便利性，有效地结合起来，从而形成一种有效的生产组织方式，是推动地方区域经济增长的重要方式。

（1）发展产业集群，可以提高区域生产效率。大量的中小企业集聚一定区域，可以进一步加深区内生产的分工和协作。在集群内发展，除了可以分享因分工细化而带来的高效率外，而且还由于空间的临近性，大大降低因企业间频繁交易而产生的交通运输成本。此外，在现代产业集聚体内，经济活动主体的合作交易往往能够在社会文化背景和价值观念上达成共识，这种基于社会网络信任基础的合作分工，可以减少企业之间的相互欺诈，对于维持集群稳定和提高生产效率起着非常重要的作用。

（2）发展产业集群，可以吸引更多的相关企业到此集聚，扩大和加强集聚效应。集聚本身产生的外部经济就是外部企业进入的动力，产业集群的雏形一旦形成，便进入了内部自我强化的良性循环过程，即吸引更多的相关企业与单位向该集群集聚，而新增的企业与单位又增大了集群效应，如此产生滚雪球效应，推动区域经济快速发展。

（3）发展产业集群，可以促进集群内新企业的快速衍生与成长。在集群内部，不仅有很多的相关企业在此集聚，而且还有很多相应的研发服务机构及专业人才、新企业在此发展，可以面临更多的市场机遇，获得更丰富的市场信息及人才支持，从而降低市场风险。而且由于集群内部分工的不断细化，可以衍生出更多的新生企业，从而进一步增强集聚体自身的竞争能力。

2. 产业集群推动了区域创新

创新是区域发展最根本的内在动力，但是由于创新活动的复杂性，企业很难单独开展创新活动，往往需要多个相关企业及科研部门的共同参与才可能成功，这一要求恰好为产业集群的网络特性所体现。而且创新在竞争压力下，更有动力推动创新的开展。

（1）在产业集群内部，容易产生专业知识、生产技能、市场信息等方面的累积效应。在产业集群内部，集聚着数量众多的相关生产企业、科研机构、商会、协会、中介机构等，在产生较强的知识与信息累积效应的同时，大量生产企业也时刻面临同行竞争的压力，这一方面为企业提供了实现创新的重要来源以及所需的物质基础，另一方面也使集群内的企业时刻保持创新的动力。

（2）企业之间紧密的网络关系，使得生产企业和相关机构之间更容易形成一个相互学习的整体，推动了集体学习的进程，降低了学习成本，促进更多有创新价值的活动发生。

3. 产业集群提升了区域竞争力

产业柔性集聚体与区域竞争力理论研究与发展的实践表明，一个国家或地区竞争优势的获得来源于产业在其内部集聚过程中所获得的优势。以柔性专业化为特征的大量中小企业集聚群体，它们彼此之间通过分工与合作而结成稠密的区域网络组织，共同面对快速变化的外部市场环境和技术条件，这些专业化的产业集聚体内部的生产率不断提高，创新活动不断涌现，从而呈现很强的区域竞争力，如意大利东北部与中部地区、美国的硅谷地区、德国的南部地区等。

回顾区域和企业发展演变的历史，可以发现，在工业时代，区域经济相对独立，除了资源争夺外，相互之间的联系较少，企业追求的是个体利益的最大化。在信息时代，现代交通通讯技术极大地削弱了地理空间对区域经济联系的影响，资源、技术、信息的全球性流动增强，区域成为全球生产网络下的一个个节点，相互联系密切。在区域经济联系网络化的推动下，企业不仅仅追求个体利益最大化，更重要的是在合作中追求整体利益最大化，然后从整体利益中分成，企业之间的合作也不断加强，形成了联系密切的产业集群，并成为增强区域竞争力的主要方式。所以，通过产业的柔性集聚而快速发展起来的区域，往往具有更强的创新功能和竞争力。①

---

① 贾若祥：《产业集群概念辨析及对区域发展的作用》，载《中国经济时报》2005 年 11 月 1 日。

二、文化产业集群

（一）文化产业集群

“文化产业集群”这一概念是由“产业集群”发展而来的。美国加利福尼亚大学教授斯科特是对文化产业集群研究较早也较为深入的学者。斯科特认为文化产业的生产具有五个鲜明的特点：

一是文化产业的技术和劳动分工过程使得文化产业需要大量的能灵活操作计算机的技术工人。

二是文化产品的生产往往是由相互依赖的中小企业组成的网络来组织的。

三是这样密集的网络组成的多面的产业综合体对本地劳动力市场产生了巨大的需求，并对劳动技术具有多样化的需求。

四是这样的产业综合体产生了巨大的外部效应。

五是这样的综合体也依赖于网络间的信息交流、技术交流和生产商之间的信任和合作。

芜湖新华958文化创意产业园

作为强大的相互合作和外部经济的结果，集聚的趋势十分强烈，所以文化产品的生产往往被发现在地理空间上是集聚的，而且往往集聚在城市中心，文化产业依托的文化资源具有较强的地域性、民族性和历史性，文化产业的发展不仅要求地理区位上的相对集中，而且要求在生产和创作上相互匹配和协调。因此，与其他物质生产领域的产业相比，文化产业具有更强的集群化特征。

在产业集群概念基础上，作者认为，文化产业集群是由众多与文化产业领域相互之间具有密切联系的企业及其他相应文化机构组成的有机整体。根据专业化分工和协作关系建立起来，但并不意味着没有竞争关系。

1. 文化产业集群是与文化产业领域相关的产业集群

由文化产业集群的定义，我们可知：文化产业集群与其他产业集群的区别之一就在于，文化产业集群的企业生产的产品以文化产品为主。一般意义上的文化产业集群包括了文化产业链条上所有的上下游企业。文化产业集群包括了文化产业的五大主体，即创

中提到马太效应正是如此，当一个区域的文化产业集群形成后，由于马太效应，各种资源都会向此集聚。①

文化产业集群因其独特的发展模式，产生了巨大的集聚效应，具有重大的意义。

（1）从规模经济的角度说，文化产业集群达到一定规模后，可以形成规模经济，推动区域文化经济增长。文化产业集群能够节约交易成本，其运输成本、信息成本、寻找成本、学习成本以及合约的谈判成本与执行成本也都会降低。大量的企业集聚于一定区域，可以进一步加深区域内文化生产的分工和协作。通过分工专业化与交易的便利性，形成一种有效的生产组织方式，同时，在这种集群内发展可以分享因分工细化而带来的高效率。

此外，在现代产业集聚体内，经济活动主体的合作交易往往能够在社会文化背景和价值观念上达成共识，这种基于社会网络信任基础上的合作分工，可以减少企业之间的机会主义经济行为，对于维持集群稳定和提高生产效率起着非常重要的作用。

（2）文化产业集群化可以产生区域经济发展的集聚效应。萨缪尔森和诺德豪斯认为，外部性是那些生产或消费对其他团体强征了不可补偿的成本或给予了无需补偿的收益的情形。外部性可以分为正外部性（或称外部经济、正外部经济效应）和负外部性（或称外部不经济、负外部经济效应）。文化产业集群的形成过程也是一个不断产生外部性的过程。较早进入该区域的文化企业在生产中会产生经济活动的外部性，若这个企业规模很大，则产生的外部性也很大，能够为后进入的文化企业创造生产和生活所需的基础设施、劳动力市场、中间产品的获得渠道等，甚至提升该区域知名度，打造该区域的品牌形象，后进入的企业可以充分利用这种正的“外部性”，使自己无需经过市场交换就获得利益，这样就大大降低了交易成本。

随着正的外部性的扩大，该区域吸引更多的相关文化企业进入该区域。文化产业集群内的企业可以共享产业集群的专有劳动力市场、专业化的中间投入品以及技术外溢，即产业集群的外部经济利益。所以，充分的外部经济足以使后进入的企业集聚在原有的企业周围，而新增的企业又增强了集群效应，推动了区域经济快速发展。

（3）文化产业集群化可以促进集群内新企业的快速衍生与成长，使相关产业得到延伸。在文化产业集群内部，不仅有很多文化企业在此集聚，而且还有很多相应的研发服务机构及专业人才集聚于此。新企业在此发展，可以面临更多的市场机遇，获得更丰富的市场信息及人才支持，从而降低市场风险。

同时，由于集群内部分工不断细化，可以衍生出更多的新生企业，从而进一步增强集聚体自身的竞争能力。一个文化产业群的成熟，不只是一个核心文化产业的发展壮

① 赵学琳：《石家庄市文化产业集群化发展的要素分析》，载《石家庄职业技术学院学报》2009年2月。

大，相关的辅助和边缘延伸产业也会得到充分的市场机遇。主导文化产业与相关文化产业之间建立起稳定和持续的关系，也为组织内部及不同组织之间隐含经验类知识的准确传递与扩散提供了基础条件，从而有利于提高协同创新速度。

（4）文化产业集群化可以有效地提高科技和文化创新的效率，形成不断创新发展的机制。文化产业在本质上是一种创意产业。创新是区域发展最根本的内在动力，但是，由于创新活动的复杂性，企业很难单独开展创新活动，往往需要多个相关企业及科研部门共同参与，创新才可能获得成功，这一要求恰好为文化产业群的网络特性所体现。在产业群内部，集聚着数量众多的相关生产企业、科研机构、商会、协会、中介机构等，容易产生专业知识、生产技能、市场信息等方面的累积效应。大量的生产企业也时刻面临同行竞争的压力，这一方面为企业提供了实现创新的重要来源以及所需的物质基础，另一方面也使集群内的企业时刻保持创新的动力。

2. 乘数功能

由于资源的集中，使得企业的交流、发展以及吸收来自集群内的好处以乘数的速度增加。

3. 重组功能

所谓的重组功能，即在竞争与合作的基础上，资源、人才、技术与文化企业处于不断的重组过程中。

总之，文化产业集群会优化资源配置，提高文化生产效率，提高产品质量，推动区域文化产业快速发展。当然，文化产业集群不是万能的，文化产业集群的发展有一些负面的功能。由于条件不具备，没有形成互补关系，或者由于内部的竞争过于剧烈，或者相关的配套政策协调不力，或者集群内部产生离心力，文化产业集群最终的价值也可能与理论相去甚远，尤其是当前一些区域为文化产业集聚而集聚，完全是一种企业集中，远远背离了经济发展规律，给文化产业和地方经济带了伤害。

四、文化产业集群模式

因为各区域经济背景、发展历史、资源禀赋、政策限制、技术条件等因素存在较大的差异性，存在着不同的文化产业集群模式。当然，不同的学者对模式概念的理解不一，看问题的角度不同、标准不同，对文化产业集群模式的划分也不一样。浙江传媒学院教授詹成大在《文化产业集群及其发展模式》一文中总结了文化产业集群的模式①。

1. 地域型文化产业集群

即处于同一地理区域内多个文化企业围绕同一产业或有限的几个产业从事文化产品

① 詹成大：《文化产业集群及其发展模式》，载《浙江经济》2009 年 9 月。

的生产和经营活动。如北京石景山区以地域为特点，倾力打造休闲娱乐服务业、商务会展服务业和创意科技服务业，推出了“一山”（山林景观）、“一水”（永定河）、“一轴”（长安街西延长线商务轴）、“一园”（石景山科技园）为核心的三大特色功能区，包括东部的主题娱乐区、西部的休闲度假区和中部的创意高新区。

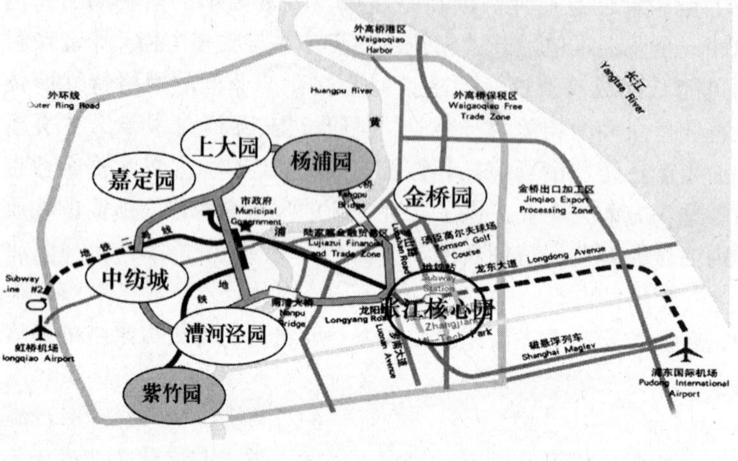

上海的张江国家高新技术开发区

2. 主导产业型文化产业集群

即以某一种或某一类文化产品的生产经营为中心，围绕这一主导产品发展出众多文化企业。这种文化产业集群类似于产业链，但不像产业链那样彼此之间具有强烈的依赖性。例如，上海的张江国家高新技术开发区，以动漫和网络游戏为主导的文化产业集群，其创意产业的内容扩展到影视制作、空间设计、游戏娱乐产品、产品造型设计等，成为一个潜力巨大、前景广阔的文化产业尚处于动态演绎中，是一个“年轻的”产业集群性园区。再如，美国好莱坞的电影产业也是一个典型的文化产业集群，集聚着美国600多家影视公司，它以著名的米高梅公司、派拉蒙公司、20世纪福克斯公司、华纳兄弟公司、雷电华公司、环球公司、联美公司、哥伦比亚公司等8家大公司和几十家小公司，以及与之相匹配的众多服务性企业，组成影响全球的影视文化产业集群。

3. 产品关联型文化产业集群

即由不同集团的文化企业作为专门化生产产品链上的某个环节，形成集群的内部成员关联特征并由此凸显集体效率优势。如台北市的华山艺文特区就是由艺术文化产业和与之相关联的文化服务业组成的文化产业集群，其文化企业由非政府或非营利的“第i部门”主办，吸引了文化人、艺术家、会展工作者、设计师等不同文化从业人群，成为举办各种创作、会

台北市华山艺文特区

展和交流的“艺文之家”。

4. 产业地方化、地方专业化文化产业集群

即某一类文化企业和文化产品的生产与经营集中在某一个地区或地方，形成规模经营的集群优势。就浙江“嵊州民营剧团集聚现象”来说，嵊州市崇仁镇石门村目前有人口700多，有近200人靠越剧演出为生，全村最多可组成7个民营剧团，年演出收入在50万元以上；在富润镇下安田村，全村收入呈“三足鼎立”之势——越剧演出收入100万元、农业收入100万元、其他副业收入100万元。

中国海洋大学国家文化产业研究中心课题组在进行“我国东部沿海城市与中西部城市文化产业模式比较”课题后发现：“我国各地的文化产业形成不同的发展模式和特点，这是由社会经济发展水平决定的。东部沿海城市是我国文化产业发展较成熟的地区，市场化程度较高，形成以市场为主导的模式。中部城市则处于东部沿海城市与西部城市的连接点上，文化产业发展明显表现出与东西部城市相衔接的特点。西部城市更注重借助于政府的作用来推进文化产业发展，形成以政府为主导的模式。从文化产业形态来看，东部沿海城市强调以创意为先导，通过创意提升产业层次；中西部城市则是利用本地丰富多彩的文化资源（尤其是民族文化资源）来带动文化产业发展，体现了资源型文化产业的特征。东部沿海城市利用高新技术突出产业的附加值，中西部城市则注重文化产业与旅游业的结合，形成与旅游业的互动。”①

根据学者们的研究，我们认为，文化产业集群的模式根据主导角色不同，可以分为政府主导式文化产业集群和市场主导式文化产业集群。政府主导式文化产业集群是政府在文化产业集群的形成、发展上起主导作用，政府通过行政、财政、税收、政策等手段推动区域文化产业集群的形成。市场主导式文化产业集群是市场在区域文化产业集群形成过程中起主导作用。事实上，政府主导式文化产业集群离不开市场，市场主导式文化产业集群的形成也离不开政府的推动。与国外发达国家相比较，我国的区域文化产业集群更偏重于政府主导式文化产业集群。

也可以根据产业类型的多少，分为单一型文化产业集群和多样型文化产业集群。还可以根据产业关联程度分为关联型文化产业集群和非关联型文化产业集群。划分标准和尺度不同，最终划分的类别也不一样。

五、文化产业集群形成的基本条件

文化产业集群形成需要一些条件支持。文化产业集群的形成有历史的因素，也有现

① 中国海洋大学国家文化产业研究中心：《我国东部沿海城市与中西部城市文化产业模式比较》，见 http://www.cnci.gov.cn/content/2008/28/news_ 35887_ p2.shtml。

实的经济、政治、文化等条件，并不是任何一个划定的区域都可以形成文化产业集群，只有符合一定的条件，经过较长时间的演进，才会形成区域文化产业集群。

文化产业集群形成的基本条件主要包括以下几个方面。

（一）生产资源

生产资源包括资本、文化资源、公共设施等因素。

从文化资源来看，文化产业集群并不是在任何地方都可能出现和形成的。文化本身就带有很强的地域性、历史性和民族性。在长期的历史过程中积累了丰富的传统文化资源，文化资源的丰富为文化产品开发并促进某些特定文化产业的自发形成提供了潜在的可能。

文化产业具有创新性的特性，要求文化产品和服务的生产者和提供者首先要有较高的文化水平和艺术修养，同时，文化创意产品的价值实现又要求有能适应多种产业融合需求的文化资本营运人才。

资本是所有生产要素中最具活力和穿透力的因素，它总是为利润所驱使，流向最能营利的行业。文化产业是现代经济各部门中最具有吸引力的产业，在发达国家尤其如此，它不断吸引着资本的流入。因此，融资渠道完善和资金充裕的地方更能吸引文化创意企业在空间上的集聚。

文化产业的发展要依赖人的创意，而创意的形成往往需要一种轻松的氛围、经常性的沟通、相互激发的灵感，因此，良好的工作和沟通环境尤为重要。良好的基础设施建设，包括提供便利的交通、舒适的工作环境、轻松自由的交流场所，也包括公共文化基础设施的建设，如公共图书馆、博物馆、影剧院、剧场等，因为这些为发展大众文化提供了良好的硬件设施，是激发当地文化需求的有效手段。因此，基础设施越齐备的地方，越能集聚文化创意生产的企业群和文化创意产品的消费群。

（二）消费需求

公众对文化创意产品和服务的需求，是文化产业集群形成和发展的原动力。有效需求能够不断刺激文化创意产品和文化创意服务的有效供给，进而促进文化产业集群的形成和文化产业结构的不断优化。

目前，中国文化产业还处于萌芽和成长的阶段，因此产业成长和发展的空间巨大。同时，经济的快速发展，居民收入的增加，受教育水平的不断提高，居民闲暇时间大大增加，这些都成为扩大文化创意市场需求的重要影响因素。

由消费需要引申而来的文化市场是文化集群形成的必要条件。国内外集群的大量发展经验表明，一个区域只有具备了畅通无阻的国内和国外市场需求，才能促成良好发展的产业集群的形成。产业集群的发展是为了带来更大的经济效益，必须获得市场的需要，没有足够的市场需求，是不可能有新的企业为获得经济利益而加入导致集群的产生的。

（三）支撑产业

文化创意产业也是一个巨大的产业群，它的发展与制造业、服务业等发展密切相关。因此，文化产业集群的形成必然离不开相关辅助产业群的强大支撑，辅助产业群的支撑会加快创新进程，促进集群取得竞争优势。当前，相关产业的发展，特别是信息技术的飞速发展，成为推动文化创意产品生产和文化创意产品贸易发展的手段和载体，促进了文化创意新理念、新技术、新运作方式、新经营方式和服务方式的出现，很大程度上成为文化产业集群形成的催化剂。

（四）环境条件

在文化产业集群化发展过程中，政府起着不可缺少的作用，主要体现在制定吸引投资的一系列优惠措施、提供良好的基础设施、提供优质高效的公共服务、建立公平严肃的法律环境等方面。特别是建立完善的知识产权保护体系对文化产业的发展尤为重要。一个良好的、促进文化产业发展的制度环境的形成，将在吸引资金、集聚文化人才和促进相关产业发展等方面产生深远影响。

集群所在地应有与主导产业和产品相关的要素供给、产品销售的环境，使本地成为国内较主要的专业产品流通中心，不但可以保证生产要素及时有效供给，而且保障本地产业能够得到最前沿的生产信息和消费信息，受到最新信息的影响，从而推动生产进步，保持产业的领先地位。这对以文化创意为核心、要求时刻掌握时尚动态的文化创意企业而言非常重要。

第二节　文化产业园与孵化功能

当前，各国文化产业发展面临的主要问题已不是理念转换，而是如何实际运作，推动文化产业市场主体的快速生长，并发挥集聚效应，培育文化市场，打造并完善文化产业链，形成新的产业发展群落。因此，建立并建设文化产业基地，创建文化产业孵化器——文化产业园区是十分重要的基础建设工作，也是我国文化产业发展的重要特征和趋势，更是区域文化产业发展的出路。

一、文化产业园区的概念与类别

1. 文化产业园的概念

所谓文化产业园，是指在政府整体规划和引导下，按照兴办经济开发区的成功模式，以区域文化资源为载体，以优惠的产业政策吸引多种文化生产要素集聚的园区。通过在全国范围内招商引资，招才引智，吸引市内外的艺术家、文化产品经营者和文化中介组织向园区集聚，逐步营造文化氛围，形成文化特色，打造文化品牌，使之成为文化产业的集聚地、文化产业的孵化器和推进器。

北京琉璃厂文化产业园区

在国际上，韩国发展文化产业生产经营的总体战略是，自2001—2010年的10年期间，全国共建十多个文化产业园区、10个传统文化产业园区、1～2个综合文化产业园区，形成全国文化产业链，旨在优化资源组合，发展集约经营，形成规模优势，提升研发生产能力和文化产业的整体实力。《韩国文化产业振兴基本法》规定，文化产业园区是产、学、研联姻，是对文化产业进行研究开发、技术训练、信息交流、生产制作的“集合体”。建设方针是地方政府为主，中央政府支持，动员民间参与。

2. 文化产业园区的类别

从不同的角度，根据不同的标准，文化产业园区有不同的划分方法。国外学者在分析荷兰五个文化产业园区时提出，文化产业园区类型的区分有7个核心尺度可以参考：①园区内活动的横向组合及其协作和一体化水平；②园区内文化功能的垂直组合——设计、生产、交换和消费活动具体的混合，以及与此相关的园区内融合水平；③涉及园区管理的不同参与者的园区组织框架；④金融制度和相关的公私部门的参与种类；⑤空间和文化节目开放或封闭的程度；⑥园区具体的发展途径；⑦园区的位置。国外的其他学者根据功能将文化产业园区分为四种类型：产业型文化产业园区、机构型文化产业园区、博物馆型文化产业园区和都市型文化产业园区。①

（1）产业型文化产业园区。这种类型的文化园区主要是以积极的外形、地方文化、艺术和工艺传统为基础而建立的。此类园区的独特之处在于其“工作室效应”和“创意产品的差异”。

（2）机构型文化产业园区。这种类型的文化园区主要是以产权转让和象征价值为

① 转引自樊盛春、王伟年：《文化产业园区理论问题探讨》，载《企业经济》2008年第10期。

基础而建立的。基本特征是有正规机构，并将产权和商标分配给受限制的生产地区。

(3) 博物馆型文化产业园区。这种类型的文化园区主要是以网络外形和最佳尺寸搜寻为基础而建立的。园区通常围绕博物馆网络而建，位于具有悠久历史的城市市区，其本身的密度能造成系统性效应，吸引旅游观光者。

(4) 都市型文化产业园区。这种类型的文化园区主要是以信息技术、表演艺术、休闲产业和电子商务为基础而建立。通过使用艺术和文化服务，赋予社区新生命以吸引市民，抵抗工业经济的衰落，并为城市塑造新的形象。

我国学者在国外学者研究的成果基础上，结合我国实际提出以下几种文化产业园区的分类①：

按区位依附划分为四种类型：① 以旧厂房和仓库为区位依附的文化产业园区；②以大学为区位依托的文化产业园区；③以开发区为区位依附的文化产业园区；④以传统特色文化社区、艺术家村为区位依附的文化产业园区。

按园区性质划分为五种类型：①产业型文化产业园区；②混合型文化产业园区；③艺术型文化产业园区；④休闲娱乐性文化产业园区；⑤地方特色文化产业园区。

二、文化产业园区基础环境及特征

一般的产业园区因支持和孵化新建高新技术企业而兴起，它是一种介于政府、市场与企业之间的新型社会经济组织和企业发展平台，通过提供一系列新创企业发展所需的管理支持和资源网络，来帮助初创阶段或刚成立的相对弱小的新创企业，使其能够独立运作并健康成长。

基于文化产业的发展趋势和特点，以提供一系列新创企业发展所需的管理支持和资源网络，以支持和孵化新建高新技术企业为主要功能的产业园区和孵化器，完全可以成为发展文化产业的新模式。

(一) 文化产业园区基础环境

不同于一般的产业园区，文化产业园区有着自身的发展规律。建设一个文化产业园区必须先建立一个良好的基础环境：

首先，要建立一个良好的创业环境，拥有强有力的制度保证、政策支持和高效的协调机制。这包括：法律（经济法、市场法、版权法等）制度；金融结构，完善有效的投融资支持，富有实力的文化产业基金和风险基金；国际承诺、社会文化和知识资源发展的国际国内环境；诚信、互惠、合作、富于功效的良好的社会网络。

---

① 转引自樊盛春、王伟年：《文化产业园区理论问题探讨》，载《企业经济》2008 年第 10 期。

其次，要提供良好的文化、艺术创意的资源，对创意、艺术、艺术教育和知识产权的保护，对文化标准和文化价值的推崇。这包括：传统文化遗产的保护、开发、转换、利用；推动国际多元文化发展的共识；城市或园区文化活动的社会氛围，公众参与的热情与素质培养。

除此之外，还需要能够发挥集聚效应的市场网络，这有利于培育文化企业群体，打造并完善文化产业链，形成新的产业发展群落以及高技术的基础设施支持，相互接驳的产业链条，打破原有行业界限的重组场域。当然，吸引文化产业人才的文化氛围、城市风格和舒适自然的生活配套区域也是必不可少的。

（二）文化产业园区的特征

关于文化产业园区的特征，国外一些学者以酒吧、文化园区、园区等为例，分析、总结出成功文化园区的特征主要体现在活动、建筑形式、意义三方面[①]：

1. 活动

文化园区基本的前提是文化生产与消费活动的呈现，文化产业的核心内容是创意，而创意灵感的获得往往来自于与其他同行相互接触的刺激，在众多的活动中特别是多样化文化聚会地点出现，通常能充分提供人们之间的相互交流以获取灵感。因此，集聚地点的设置通常被考虑到文化产业园区的发展策略中。

2. 建筑形式

最适合一个文化园区活动空间的城市环境是，文化园区周边半径400米内的建筑物平均5～8层，且在10米范围内有非常少的街道（包括人行道）。文化园区应该有非常多功能的公共领地，它提供人们聚会交流的空间，也为园区内的交易提供场所，这样一个区域将具有渗透性。成功的文化园区倾向于有几条活跃、渗透性强、临街地带的街道，或至少有一些活动的结点，人们在其间很容易行走。

3. 意义

文化园区要像实体一样能存在于人们头脑之中，也就是说人们参观之后能形成和保留园区的印象，而这些印象的形成取决于文化园区的活动、风格、形象。成功的文化园区应是革新和创意的地方，在设计和欣赏方面经常是超时代的，并且这些超时代理念被带入园区的建筑设计、内部装饰甚至重要街道和空间的照明等方面。文化园区应刺激新的理念，成为新产品和新机会得以开拓、努力尝试的地方。因此，文化园区意义方面的特征体现在具有历史和发展意义、园区身份和形象及知识性、环境意识等方面。

---

① 转引自樊盛春、王伟年：《文化产业园区理论问题探讨》，载《企业经济》2008年第10期。

（三）文化产业园区的功能

文化产业园区在推动文化产业发展、催生文化企业、打造产业集群甚至在推动就业等方面均有重要特征和功能。

产业园区的一个重要功能是产业集群或产业丛集。文化产业的各个部门在总体上可能有很大差别，但每一部类内却有着共同的或相近的属性。比如，都生产同一类产品或相关产品；共同分享同一市场，采用大致相近的销售方式、渠道；产业上游的资源需求相同；智力及人力支持的群体相同或相近，科技理念与技术支持相同或相近。

总之，产业园区构成了共同的产业运行链条。产业间、企业间相互激荡，形成了一系列的产业优势。在产业内，企业之间互动；在产业外，企业可以结盟，共同为客户提供产品和服务。同时，产业集群因享有地理上的优势而有可能获得更便捷的发展。

波特认为，这种产业的群集具有特殊的优势，地理位置接近也许会产生集群间的激烈竞争，但企业间却可以分享信息资讯，聚合特定的需求，继而降低交易成本。产业集群也能使一个个孤立的企业从较大规模的经济活动中受益，同时刺激相关产业和后续产业的发展，为产业群的发展创造一个有利的环境。

（四）文化产业园区的企业构成及人才构成

文化产业园区的企业集群具有较大的跨行业按需组合的特征。其主要构成包括：①文化艺术、创意设计等方面的公司；②提供高科技技术支持如数字网络内容产业方面的公司；③企业国际化的策划推广、信息咨询等中介机构；④文化创意产品生产企业；⑤有经济管理、商业管理方面经验的公司。这种构成有助于开放集群内企业间的动态联系，构成立体的多重交织的产业链条网，形成综合融会的集群效应。

文化产业园区的这种组合对人才构成也有很高要求：一是文化产业需要大量具有复合教育背景的复合型人才，如文化艺术的理论与创作、网络设计或相关专业技术、工商管理或经贸教育背景。二是在企业内、行业内、文化产业园区内配置不同的专业人才，形成多种文化创意人才的互补聚合优势。①文化产业园区无疑需要技术人才：优秀的科学家、设计家、工程师、建筑师等；②文化产品的一个重要特征是无形化、文化化和艺术化，所以文化产业园区需要富于灵感的艺术家（包括先锋艺术家）、民间艺人、自由撰稿人、文化学者，甚至哲学家。③文化产业园区还需要管理人、广告人、媒介工作者等中介人，这是文化与经济，艺术与技术，人文与科学，形而上与形而下的冲突、较量、碰撞与融合。

也正因为文化产业的文化艺术特性，大型文化产业园区还应考虑文化产业人员的生活环境，包括生活质量、生活格调、品味、生活舒适度等。

三、文化产业园区孵化功能

（一）国外的孵化器介绍

孵化器创办于半个世纪前的美国，主要通过科技园甚至科技楼宇的形式，为初创期的企业提供创业空间、辅导和服务，并以优惠的条件促进在孵企业的创新成果成功转化。

企业孵化器在美国创立之初，是为了促进就业和社区发展，但在发展过程中，它在开发和转化科技生产力方面表现出巨大的潜力，以致多数已经无意识地把孵化器理解成为科技企业孵化器。实际上，孵化器已经发展成为一种把新技术、新发展和创造性思想结合在一起的生产力转化机制和实现过程。1990 年代以来，随着文化产业在全球的兴起，纽约、伦敦、巴黎、法兰克福这些原本就富有文化活力的城市率先体会到文化产业的魅力，成为全球最著名的创意之都。美国的电影产业、韩国的游戏产业、日本的动漫产业、印度与爱尔兰的软件产业都是文化产业风险投资的真正受惠者。

不仅如此，文化产业已经成为各国发展新经济的突破口。如前所述，作为世界上第一个以国家政策推动创意产业发展的国家，英国在 1997 年就成立了“创意产业特别工作小组”，大力推进英国创意产业的发展。英国建立的许多创意园区，以“集群效应”为主，通过组合各种文化创意建筑，形成相互聚合，渗透激活以及“引爆效果”，使本国的文化产业得到很大发展。到 2000 年，创意产业已经成为英国产值居第二位的行业，占 GDP 的 7.9%，仅次于金融服务业。

1. 美国模式

目前，美国企业孵化器数量已经接近 1000 家，位居世界第一。美国孵化器主要有四种模式：

（1）政府主办的不以营利为目的的孵化器。政府在其中起主导作用，是公益式的，主要开展一些私人不愿承担或不能承担的项目。

（2）私人主办的孵化器。由私人投资主办，带有一定的营利性质。

（3）学术机构主办的孵化器。以大学、科研院所为主体创办，主要针对教工、科研人员的科研成就开展。

（4）公私合营的孵化器。既有公共主体参与，也有私人投资，双方根据自己的优势和拥有的资源分别承担一定的责任和义务，分享一定的权利和利益。

在美国，有一些商业孵化器来帮助艺术家实现艺术作品的商业开发，还有一些是帮助少数民族和妇女实现成功的商业孵化器，甚至帮助个人建立他们自己的慈善事业。

2. 英国模式

1996 年，英国有 25 家孵化器，此后由英国企业孵化协会（UKBI）发起，孵化器急剧增长。

牛津大学科技园是 2000 年在一个 17 世纪的农场上建立起来的。牛津大学在航空、汽车、电子、生物、IT、纳米、网格、生态、材料、水利等学科方面的优势，对新企业的创办发挥了重要的作用。学校的教师只负责研发技术成果专利，再将专利转让给学校，风险由学校承担。

剑桥科技园于 1971 年成立，园内有 11 个孵化器、1600 个公司，大部分为研发机构，原则上不接收生产型企业入驻，主要集中在 IT、生化、仪器、法律等领域，其中大部分为跨国公司的子公司。剑桥比牛津在科技方面更有优势，有 81 位诺贝尔奖获得者来自剑桥。剑桥科技园是以平衡房地产、风险投资以及种子项目这三方面的关系为原则。

伯明翰研发园成立于 1986 年，园区至今孵化企业 30 多家，在英国排名第四。园区管理者伯明翰研究和发展有限公司是伯明翰大学全资公司，通过企业化运作管理，使股东的利益最大化。公司的营利方式主要通过帮助伯明翰大学知识产权的转化，知识产权转化的方式有：专利许可、知识产权顾问咨询、合同开发、投资子公司等。实现知识产权的转化，学校、公司、研发教师个人均受益。

上述三个例子可以看做英国孵化器的三种模式，而无论哪一种模式，都要解决三个问题：一是孵化器的利益；二是孵化器的服务与企业赚钱的关系；三是孵化器要做到全方位服务。

3. 以色列模式

以色列的孵化器与众不同之处在于国家直接参与企业孵化器全部过程。以色列工贸部首席科学家办公室下设科技孵化器规划委员会，负责孵化器项目的审批和政策制定，以及全国 23 个孵化器的运作和协调。首席科学家出席孵化器规划委员会主席，委员由高科技行业代表、大学教授、孵化器毕业企业代表以及科技孵化器管理局长组成。其主要的职责是制定有关孵化器的政策，设计支持孵化器的政策以及孵化器中的项目实施的程序和步骤，设置孵化器项目，审批预算，检测被孵化企业的进展，等等。

4. 印度模式

印度的孵化器主要集中在软件园。印度软件园区由政府统一规划，全面打造，使之发挥最大效应。1990 年印度电子工业部首批三个软件科技园区：以班加罗尔为中心，沿印度南部两边海岸延伸到浦那和布巴尔斯瓦尔，形成地理上大三角分布。

5. 其他模式

德国于 1983 年成立了第一家孵化器，至 2002 年全国有 200 多家。在日本，1999 年，日本新经济组织孵化协会成立，至 2000 年，全国共有 203 个企业孵化器。芬兰采用的模式是政府牵头，与大学科研界和企业界三方合作兴办科技园，以技术创新为灵魂，以发展民族的、拥有自主知识产权的科技产业为主导，发挥大学科研界和企业界的积极性。

（二）中国的文化产业园区

在这种大的国际气候的影响下，我国内地不少省市以及台湾、香港纷纷采取举措，把筹划创意产业孵化机制纳入视野。

1987年6月，我国第一家孵化器——武汉东湖创业者服务中心在武汉东湖开发区成立。截至2006年底，中国列入科技部统计的孵化器达到548家，数量仅次于美国，位居世界第二。目前，国内绝大多数孵化器已从早期主要提供孵化场地，扩大发展到现在的多层次、全方位提供服务，例如为企业提供扶持政策、孵化场地、共享服务设施和资金筹集、市场开拓、人员培训、诊断咨询、信息网络、公共关系等孵化服务。特别值得一提的是，孵化器在为企业筹措资金的同时，积累了科技风险投资的经验，在积极争取国家计划支持和银行贷款的同时，以孵化基金、担保基金以及股份制改造等方式为企业进行社会融资，孵化基金累计达35亿元以上。“十五”期间是我国科技企业孵化器大规模发展时期，各省市对孵化器的投资力度不断加大。北京、上海两市财政投入的孵化资金都在1亿元以上。

北京是我国孵化器企业相对密集的城市。截至2004年4月，北京市注册的科技企业孵化器有61家，累计投资17亿元，孵化企业2082家，涌现出中星微电子、UT斯达康等一批著名留学生企业。近年北京孵化器发展出现两个特点：一是数量几乎每年翻一番；二是投资多元化，既有政府投资，又吸引了大量民间资本的注入，包括民营企业、大学、院所等投资者，有些国企也尝试利用孵化器推动改制。

在中国大陆，上海市首个文化科技创意产业基地，2004年10月12日在浦东张江高科技园区揭牌。该基地已确定以动漫和网络游戏业为突破口，建设文化与高科技密切结合的文化科技创意产业将依托张江高科技园区雄厚的软件产业和芯片产业，着重发展动漫和游戏产业（包括网络游戏）、影视制作产业、多媒体内容产业，其中包括多媒体的软硬件开发和制作、动漫画制作、游戏软件、高科技影视后期制作、产品工业造型设计等。

上海还利用历史遗留下来的工业建筑进行改造，形成了一批创意产业集聚区，如泰康路视觉创意设计基地、昌平路新型广告动漫影视图片生产基地、莫干山路春明都市工业园区、福佑路旅游纪念品设计中心等等。这些创意产业园区各具特色，形成创意产业与工业历史建筑保护、文化旅游相结合的发展模式，做到建筑价值、历史价值、艺术价值和经济价值相结合。

位于卢湾区的泰康路视觉创意设计基地，目前已进驻了十多个国家和地区的近百家视觉创意设计机构，成为上海最大的视觉创意设计基地，形成了一定的视觉创意设计产业规模，聚合了一批顶级视觉创意设计专家，不仅带来了当今国际最新的视觉创意设计理念，而且吸纳了上海本地的设计师一起参加工作，为上海培养了不少设计后备人才，使泰康路成为上海视觉创意设计人才的“孵化器”。

位于静安区的昌平路新型广告动漫影视图片生产基地，利用上海窗钩厂和上海航空设备厂的老厂房，进驻了中国卡通影视公司、上海展宇网络图片设计有限公司等一批规模较大的广告动漫影视图片制作公司，代理来自欧洲、美国等大型图片公司的广告业务，并将中国摄影师的作品推向国际图片市场。

位于杨浦区的滨江创意产业园，企业老厂房达100多万平方米，曾是上海传统工业的重镇，辉煌时期有门类齐全的国有大中型企业近千家。联合国教科文组织专家认为，黄浦江沿岸大规模的滨江工业带世界罕见，很可能是世界上仅存的最大的滨江工业地带，正在规划成为集环境设计、建筑设计、工业设计、音像设计、服装设计、软件设计等原创设计于一体的现代服务业集聚区。目前，一期5000平方米的老厂房改建工程已经完成。

位于普陀区的苏州河边的莫干山路50号，原是一家建于1932年的老纺织厂，经过适当的改建，已经被开辟为别具一格的春明都市工业园区，入驻了来自瑞士、加拿大、法国、挪威、意大利等国和我国香港、云南、黑龙江等地的52家画廊和艺术家工作室，其中一些画廊在国内现代艺术方面具有举足轻重的地位。

位于黄浦区的福佑路旅游纪念品设计中心，利用都市工业楼宇，已被辟为上海市工艺品旅游纪念品设计展示交易基地，首期有15家专门从事旅游纪念品设计的知名企业进驻，汇集了一批优秀的旅游纪念品设计师。该区域正成为全上海乃至全国的旅游纪念品设计及加工制造，营销企业的注册、产品设计、生产、交易中心。

此外，还有位于闸北区的共和新路上海工业设计园、位于卢湾区的建国中路“八号桥”时尚设计产业谷、位于长宁区的天山路上海时尚产业园等一批工业历史建筑与创意产业结合的园区，吸引了国内外著名的创意产业机构，使上海创意产业呈现蓬勃发展的良好势头。

台湾当局主管部门于2004年3月31日召开文化产业推动小组第二次委员会，决议订定《文化产业发展条例》，这项条例将比照促进产业升级条例订定精神，提供租税优惠、免娱乐税等多项奖励优惠措施。香港在政府推动下创建了“数码港”和“科学园”等创意产业园区。

四、文化产业园区开发模式

文化产业园区的概念有时让人想到文化创意地产，文化创意地产是“产业运营＋地产开发”的模式，其核心是一种新型的商业地产运作。依托引入文化产业活动（如文化艺术、传媒产业、旅游休闲等）或消费型创意活动（如前沿体验娱乐消费、时尚潮流消费等）开发地产载体，如工业楼宇、高新技术写字楼、文化旅游教育等复合型物业等。这也是现今地产界开始重视的新型产业地产开发模式，该种模式也与主流文化产业的概念和特征相一致。

文化产业园区本身就为了通过园区建设，充分发挥文化产业的集聚效应。综观国内外文化产业园的发展，国内学者总结出以下四种开发模式：自发集聚型、政府主导型、地产开发商自主开发型和政府、开发商合作开发型。

（一）自发集聚型

最初的文化产业积聚出现在北京、上海等城市的旧厂房、仓库内，从国外来说，比较典型的就是位于伦敦东部的 Hoxton 和 Shoreditch 两个社区，大都是文化艺术设计类创意产业，以个人创作设计为主。这类产业由于创业之初付租能力普遍不高，是在租金和文化空间环境两要素下自发集聚的，北京、上海等地的旧厂房是中国文化产业园的雏形。

“798 艺术区”自发集聚型的典型，它是由文化艺术人士自发集聚而成的文化产业园，位于北京东北方向朝阳区大山子地区，是 1950 年代由苏联援建、东德负责设计建造的重点工业项目，原国营 798 厂等电子工业的厂区所在地。798 厂区的部分建筑采用现浇混凝土拱形结构，是典型的包豪斯风格的建筑，在亚洲亦属罕见。自 2002 年开始，大量艺术家工作室和当代艺术机构开始进驻这里，成规模地租用和改造闲置厂房，逐渐发展成为画廊、艺术中心、艺术家工作室、设计公司、时尚店铺、餐饮酒吧等各种空间的集聚区，在对原有的历史文化遗留进行保护的前提下，原有的工业厂房被重新定义、设计和改造，带来了对建筑和生活方式的全新诠释。这些闲置厂房经改造后，本身成为新的建筑艺术品，在历史文脉和发展范式之间、实用和审美之间与厂区的旧有建筑保持了完美的对话。在这里，当代艺术、建筑空间、文化产业与历史文脉及城市生活环境的有机结合，使 798 艺术区演化为一种极具活力的中国当代文化与生活的崭新模式，对各类专业人士及普通公众产生了前所未有的强大吸引力，并在城市文化和生存空间的观念方面产生了前瞻性影响。798 艺术区所形成的具有国际化色彩的“Soho 式艺术区”和“Loft

北京“798 艺术区”

生活方式”，已经引起了海内外的广泛关注，也类似于英国泰特美术馆对工业发电厂房成功地保留挪用的经典案例，使这一区域在短短的两年时间里攫升为国内最大、最具国际影响力的艺术区，并已成为了北京都市文化的新地标。

（二）政府主导型

随着文化产业的发展，政府开始介入文化产业园区的开发建设。政府主导型的文化产业园可分为两类：

一类就是“旧城改造”。在城市发展过程中，市中心土地日渐稀缺，旧城改造已经是大势所趋，大规模的城市更新需要大量的人力、物力和财力，文化产业对市中心旧厂房的重新利用既可以保存城市历史的痕迹，又能够节约旧城改造的费用，所以北京、上海等城市的各级政府部门越来越重视对旧厂房的开发利用。以上海为例，上海拥有大量老厂房、老仓库等优秀历史建筑，体现了城市发展在不同时期的独特风格、艺术特色和科学价值，政府部门从自发积聚的文化产业园看到了旧厂房改造的出路，相继将一些厂房进行更新和改造。通过改造，使这些旧厂房注入新的产业元素，老建筑里集聚新的机制和新的能量，吸引众多文化产业企业和个人进入，像上海的田子坊等。这类产业园与自发积聚的产业园一样，具有租金低廉、空间宽阔的特点。

田子坊文化产业园区

另一类为“产业园升级模式”。随着经济的不断发展，各大城市在1990年代开始进行开发，大型工业园区开始步入转型发展时期，面临寻求一种新的经济增长模式促进产业升级，而文化产业作为一种脑力密集型的产业，需要具有极强的产业链渗透性，与多种产业都能够产生千丝万缕的联系，因此，各级政府都推出种种优惠政策推动创意产业的发展，如上海张江文化科技创意产业基地等。这类文化产业园全部由政府投入建设，并全程监管和运作，对政府的财政实力要求较高。

（三）地产开发商自主开发型

房地产开发的竞争越来越激烈，产品同质化现象严重，千篇一律的高楼大厦无法体现差异化和提升项目在市场中的竞争力。另外，国家对房地产政策的相继出台，市场规范化的速度加快，部分企业都希望能够打造拳头产品，建立市场口碑，拥有良好的经营资产。在我国，相比于住宅和商业，开发商介入产业园开发还是一件比较新鲜的事情，能够创新的地方也多。但是，由于开发商关注的是商业经营的“利润短期目标”，与一个产业形成—发展—成熟的长期目标相矛盾，因此，许多开发商以文化产业为“噱头”，将文化产业的特点用于产品开发和营销包装上，而并非实质性地引入文化产业进行发展。

由于开发商角色和追求短期利润的目标不同，单纯由开发商来主导文化产业的发展具有片面性和短视性，不利于一个新型产业的培训和辅导。但是，开发商的介入，可以为文化产业园的开发和经营模式带来全新的思维和模式。像上海文化产业园的发展，通过其对商业街的推广、经营、活动组织，有效起到了文化产业宣传“橱窗”的作用，获得了较好的社会效益和商业效益，该项目被上海市政府授牌为文化产业集聚区称号。

（四）政府、开发商合作开发型

无论是企业自发积聚，还是开发商自主开发，文化产业园最终会引入政府的参与，形成市场和政府双轮驱动，才有利于文化产业的良性循环发展。在该模式中，应充分将政府的行政管理角色社会责任和开发商市场化运营经验的整合协调，形成双赢。如文化产业园的开发建设需要投入大量的人力、物力和财力，且营利周期较一般产业园长，许多政府都承担不了如此繁重的资金压力，于是制定一定的土地优惠政策，通常是产业园用地和住宅用地等捆绑出让，希望能够由开发商开发建设，减少政府负担。与此同时，土地出让政策愈来愈严格，开发商拿地也愈加困难，许多开发商已经面临有资金而无项目可开发的窘困局面，而产业园与住宅、商业等用地捆绑出让的便利让开发商看到了一线曙光。

在房地产产品上，政府和开发商合作开发的文化产业园兼具旧厂房和开发商自主开发文化产业园的特点，一方面，为了满足政府对文化产业发展的要求，设计上极大地从文化产业工作者的需求入手，建造一些极具创意的办公产品，诸如阳光办公、生态办公等；另一方面，开发商还要达到自己的盈利目标，因此还要建设一些经营性物业，诸如酒店、住宅、商业等，以此达到双赢。

第三节　区域文化产业集群与文化产业园的未来

一、文化产业集群与园区存在的问题

文化产业集群和园区的建设与发展有其客观条件和其客观规律。当前，为大力发展

我国区域文化产业，文化产业集群和园区在各地受到重视，迅速发展起来，但文化产业集群与文化产业园区在发展过程中，有一些问题需要格外重视。

（一）文化产业集群和文化产业园区的特色建设不足

特色是生存的关键，在激烈的市场竞争下，只有有特色才能生存，特色是竞争的核心，没有特色，千篇一律，只会浪费资源，为市场所淘汰。

因此，各个地区大力发展本地文化产业集群和产业园区，一定要考虑集群和园区的特色问题。当前，各区域文化产业集群和文化产业园却表现出极大的同质化趋势，这对发展区域文化产业、发展国家文化产业都不利。区域文化产业主体，一定要从自身所拥有的经济、文化、自然、科技等资源出发，考虑特色的文化产业集群和园区的发展之路，并通过政策推动集群和园区的发展。

（二）政府在文化产业集群和文化产业园区建设中的角色模糊

政府推动着变革，也推动着发展。在发展区域文化产业中，需要处理的问题之一就是政府的角色问题。

过犹不及，政府在文化产业集群和文化产业园区建设中过于积极，容易扼杀企业和公司的积极性；监管不力，过于放任，又起不到很好的推动效果。因此，需把握火候，既起到推动作用，又不能过于主动。

（三）文化产业集群与文化产业园区的经济效益较差

发展文化产业集群和文化产业园区是为了什么？就是为了发展区域的文化产业。建设文化产业集群和文化产业园区并不是目的本身，发展起来的文化产业集群和文化产业园区只有产生更好的经济效益和社会效益才能达到目的。现状却恰恰相反，许多文化产业集群和文化产业园区建立起来后，却没有形成好的效益，徒有集群和园区之名，而无集群和园区之实。

因此，发展文化产业集群和文化产业园区，要使文化产业集群和文化产业园区有利于推动整个区域文化产业的发展，提升区域文化产业的竞争力，有利于降低文化企业与文化公司的成本，增加经济效益和社会效益。

（四）文化产业集群和文化产业园区不是万灵药

正如有的学者所言，文化产业集群和文化产业园区并不是发展文化产业的万灵药，文化产业集群和园区的发展必须在遵循客观规律的基础上发展壮大，这样才会有成效。如果条件不具备，人为地、强制性地建立文化产业集群和园区，将会给区域文化产业的发展带来灾难性的后果，反而对文化产业的发展极为不利。

（五）文化产业集群和文化产业园区发展模式不明

不同的区域文化产业集群和文化产业园区的发展有不同的模式。不同区域的具体情况不一样，所拥有的资源和条件不一样，会有不同的模式。在文化产业集群和文化产业园区建设过程中，切忌生搬硬套式地把其他地方模式拿过来，要从区域的具体条件出发，逐渐探索。

每个区域的产业发展都要结合自己的特殊性，借鉴其他区域的成功经验和模式，发展自己的文化产业，探索自己的产业集群和园区发展之路。

二、政府在文化产业集群和园区建设中的作用

由于文化产业具有极强的意识形态属性，与一个国家的意识形态、宗教信仰、民族关系、传统文化价值等有千丝万缕的联系，与其他产业相比，政府与文化产业的联系更加密切。因此，要促进文化产业集群和文化产业园区快速发展，必须充分发挥政府的作用。

对于处在转型发展期的中国来说，文化产业还处于起步阶段，政府与产业的关系紧密，政府在推动区域文化产业发展中扮演着重要作用，强化政府调控也就成为建设文化产业集群和园区以形成竞争优势的重要因素。从全球成功的产业集群案例来看，政府在文化产业集群中的作用主要应体现在制定科学、合理和恰当的文化产业政策，加大文化产业的扶持力度和规范文化市场秩序等方面，主要把握以下几个方面。

（一）要积极构建适合文化产业集群和文化产业园区发展的管理体制与公共服务平台

政府需要建立良好的文化产业管理体制，建设有利于区域文化产业集群和园区发展的公共服务平台。政府的重要职能之一就是要做好公共服务，在文化产业集群和园区的发展中，就是要通过各种政策以及政策的执行做好服务工作。

目前文化产业园区管理体制有三种类型：第一种是政府设立管委会进行管理和服务；第二种由政府授权的公司进行管理；第三种是少数高校自己管理，再由公司或者机构运作。

文化产业园区的管理体制可以通过制度创新逐步向小机构大服务加自治组织的方法过渡。小机构就是文化产业园区机构，大服务就是突出园区管理服务功能，要把更多专业化、社会化服务功能扩散给行业协会、中介组织，形成园区专业化、社会化大品牌。自治组织就是根据文化产业市场主体知识层次比较高，引导和鼓励文化企业包括个人，

建立各种类型的自治组织，实行自我管理、自我服务。

（二）建立适应文化产业集群和园区发展特点的投融资体系

一个区域文化产业发展的状况如何，关键看其是否有利于投融资，因为资本是区域经济也是区域文化产业发展的重要制约因素。各个区域政府一定要建设良好的社会环境和公共行政环境，推动良好的投融资体系的形成。

借鉴高科技产业的做法，从孵化器开始，提供一条龙服务。文化产业属于高风险性投资，这就需要做一系列制度安排，更需要一流的公共服务，建立适应文化产业发展的投融资体系，为文化产业发展形成新的支撑点。

（三）建立文化产业集群和园区的评价指标体系

由于文化产业生产文化产品，满足人们的精神需求，不仅追求经济效益，还要注重对社会效益的追求，所以在评价上比较困难。需要逐步提出一套对文化产品简明扼要的评价指标，这需要政府和企业共同努力，从而促使文化产业实现健康和快速发展。

（四）规范区域文化产业市场，为文化产业集群和园区发展培育良好的市场环境

市场是调控资源配置的主要手段，许多文化产业集群和园区的建设过程中体现出很强的行政色彩，原因就是没有充分运用市场调控机制，没有充分发挥市场的作用。政府职能之一就是要规范区域文化市场，创造良好的市场环境。这里包括两个方面：一是政府从市场机制发挥比较好的领域撤出来；二是要杜绝文化产业集群与园区中的一些违反法律规范的行为，创造良好的投融资环境和生产环境。

三、文化产业集群和文化产业园区建设的关键要素

加快文化产业集群和文化产业园区建设，是发展区域文化产业的重要举措。文化产业集群和文化产业园区建设情况，是区域文化产业发展优劣的体现，也是区域文化产业竞争优势的重要体现。现阶段，各区域均在发展文化产业集群和文化产业园区，这些行动推动了区域文化产业发展。

作为发展中国家，我国经济持续发展，整体经济的发展环境良好。发展文化产业、繁荣社会文化是建设和谐社会的重要内容，当前，从中央到地方各级政府均十分重视文化产业的发展，纷纷出台政策推动文化产业集群和文化产业园区建设，而发展文化产业集群和文化产业园区是发展区域文化产业的重要环节。

（一）培育良好的区域产业集群和产业园区发展的环境条件

良好的市场环境是区域文化产业发展的重要条件。现阶段，我国各地区均在大力发展文化产业，兴建文化产业集群和文化产业园区。要建立和谐的市场环境，包括经济环境、政治环境、社会环境和文化环境。政治环境就要保持政治稳定，保持政策的连续性和稳定性，做到有法可依、有法必依、执法必严和违法必究。要创造良好的经济环境，保持经济环境的稳定性、物价稳定。要加强社会治安建设，创造和谐社会。挖掘区域文化资源，塑造良好的文化氛围和文化市场。

（二）遵循市场规律，制定政策推动产业集群和园区发展

政府在区域文化产业集群和文化产业园区发展过程中，要注重政策的引导、激励、保护等作用。在文化产业建设过程中，虽说市场机制是起主导作用的，但政府的作用仍不能忽略。政府通过制定科学合理的货币政策、财政政策、税收政策等，给予文化产业适当优惠政策，推动文化产业集群和文化产业园区发展。

（三）积极发挥企业公司的主动性、积极性

企业是市场的主体，凡是文化产业集群发展比较好的地方，文化产业园区发展比较突出的地方，大都是充分发挥了文化企业公司的积极性。政府大力发展文化产业和文化事业，就是要注重市场主体即文化企业和文化公司作用的发挥。

（四）充分发挥协会等社会团体的作用

西方发达国家的文化产业发展比较好，其中一个重要方面就是协会力量能够充分发挥出来。区域的文化产业集群和文化产业园区如果要达到预期效果，也要建立协会且充分发挥协会的作用。

本章小结

本章内容是区域文化产业的重点内容之一，介绍了国内外文化产业集群和园区的案例，分析了文化产业集群的概念、特点和形成条件，介绍了文化产业园区的孵化功能，并对区域文化产业集群与园区的未来发展进行了思考。

案例精选

好莱坞影视产业集群之路

一、好莱坞城市由来

1853年，当时的好莱坞只有一栋房子。到1870年，这里已成为一片兴旺的农田。1886年，房地产商哈维·威尔考克斯在洛杉矶郊区买下了一块0.6平方公里的地。威尔考克斯的夫人在一次旅行时听到她旁边的一个人说她来自俄亥俄州的一个叫做好莱坞的地方，威尔考克斯的夫人很喜欢这个名字，回到加州后，她将苏格兰运来的大批冬青树栽在这里，将她丈夫的农庄改称为“好莱坞”（Hollywood），于是有了“好莱坞”这个名字。在英语中这个词是冬青树林的意思。

威尔考克斯计划在这里建造一座小城，1887年2月1日，他在地区政府正式注册此名。在他夫人的帮助下，他铺设了今天的好莱坞大街作为城市的主街，在这条大街和其他大街的两旁种了胡椒树并开始出售产权。他的夫人募资建了两座教堂、一座学校和一座图书馆。为了使好莱坞名副其实，他们还进口了一些英国冬青，但这些植物在加州的气候下没有存活多久。

到1900年，好莱坞已经有一间邮局、一家报社、一座旅馆和两个市场，其居民数为500人。10万人口的洛杉矶位于市东11公里处。在好莱坞和洛杉矶间只有一条单轨的有轨电车。1902年，今天著名的好莱坞酒店的第一部分开业。1903年，此地升格为市，参加投票的177位有选举权的居民一致赞同以“好莱坞”为之命名。当年下的两条命令是：除药店外，其他商店禁酒；不准在街上驱赶数量多于200头的牛群。1904年，一条新的被称为好莱坞大街的有轨电车开业，好莱坞与洛杉矶间的往返时间大大缩短。1910年，好莱坞的居民投票决定加入洛杉矶，原因是这样他们可以通过洛杉矶取得足够的饮水和获得排水设施。

二、好莱坞的影视集群发展之路

1907年，导演弗朗西斯·伯格斯来到洛杉矶拍摄电影《基督山伯爵》，发现好莱坞的自然风光和宜人的气候非常适宜拍电影，于是接连以好莱坞为天然背景，拍摄了几部影片。1911年，美国一些电影界人士在好莱坞创建了内斯特影片公司，这是好莱坞的第一家制片厂。

在第一次世界大战以前，美国并非强国，而美国电影也不占世界优势地位。直到1914年，美国上演的大部分影片与使用的电影技术都还是进口的。法国当时每周向美国出口12部片子，每年约600部；拉丁美洲的电影市场也由法国和意大利垄断。第一次世界大战使这一状况发生了根本性扭转。1915—1916年，美国影片出口从3600万英尺增加到1.59亿英尺，两年内增长近5倍；而美国影片进口则从“一战”前的1600万英尺下降到20年代中期的700万英尺。“一战”后，美片进入亚洲和拉丁美洲，美商大量收购巴西电影发行业，控制巴西本土的电影放映，几乎摧毁了巴西电影的生产。此外，美片的主要出口地还包括英国、澳洲和阿根廷。

从1912年起，很多电影公司陆续在好莱坞落户，其中有著名的米高梅、派拉蒙、20世纪福克斯、华纳兄弟、雷电华、环球、联美、哥伦比亚等等。1923年，Hollywood白色大字布设在好莱坞的山坡上，如今已经成为好莱坞的象征之一。1929年5月16日，奥斯卡金像奖首次颁发，当时的门票是10美元，总共有250人出席颁奖典礼。

1930—1940年代，好莱坞达到鼎盛时期，推出大量优秀影片。同时，好莱坞发展成为美国的一个重要文化中心，众多作家、音乐家、电影明星汇集在这里。好莱坞的名胜有天然圆形剧场、朝圣者圆形剧场、中国剧院、加利福尼亚艺术俱乐部等等，很多电影明星的豪宅坐落在好莱坞附近的贝佛利山上。

1947年1月，美国西部第一个商业电视台在好莱坞开业。同年12月，好莱坞第一部电视剧制作完毕。1950年代，美国的音乐产业也开始进入好莱坞。与此同时，一些电影制片厂开始离开好莱坞，迁往洛杉矶的其他地区，不过，好莱坞的风采依然，著名的星光大道于1958年开始铺设，1960年，第一颗星被嵌入星光大道。

三、美国好莱坞电影的国际扩张

时至1930年代，美国电影产业1/3的收入来自海外。有声片时代初期，美国的音乐类型片吸引了非英语国家的观众，好莱坞也开始尝试同步生产外语版的畅销音乐片。音乐的流行促进电影产业的“平行整合”，即电影与非电影产业之间的整合。音乐片的流行歌曲既可以授权由电台播放，又可以生产单张唱片在商店销售，电影开始尝到靠周边副产品增加盈利的甜头。1920—1930年代，经典好莱坞电影在海外极受欢迎。迷人的影星、动人的故事、撩人的音乐、惊人的外景地——好莱坞塑造的现代银幕形象，向全世界推销美貌、青春、财富和快乐。1939年，美国商业部估计，美国占据了全球约65%的电影制片产量。

此后，历史再次垂青好莱坞。第二次世界大战使欧洲电影工业元气大伤，德国和意大利的国营电影企业要么破产，要么暂停，美国影片乘虚而入。1945—1949年，意大利进口美片2000部，平均每年400～500部，与此相类似的是抗战胜利后好莱坞电影倾销中国的情况。资本与国家的共谋在冷战初期尤其突出。好莱坞在意识形态上推广美国政府的反法西斯主义、反共产主义的政策，在文化上向世界出口美国的生活方式。这种共谋如此合拍，以致好莱坞的一个影片出口公司当时自称是美国的“小国务院”。与此同时，在经济政策上，美国政府也及时支持好莱坞，为其减低税收，优惠外币兑换率，订购影片，甚至充当其海外商业谈判的代表。到了1960年代，好莱坞已经在英国及拉美国家占据垄断地位。值得注意的是，美国政府在支持好莱坞争取海外文化霸权的同时，曾经明文立法禁止类似这种“托拉斯”联营方法在美国国内的形成，国内的经济保护主义（对中小企业而言）和国外的“文化帝国主义”形成鲜明的对照。

1970年代初的全球石油危机和通货膨胀一度造成美片海外市场的不景气，但是好莱坞将注意力转向国内市场，及时发展黑人观众群，开发新的动作类型片。非洲市场的开发形成好莱坞另一个长期称霸的领域。如今，不但非洲市场一半以上放映美片，而且非洲生产的影片往往不能在本土放映，而只在欧美市场流通。1980年代，墨西哥和阿根廷两国经济萧条，货币贬值，美国政府借助强势经济援助理所当然地又让好莱坞打入这两个非英语语系的电影大国。到了1980年代中期，作为传统电影大国的日本也成为好莱坞主要的海外利润来源之一。随后的历史发展仍然有利于好莱坞：苏东国家的开放，欧洲共同体市场的建立，录像与数码技术的普及，一切似乎都为好莱坞的全球垄断大开绿灯。

四、全球化时代好莱坞集群产业的未来

好莱坞成功背后的秘密之一就是：在电影本身从胶片走向数码的所谓“电影死亡”的时代，“好莱坞”已徒有虚名，它指涉的是业主不定的多国娱乐文化产业及其资本灵活积累的全球化策略。

迪斯尼的当家艾斯纳认为，“美国的娱乐产业不是世界的美国化，而是娱乐的全球化”。这个观点强调，至少在娱乐界，“全球化”不等同于“美国化”。如果说早年的“美国化”是文化帝国主义及其侵略、扩张的一种表现，那么近年的“全球化”则是1970年代后全球相连的金融和管理效应所造成的一种新的格局。资本超越国界的全球性迅速流动造成出口型的跨国、多国公司特别是服务业的兴旺，同时也造成传统工业尤其是制造业的衰落。新的国际型经济正逐步完善，高速的资本流动打破了传统的时空概念，速度和效率就意味着利润和优势。虽然在世界的格局里，“中心”与“边缘”的不平等继续存在，但是国家对经济的控制力已经大大减弱，跨国资本在国际舞台上正扮演着越来越重要的角色。

反映在影视界，平面整合与垂直整合愈演愈烈。如今，几个大财团拥有全球大量的影视、娱乐产业。迪斯尼由动画片进入故事片，进而出版图书、画册，营造游乐园、旅馆、观光游轮，发展录像产品和播放平台，甚至购买美国三大媒体之一的美国广播公司（ABC），显示出惊人的实力。电影周边产品的利润开始超过票房。1990年，美国本土的录像收入已经高于票房收入，证明观众更多地在家里甚至汽车内看电影。而票房的收入只不过是周边产品收入的1/10，所以票房已经不再是决定一部电影成败的主要指标。到2003年，电子游戏的收入也已超过票房收入，难怪像最新的《星球大战前传3》这样的大片也要同步或迅速发行电子游戏产品。娱乐产业在全球化时代的新变化要求在考虑投资一部电影之前，不仅要关心预计的票房，而且更重要的是要关注这部电影能否产生、如何延伸有利可图的周边产品。

毫无疑问，新的好莱坞，不论是作为产业还是作为概念，早已出现；新的全球化生产格局也已经形成。

新格局的特点之一是娱乐产业的多国投资与跨国产权。如今，好莱坞资产的业主包括由法国、加拿大、日本（如索尼公司）、澳大利亚（如默多克集团）等国的机构。

新格局的特点之二是资本的“灵活积累”，不仅限于国内，更分散在海外。著名导演约翰·福特说，如今“你无法在地理上确定好莱坞：我们根本不知道好莱坞在哪里”。当然，不知道并不意味着好莱坞不存在，而意味着它“无所不在”的全球化生产格局。中国的盗版影碟也说明了好莱坞在中国的影响；无疑，盗版已经在中国造就了一批业余的好莱坞影片“专家”。回到资本的灵活积累，多国投资合拍如今成为正常运作。

其实，由于美国政府一度反对国内大财团的经济垄断，好莱坞从1940年代起就开始主动向海外发展。从1950—1973年，只有60%的美片完全在美国国内生产。海外劳工低廉是早期海外策略的决定因素之一。1949年，在海外生产的美国电影仅19部，1969年则增至183部，多数在欧洲拍摄。今日的全球化格局更要求以全球预售权的经费来预支基于洛杉矶的拍摄工作。为此，好莱坞早就开始购买或合营海外的发行公司和电影院线，以达到共担投资、票房风险的目的。到了1990年代，作为全球发行公司的华纳已在世界各大都市经营多厅的“华纳影城”，在中国也不例外。类似“华纳中国”这样的子公司表明，全球化的新格局要求各个生产层面的重新分工、组合。与以往好莱坞片厂一统天下的经营不同，如今创意、投资、制作、道具、服装、音乐、宣传等程序可以在世界不同地方灵活多样地分期进行，在艺术（编剧、对话、导演、明星、音乐、歌曲）、金融（集资、预售）、法律（版权）等各方面分别处理。制片商与发行商订合同，分账预支筹款。制片商再与众多的专业中小公司（演员代理、摄影器材、特技制作）联系，产生配套流水作业。签约的投资、发行公司往往拥有连锁录像店、有线电视等娱乐平台，所以万一票房不佳，周边产品还可以保证扭亏为盈。

与过去文化帝国主义的策略不同，全球化的文化产业允许权力的不连贯性、多边性和多方向性，由此产生市场的灵活性和消费的多样性。参照美国福特汽车公司的国际市场口号：“要成为多国集团，就必须在各地都成为本土的。”类似的营销概念还有如1980年代在日本产生的一个新词：“土著化”；在英语世界产生的另一个词：glocal，即将“全球”（global）和“本土”（local）两词合二为一。全球与本土因此相辅相成。跨国资本需要世界各地的本土市场，本土的发展也需要跨国资本的投入。

哥伦比亚（亚洲）电影公司以北美发行权为交换投资冯小刚的贺岁片《大腕》（2001），索尼公司以同样方式加盟张艺谋的武侠片《英雄》（2002），其中的道理就是全球资本与本土文化的互动。资本获取最佳利润的逻辑要求全球化不能、也不可能是全球的同一化，因为不同的本土市场需要不同的产品，李安的《卧虎藏龙》（1999）在欧美和中国迥然不同的票房证明了这个逻辑。

作为好莱坞传统的多元文化策略，在全球化时代又产生新的影响。颇具反讽意味的是，好莱坞文化产业的巨大成功反过来也让美国政府的部分官员担忧。1990年代，某些国会议员提问："如果德国购买了福克斯电影公司，两次世界大战的战争片又将做什么样的修改？"不单政府如此，美国电影协会也为全球性的多元化策略担心："如果海外市场的比例不断加大，那么美国故事又将变成什么样的呢？"美国政界和文化界的这类担忧，再次说明"全球化"不等于"美国化"，而"好莱坞"也不再代表狭义上的美国"电影"，因为它同时生产电视、音乐、体育等娱乐产品；不再象征纯粹的"美国"文化，因为美国不再是它的价值核心。产业改型后的新好莱坞不再基于洛杉矶市北边如今相当破落的"好莱坞"城：全球化的好莱坞已经无所不在。

资料来源：

1.《好莱坞与全球化生产格局——好莱坞产业篇》，见 http：//bj. soufun. com/temp/wed/wed/hlw-cy. html。

2.《好莱坞历史概况》，见 http：//news. koolearn. com/t_ 12703_ 0_ 234641. html。

资料链接 □□□

国家级文化产业示范园区管理办法（试行）

第一章　总　则

第一条　为满足人民群众的文化消费需求，促进我国文化产业健康持续发展，推动国家级文化产业示范园区（以下简称园区）建设，规范园区申报、命名和监督管理，特制定本办法。

第二条　本办法所称园区是指进行文化产业资源开发、文化企业和行业集聚及相关产业链汇聚，对区域文化及相关产业发展起示范、带动作用，发挥园区的经济、社会效益的特定区域。

第三条　园区建设应遵循统筹规划、合理布局、突出特色、内容优先、自主创新的原则。

第四条　文化部负责国家级文化产业示范园区的申报、命名、管理和考核。

第五条　省级文化行政主管部门负责本辖区省级的文化产业园区的申报、命名、管理和考核，并负责对国家级文化产业示范园区的指导和监管。

第六条 园区每两年申报、命名一次，每次命名不超过两个。原则上每个省级行政区内园区总量不超过两个。园区每两年考核一次。

第二章 申报与命名

第七条 申报国家级文化产业示范园区应具备以下条件：

（一）符合国家文化产业规划、当地整体规划和产业发展规划，在土地、消防、安全、节能、环保、卫生等方面符合国家相关规定和标准。

（二）具有完善的基础设施，能够充分利用区域优势，为文化企业发展提供必要的硬件环境。园区内非文化类商业及其他配套面积不得超过园区总建设面积的20%。

（三）有丰富的文化内容和明确的文化产业特色，成绩显著，在全国或本省及区域内具有代表性和示范性。

（四）已经集聚了一定数量的文化企业，园区内文化企业数量占园区企业总数的60%以上。园区内文化产业产值、交易额等经济效益指标居于国内领先地位。园区内文化企业所生产的文化产品和所提供的文化服务内容健康。

（五）有专门的管理机构和管理人员，管理制度健全，没有发生违法违规行为。

（六）有配套的公共服务体系，能够为进入园区的企业提供企业孵化、融资中介、技术、信息、交易、展示等公共服务。

（七）建设和运营管理单位是法人单位。

（八）规范运营两年以上，且经济和社会效益业绩显著。

（九）法律法规确定的其他条件。

第八条 对于预期社会效益和经济效益好、成长性高、有发展前景、具有引领和示范作用，但尚未具备国家级文化产业示范园区条件的文化产业园区，文化部可命名为国家级文化产业试验园区。

第九条 申报园区，由其建设单位作为申报单位向所在地省级文化行政主管部门提出申报申请，由省级文化行政主管部门进行初审。

第十条 对初审合格的由省级文化行政主管部门负责向文化部提出国家级文化产业示范园区命名申请，并按本办法第七条规定的内容提交《国家级文化产业示范园区申请报告》。

第十一条 文化部文化产业司负责组织相关部门及专家对《国家级文化产业示范园区申请报告》进行评审，形成评审意见。

第十二条 对评审合格的，经文化部部务会议讨论通过后，在文化部网站和《中国文化报》上公示，公示时间为20天。

第十三条 公示结束后，文化部对符合条件的命名为国家级文化产业示范园区。

第三章 管理和考核

第十四条 文化部文化产业司负责园区的指导和监督管理工作，按本办法组织执行相关命名评审及管理工作；组织开展园区之间的交流活动；组织园区考核工作；推动园区对外交流与合作；协调园区申请贷款和专项资金扶持。

第十五条 园区所在地的省级文化行政主管部门负责协调、指导园区建设和对园区的监管，并配合地方人民政府出台相关的优惠政策和支持措施。

第十六条 园区对规划和重要文化产业项目作重大调整时，须报文化部文化产业司备案。

第十七条 园区每年4月须向省级文化行政主管部门和文化部文化产业司报送年度发展情况。

第十八条 文化部文化产业司依照本办法规定组织相关部门及专家，对已命名的园区进行建设目标考核，考核每两年进行一次。考核结果分为通过考核、限期整改、撤销命名三种。限期整改的期限不超过六个月。

第十九条 对园区的考核包括以下方面：

（一）园区发展方向符合国家有关政策法规和本办法要求。

（二）园区发展规划实施情况。

（三）园区管理及整体运营是否遵纪守法。

（四）园区服务体系建设情况。

（五）园区内文化企业发展情况。

（六）省级文化行政主管部门对园区管理的意见。

第二十条 园区有下列行为之一的，文化部将撤销其“国家级文化产业示范园区”称号：

（一）损害消费者利益的，并造成严重不良社会影响的。

（二）宣传虚假文化产品和服务信息并造成严重社会影响的。

（三）经营管理不善，不能达到园区认定条件的。

（四）考核不合格，并在规定期限内整改不达标的。

（五）申报时提供虚假材料或采取其他手段骗取园区资格的。

（六）有重大违法违规行为，受到法律、行政处罚的。

（七）其他对社会造成不良影响的行为。

（八）因政策或经营方向调整而改变园区性质的。

第四章　附　则

第二十一条　本办法由文化部负责解释。

第二十二条　本办法自公布之日起施行。

二〇一〇年七月十九日

思考与练习

1. 简述文化产业集群的概念。
2. 文化产业集群形成的条件有哪些?
3. 文化产业集群的作用是什么?
4. 什么是集聚效应?
5. 文化产业园的种类有哪些?
6. 文化产业园有什么意义?
7. 当前我国文化产业园发展中存在哪些问题?
8. 论述文化产业园在区域文化产业发展过程中的作用与意义。
9. 根据本章案例《好莱坞影视产业集群之路》，分析好莱坞影视产业集群形成的原因有哪些。

第六章　区域文化市场与贸易

◉**本章知识要点**

区域差异、区域分工

区域文化产业合作与协调发展

区域文化市场

区域文化贸易

区域协调发展

导入案例 >>>

闽台间积极搭建文化交流平台

近些年来，在海峡两岸同胞携手努力下，闽台间积极搭建文化交流平台，海峡两岸文化博览会、图书交易会、茶叶博览会、旅游博览会等会展和湄洲妈祖文化旅游节、东山关帝文化旅游节、闽南文化节等为两岸文化交流合作提供了新的契机。

福建还主动承接台湾文化产业转移，积极吸引企业和人才前来创业、投资和发展。目前，仅厦门就有6家台商投资的大型动漫企业落户。4年来，从厦门出口到台湾的出版物达2亿元人民币码洋，占中国大陆图书出口台湾总量1/3强。闽台两地在出版发行、影视制作、网络动漫、文化旅游、文化会展等方面的交流合作居全国前列。

当前两岸关系面临大交流、大合作、大发展的新形势下，海峡两岸文化产业界应深挖合作潜力，互利互补，推动两岸文化产业共同发展繁荣。

（摘自《福建力促台湾文化产业到闽发展》，见 http://www. chinanews. com. cn/cul/news/2010/05 –26/2303949. shtml）

第一节　区域经济分工与合作的内容与机制

一、区域差异与区域分工

（一）区域差异

区域之间的差异性，在第一章已经提到。区域差异包括自然差异和社会差异。自然差异表现在气候、地形、自然资源等方面，社会差异包括交通、文化、风俗等方面。自然差异主要由自然原因导致，是自然界在上亿年的运动过程中形成的。社会差异形成的原因就复杂得多，有历史因素，也有政治、经济、文化等方面的因素，当然也与自然因素有关系。

区域自然差异与社会差异都是客观存在的，正因为有了差异，交往才有了动力。区域的自然差异性以及社会差异性促成了区域人文、经济、政治等方面的交往。下面简要介绍区域的自然差异和社会差异。

1. 自然差异

自然差异是区域间最基本的差异，也是最显而易见的差异。这种差异性表现在自然条件方面。不同的区域在自然资源、地理位置、地形、地貌、气候条件等方面存在着极大的差异性，在人类存在之前，区域间的自然差异就已经存在了。自然的差异性并不依赖人类社会的变化而变化，它们是客观存在的，是由自然力作用形成的。

自然差异性是引发社会差异性的原因之一。不同区域有不同的气候、不同的地形。相邻区域，其自然差异性较小；距离较远区域，其自然的差异性较大。

2. 社会差异

社会差异由区域自然环境的差异性，进一步导致了区域间生产方式的差异性。社会形成后，复杂的交往促成更复杂的社会差异。自然差异性是社会差异形成的原因之一，复杂的社会因素（包括文化、政治、经济等）是社会差异形成的另一个原因。

（二）区域分工

区域之间存在差异，这种差异性还表现在生产方面，即表现在区域之间的分工方面。区域的共性是交往的基础，区域的分工和差异是交往的推动力。

经济生产分工的差异性最初来源于地理位置、气候条件的差异性。比如，有的地域适合种植水稻，另外一些地区适合种植小麦。不同区域之间生产的农作物、农产品不一样，就有了交换的基础。自然禀赋的差异性带来的生产分工，主要集中在农、林、牧、副、渔等农业领域。

随着社会的发展，不同区域的教育水平、政策环境、技术水平、文化水平等差异性日益明显并逐渐扩大，不同区域之间在工业生产中的分工也日益明显。

除了国内，国家之间也存在分工，发达国家一般在分工中处于生产的上游，即高附加价值一端，而发展中国家处于生产的下游，即低附加价值一端。

劳动地域分工是区域经济发展的重要动力。经济发展过程可以看做是一个以分工为基础、不断积累、不断演进的过程。区域分工是区域之间经济联系的条件。由于各个区域之间存在着经济发展条件的差异，因此在资源和要素不能完全自由流动的情况下，为满足各自生产、生活方面的多种需求，提高经济效益，各个区域在经济交往中就必然要按照比较优势的原则，选择和发展具有优势的产业，这在区域之间就产生了分工。

区域分工的意义在于，能够使各区域充分发挥资源、要素、区位等方面的优势，进行专业化生产；合理利用资源，推动生产技术的提高和创新，提高产品质量和管理水平；有利于提高各区域的经济效益和国民经济发展的总体效益。

（三）区域文化产业间的差异与分工

对于区域文化产业来说，不同区域文化产业的差异性也是明显的，这种差别既体现在区域的自然禀赋方面，也体现在社会生产要素、文化资源、科学技术水平、区域的文化市场方面，这种差别是客观存在的。

这种差异性又促进了区域文化产业之间的分工，各个区域充分利用自己的优势资源和独特的自然优势，发展优势文化产业，提高区域文化产业的竞争力，在区域间的贸易往来中占据优势地位。

二、区域文化产业的合作与协调发展

（一）区域竞争与合作并存

1. 区域竞争

区域文化产业存在分工，可能生产同质性的文化产品或具有替代关系的产品，当不同区域生产这样的文化产品时，区域文化产业之间在资源、生产要素、消费市场等方面就会展开竞争。

今天，我国大力发展文化产业，免不了要与美国、英国、日本、韩国等国家在文化产业方面展开竞争。这不仅仅事关我国文化产业发展的未来，而且事关我国软实力提升，事关我国文化资源的保护与开发，事关人民的精神需求的满足。在国内，不同区域的文化产业的竞争也普遍存在着。区域间文化产业竞争普遍存在于国内外不同区域之间。

2. 区域保护主义

由于市场有限，区域间发展水平方面存在差异，不同区域之间竞争激烈，各区域出于地方利益和发展地方产业的考虑，出台一些政策保护本区域的文化产业，由此形成了贸易保护主义。

美国虽然追求贸易自由主义，但是，一旦本国的经济出现危机时，就开始诉诸贸易保护。虽然法国是市场经济国家，但是在面临强势的美国文化产业侵袭时，法国也会选择文化例外原则来保护自己的文化产业。不存在完全的贸易自由主义，保护主义在任何一个区域都是存在的，只是不同区域之间的贸易保护主义的程度存在差异性而已。

在中国，不同区域也存在文化市场壁垒，地方政府保护主义的做法与大力发展文化产业相违背，必须予以解除。这需要政府、企业公司和协会共同努力推动。

（二）区域文化产业的协调发展

区域文化产业需要协调发展，从上文所述中可以看出，只有协调发展，才能避免资源浪费，才能促进文化多元化发展，促进文化繁荣，同时这也是继承文化、满足人们精神文化需求的正确出路。有些学者提出了文化产业协调发展的思路：

（1）制定区域产业发展规划，实现城市错位发展。

（2）支持非政府文化组织，发挥文化管理职能。

（3）推进文化体制改革，培育真正的市场主体。

（4）实施项目化运作，搭建区域文化产业合作平台。

（5）建立区域公共资助体系，支持产业协调发展。

（6）加强文化立法，提供法制保障。①

这些政策比较全面，比较系统，下文还会有详细论述。区域间的文化产业协调发展，需要区域文化产业的发展主体意识到区域文化产业协调发展的必要性，组建协调发展小组，建立合理的区域文化产业协调发展机制。在区域文化产业协调发展中，必须本着合作、共赢、合法、互利的原则逐步推进，并在具体的合作协调中，搭建合作平台，建立资助体系，加强执行监督，对一些破坏行为予以处罚，只有这样，区域文化产业的协调发展才能做好。

① 李阳：《长三角区域文化产业协调发展对策研究》，载《经济论坛》2009 年 8 月。

第二节　区域文化市场与贸易

一、区域文化市场

（一）区域文化市场概念

市场总表现一定的区域性，无论是国际的经济交往还是国内的商品交往，都是区域市场交往的表现之一，文化市场也是以区域市场的形式体现出来的。

市场这个词，传统的观念是指买方和卖方集聚在一起进行交换的实地场所。经济学家现在则用市场来泛指一个特定产品或某类产品进行交易的卖方和买方的集合（房产市场或粮食市场）；然而，在营销者看来，卖方构成行业（industry），买方则构成市场（market）①。这里区域文化市场主要指文化产品的买方构成的市场，主要研究消费者市场。

消费虽然作为经济运动的末端环节，却具有决定意义。没有消费市场，生产就没有意义。在消费品日益丰富的今天，市场更有决定性意义。我国文化产业的发展前景一片光明，主要是基于广阔的区域文化市场做出的判断。

从国际层面说，其他国家的文化企业为什么总想进入我国文化市场呢？主要也是看到我国国内广阔的文化市场空间和发展潜力。从国内看，不同区域的文化市场差异性大，但都有较大的发展空间，市场潜力巨大。随着文化产业振兴规划的出台实施，如何开拓各区域文化市场，成为决定区域文化产业发展的关键。在金融危机、欧洲债务危机以及国内经济结构调整的经济背景下，加快拓展区域文化市场成为发展区域文化产业重要环节。

（二）区域文化市场特点

不同国家之间的文化市场差异性很大，国家间的文化市场也是区域文化市场的表现之一。西方发达国家的文化市场也比较发达，资本主义经过几百年的发展，人们生活水平逐渐提高，最基本的物质需求得到满足，人们对精神文化的需求日益增加，一方面是需求的增加，另一方面是人们可支配收入的增加以及闲暇时间的增加，这使得这些国家的区域文化市场非常大。

---

① 菲利普·科特勒著：《营销管理》（第11版），梅清豪译，上海人民出版社2004年版，第13页。

我国国内区域市场之间的差异明显，区域之间的文化市场容量、发展程度、消费能力、消费水平等都有较大的差异性。我国的经济、社会的差异性决定了区域文化市场的巨大差异性。

我国区域文化市场具有以下特点：

（1）与发达国家相比较，我国文化市场绝对量大，但与13亿人口相比较，还有待进一步开拓。我国经济持续增长，国力不断增强，并随着物质生活水平的提高，精神文化需求不断增长，但与发达国家相比，我国人均文化产品消费还比较低，这有待于进一步发展经济，促进生产，开拓市场。

（2）区域文化市场复杂。我国区域辽阔，文化产业种类多样，区情各不相同，文化市场复杂。这种复杂性表现在文化产品的消费者复杂、消费方式多样、消费习惯各异、消费环境差异较大等方面。

区域文化市场的复杂性主要是由区域复杂性决定，区域的政治、经济、文化、科技、社会等因素的复杂性决定了区域文化市场的复杂性。

（3）区域文化市场不平衡。这种不平衡性表现为文化消费市场规模不平衡、文化消费水平不平衡等。这种不平衡性不仅表现在区域间，而且也表现在区域内部。例如，我国区域文化市场东部较为发达，西部较为落后，东部区域文化市场规模大，消费水平高，西部区域文化市场规模小，消费水平低。主要原因是东西部区域经济实力、区域之间的消费力差别较大。即使是西部区域，其内部又由不同的区域组成，内部的区域文化市场也存在不平衡性。

（4）区域文化市场潜力巨大，有待深入挖掘。近年来，国外的传媒企业、网络媒体、文化演出单位等文化企业涌入我国，这些文化企业看中的就是我国巨大的市场潜力，我国的区域文化市场可以提升的空间较大。

（5）我国城乡市场差别大。城乡二元经济结构和社会结构使得城乡间文化市场差异也较明显。农村市场一直是个广大的市场，过去的几十年间，我们偏重于城市文化市场，对农村的文化市场忽略了，而随着农村经济的发展，农村的文化需求不断增加，现代的、符合农民需求的文化产品却越来越少，农村的文化市场广阔，需要生产适合农民需求的文化产品，开拓农村市场。

二、区域文化贸易

文化产品是一种特殊的产品，具有政治意义，也具有民族文化意义，因此，不能单纯地从经济意义角度来理解文化贸易。政治的、经济的、文化的价值使得不同区域的贸易主体对文化贸易都格外关注，每个贸易主体或管理主体都通过自己的权力影响文化贸易政策和文化贸易开展，使自己在贸易往来中获得更大的利润。区域文化贸易可以是不同国家之间的，如中国与美国之间的文化贸易，也可以是不同地区之间的文化贸易，如香港与澳门之间的文化贸易往来，也可以是其他区域主体间的，比如国内不同省份的文化贸易往来。

由于文化产品的特殊性，区域文化贸易的限制政策较多，区域间存在贸易保护主义，尤其是国际间的区域贸易往来限制更多。区域文化贸易不顺畅，受到许多制约。从已有的材料看，我国区域贸易表现出以下特点：

(1) 在国际文化贸易往来中，文化产品输出少，输入多，贸易逆差较大。虽然我国大力提倡“走出去”战略，但这种劣势并未根本被扭转。原因是多方面的，一方面与我国的整体经济实力有关，另一方面与文化产品的内容有关。加强文化贸易，需要生产文化精品，减少文化折扣，提高其他区域人们的文化接受力，提升我国文化产品理念和文化产品精神价值的影响力。另外，文化贸易问题也与我国的市场体制相关，要培育国际文化贸易人才，要培训懂国际文化产品买卖、懂国际文化贸易政策的人才，只有这样，才能推动国际贸易的发展。

(2) 在国内区域文化产品往来中，以发达地区向不发达地区输出文化产品和服务为主，同时，部分不发达区域也以独特的资源向发达地区提供文化产品和服务，我们国家的区域文化产业发展很不平衡。

与国际贸易相比，国内不同区域的贸易往来也体现了不平衡性。国内区域间的经济发展不平衡，如发展速度不平衡、收入不平衡、消费不平衡。除了区域经济不平衡外，区域间文化差异大，市场机制成熟度也不平衡，等等，这些都是促使文化生产不平衡的原因。

(3) 在区域文化贸易间，由于文化产业区域同质性强，导致了区域之间的竞争激烈，贸易保护较多。计划经济体制的影响、地方政府的利益等，影响了区域文化产业的发展，使得区域文化产业之间文化产品与服务差异性小，特色不明显。

三、公司在区域文化贸易中扮演重要角色

在区域文化贸易往来中，大公司扮演着重要角色。正如国际贸易往来中，跨国公司控制着贸易的绝大部分一样，在国内外区域文化产业贸易往来中，那些大的文化传媒集团也控制着贸易往来的大部分贸易份额。

国际大的文化传媒集团、公司主要集中在欧美发达国家，这些大公司生产了大部分文化产品，国际间贸易往来的大部分文化产品都出自这些大公司、大企业，无论是影视作品还是图书出版作品，这些大公司的文化产品都主导着国际间的文化贸易。因此，跨国公司在区域贸易中扮演着至关重要的角色。

与发达国家相比，我国规模较大的文化传媒企业和公司较少，国际贸易的经验比较

缺乏，这些制约着我国国际文化贸易发展。大力发展国际文化贸易，必须扩大我国文化传媒公司规模，发挥大集团、大企业的作用。这种规模化的文化公司主要是由市场机制自动调整后形成的，对于行政手段形成的集团、公司，要不断地整合内部关系，形成协同效率，提高集团的竞争力，争取生产更多的优秀文化产品。

在国内，大部分的文化产业集团都在东部沿海地区，西部地区的文化产业集团不多，东部文化产业集团的实力、规模、市场控制方面都优于西部文化产业集团，因此，国内区域间的贸易往来中，东部优势的省份和区域占据更大的优势。中西部也利用独特的文化资源塑造了特色的文化产品与服务，推动该区域的对外文化交流、产品与服务输出。

第三节　区域文化产业生产要素流动

生产要素的自由流动是市场经济的必然要求，是市场经济体制效率较高的原因。建立社会主义市场经济体制，就要求市场机制成为调配资源、优化资源配置的主要手段，大力发展区域文化产业，需要市场机制成为调控文化资源的重要手段。文化产品是一种特殊的产品，文化产业要受到特别的政策限制和保护，但这并不能排除市场机制在调配资源中的主导地位。

一个国家或地区市场机制在调节不同行业、不同部门、不同区域的资源配置中越能发挥主导作用，文化产业就越发达，发展就较快。市场机制通过价格机制、竞争机制和供求机制来调配资源、优化资源，提高各种生产要素的利用效率，把最优秀的生产要素和资源调配到最能发挥这种要素和资源效益的生产领域中去，这就要求生产要素的自由流动。区域文化产业生产要素的自由流动包括劳动力生产要素的流动、资本生产要素的流动和物质资料生产要素的流动。

一、劳动力流动

劳动力是任何一个产业发展所必不可少的，文化产业的发展更需要劳动力，既需要一般的劳动力，也需要创造性的劳动力，而且后者对于区域文化产业尤为重要。我国劳动力富足，劳动力成本低廉，这成为推动我国经济快速发展、成长为制造大国的主要因素，但是丰富的劳动力资源主要是一般的劳动者。

从文化产业发展程度上说，我国以东部沿海区域为最发达，劳动力自由流动，“孔雀东南飞”，使优秀的人才集聚于东部沿海地区，而文化产业所需要的劳动力也往东部沿海发达区域流动。人才向东部沿海区域流动，其原因如下：

(1) 东部沿海地区发达，可以为劳动力提供较高的工资收入。可以充分地挖掘劳动力资源的潜力，提高利用效率，获得较高的金钱收入，解决物质需求。

(2) 东部地域发达的文化产业，可以为人才提供施展才华的舞台，使个人获得自我价值实现和自我满足。

培育适合市场需要的人才是区域文化产业快速发展的关键。在市场经济中，劳动力自由流动，使发达区域在吸引劳动力方面具有较大的优势。因此，不同的区域必须根据自身的条件，制定适合人才发展的政策，留住人才，发挥人才特长，从而发展区域文化产业。

二、资本流动

市场经济条件下，任何产业发展都需要大量资本，文化产业也是如此，这里所指的资本主要指货币资本。可以说，没有资本，就很难发展起区域文化产业，对于其他产业也是如此，没有资本，经济就很难发展起来。东部沿海地区，经过 30 多年的改革开放，积累了大量的资本，为区域文化产业的发展提供了大量的资金。正因如此，东部沿海地区的区域文化产业发展具有优势，这里资本更加充足，市场更加广阔。

在市场经济条件下，资本是自由流动的。资本具有逐利性，总是向最易获取利润的行业和区域流动。

一般而言，政治稳定、社会和谐、观念开放、交通设施好、配套设备齐全、科技发达的区域有助于资本集聚，东部沿海区域与中西部相比较，在这些方面大都具有优势。这里交通发达，运输体系完备，配套的产业设施完善，高校较多，科技水平高，人们接受新产品、新观念的能力强，因此更能吸引资本。

除此之外，资本还在不同行业流动。完善的经济结构，有利于文化产业的发展，畸形的经济体制和产业结构，对文化产业的发展不利。片面地发展某些行业，会使过多的资本集中于那一领域，挤占文化产业所需资金，对区域文化产业发展而言并不是一个好现象，因此，大力发展区域文化产业，必须优化区域的产业结构，使区域整体经济合理发展。

发展区域文化产业，东、中、西部的不同区域主体都要优化本地的投资环境，给予恰当的政策支持，从而推动本地区域文化产业的发展。

三、物质资料流动

物质资料是由人类劳动创造的有用的物质客体，按照基本用途的不同，可以把它分为生产资料和生活资料两大类。

物质资料是文化产业生产的必需品，这些资料的丰富性、可得性、易得性，直接决定区域文化产业的发展程度。不同的区域充分利用自身物质资料资源发展自身独特的区域文化产业。

物质资料与资本和劳动力一样，也是自由流动的，物质资料的一个重要种类是自然资源，一个区域自然资源的丰富程度并不是决定一个区域文化产业发达与否的因素，对资源的利用效率是决定区域文化产业发展的因素。有些国家的区域自然资源匮乏，文化产业却比较发达，这是因为这些区域能够充分利用自然资源，这些区域资源利用效率比较高，效益好，使得资源持续流向这些区域。

在国际文化产业中，我们只是文化产业发展的资源提供者，资源的自我利用率却不高，结果在某些文化产业的发展中，我们只是成为资源的一般提供者，处于文化产业价值链的低端。因此，发展我国区域文化产业一定要充分利用已有自然资源和文化资源，提高物质资料的利用率，而不是作为简单的物质资料的直接提供者来参与文化生产和国际分工。

在国内，不同区域的物质资料丰富程度不一样，利用率也不一样。中西部地区的资源丰富，除了不可移动的资源外，很多资源为东部发达地区甚至是发达国家所利用。即使这样，西部为东部提供必需的资源后，却不能在生产分工中获取优势的产业地位，更不能获取足够的利润收入。中西部的有些自然资源为发达区域所用后破坏严重，甚为可惜。例如，很多到西部拍摄电影的摄制组，利用了西部的大好自然风光，但是拍摄完电影后，西部自然环境却遭到破坏。

当然，西部地区也可以充分利用地方的资源，发展特色的文化产业。比如，广西阳朔、云南丽江等地，充分利用当地的特色资源发展文化旅游业、演出业，取得了巨大的成功。

本章小结 □□□

本章论述了区域文化市场与贸易产生发展的影响因素，对跨国公司在区域文化市场和贸易中发挥的作用进行了简要论述，最后分析了区域文化产业发展中生产要素的流动问题。希望通过本章学习，有利于加深对区域文化市场和贸易理论的认识和理解。

案例精选 □□□

木偶剧、文化旅游、电影和艺术展

一、木偶剧

木偶是手工艺品，通常体现出人物特点，由人工操控演出，或者是通过机械设备遥控。在现代木偶剧团，木偶往往被称为“创意产品”，并根据演出的艺术形式进行分类。木偶剧是操控木偶演出的剧目，存在于各种人类社会活动中，可以是娱乐演出，也可以是庆典活动的内容，像各种仪式以及巴西狂欢节等庆祝活动。

中国木偶剧《牡丹仙子》剧照

在欧洲国家，罗马尼亚木偶剧非常活跃。根据1929年5月布拉格决议，八国木偶艺术家国际联盟UNIMA成立（包括奥地利、保加利亚、捷克斯洛伐克、法国、德国、南斯拉夫和苏联）。在世界文化历史上，这是第一个大型剧团的国际机构，作为联合国教科文组织的非政府分支机构，凝聚世界各地人民，为木偶剧的发展作出了积极贡献。尽管人们的种族、政治和宗教信仰以及文化各不相同，UNIMA根据1948年12月联合国大会的人权宣言，遵守基本人权，通过木偶艺术，追寻人类和平，增进相互理解。Margareta Niculescu女士曾经是UNIMA国际执行委员会成员，并于2000年开始担任委员会主席。在她的领导下，UNIMA罗马尼亚国家中心进行了无数的创新。

坦达瑞卡（Tandarica）剧团是最重要的木偶剧团，1945年成立于布加勒斯特，1949年被宣布为国家剧团，Margareta Niculescu女士被任命为剧团团长。她创建了能力很强的团队，包括设计师、导演和木偶操控人员等，使坦达瑞卡成为世界著名的剧团。1958年在布加勒斯特举行的第一届国际木偶剧节，是罗马尼亚木偶剧发展历史的重要里程碑，罗马尼亚艺术家有机会看到了来自世界50多个国家最优秀木偶剧团的精彩表演。

现在，坦达瑞卡剧团有80多名员工，每年在两个剧场保持300场左右的演出。在布加勒斯特市政府拨付的国家预算资金扶持下，坦达瑞卡经协商选择了低票价，敞开大门，欢迎来自社会各阶层的观众欣赏木偶剧。而且，坦达瑞卡与罗马尼亚教育部达成协议，允许在校学生参加木偶剧演出，由剧团提供学校与剧场间的交通。这些措施，激发了孩子们对木偶剧越来越浓厚的兴趣。

在2005—2006年的演出季，有7万人观看了坦达瑞卡剧团的表演。自剧团成立以来，共编排了200多个剧目，所有剧目内容都源自罗马尼亚的传说或者是地方文化。坦达瑞卡为孩子和成人提供各种年龄段的适宜剧目，绝大多数既在罗马尼亚演出，也在世界各大洲表演，共在40多个国家进行了100多次巡回演出。木偶剧团共组织了6个国际木偶剧节和2个国内木偶剧节，参加了20个国内庆祝活动以及40个国际庆典活动，成为最著名的剧团，受到世界广泛的赞誉。事实证明，坦达瑞卡剧团是罗马尼亚在境外的文化传播使者。

参加国际庆典活动和全球巡回演出对于激励木偶剧不断创新，是非常重要的手段。全世界有许多庆祝活动，最著名的是法国东北部的“Charlevil-Mezieres国际木偶节”。“国际木偶节”每3年举办一次，每次持续2周。汇集世界130多个国家的木偶剧团，以及 13 万名的国际公共观众。在这方面，需要强调的是，政府应该为艺术家的出入境提供便利服务，并促进艺术家根据全球市场开展创意活动。木偶剧应该保留其表现丰富文化内容的传统，增强国际社会中各种不同文化人们之间的交流与对话。

二、文化旅游

文化旅游可以减少贫困，但也有风险，对传统人文价值的保存会有影响。

秘鲁拥有丰富多彩的自然景观，是一个对比性强的国家。既有上千年历史的水利灌溉渠道耕种文化：当地人将沙漠变成粮田，也有历史遗留的人文景观：古老的印加帝国、库斯科城市和 Machu Picchu 城市遗址。

秘鲁拥有独特传统文化，文化旅游是一个很好的选择，可提高当地人的自尊和生活质量，创造就业，促进经济和社会发展。人们可能认为这是一项简单的工作。秘鲁有森林、海滩、群山和生态建筑景观，当地人擅长传统的工艺美术，因此，似乎就剩下一个问题：广告宣传，吸引旅游人员。事实上，旅客已经不断地增长，旅游已经成为秘鲁第三大经济领域。2006 年，秘鲁旅游解决 50 万人的就业，接待 160 万名游客，获得了 150 万美元的收入。毫无疑问，旅游使秘鲁人民生活更加舒适，生活质量指数不断地提高。

库斯科是一座美丽的殖民地城市，居民人口数量在秘鲁位居第七，共 304152 人，是秘鲁历史古都。1983 年，联合国教科文组织宣布库斯科为世界人类遗产。库斯科过去曾经是农场和矿场，最近几年，旅游已经成为最重要的经济领域。库斯科的中心广场像一个大型购物中心，在夜里热闹非凡。城市经济快速发展，2005—2006 年，就业人数增长 6%，税收增加 168.9%。因此，历史文化旅游具有很好的发展前景。

库斯科城

Machu Picchu 是古代印加帝国的秘密堡垒，1911 年才被西方人发现。参观 600 年前的皇宫、庙宇和 150 多座建筑物令人终身难忘，人们可以完全彻底地欣赏西班牙和印加融合的混合文化。毫不奇怪，参观 Machu Picchu 的人数每年增长 5%。

住在安第山顶小镇里的人也希望有相同的幸运，因为在 6362 米高的山岩石上刻有一位君主头像，镇里人每年举行传统的庆祝活动，吸引了来自世界许多国家的上万名游客。小镇已经投资，改善道路，修建场所，以吸引更多的游客，游客也不断地增多。但是，镇里人获得这些成果时，不应该有任何损失，这才是基本的真正意义的成功。

对于创意经济来说，文化旅游是一个重要课题，由此发展中国家可以减少贫困。但是，对于制定政策人员也存在许多挑战：确实需要可持续发展的项目，需要规划坚实的基础，这样有独特技巧和知识的人不会转变为毫无意义的演员。

三、诺莱坞电影

尼日利亚电影业被称为诺莱坞，是继美国好莱坞和印度宝莱坞之后的世界第三大电影业。诺莱坞每年制作1005部以上的家庭电影，1997—2005年期间共制作了6221部，约50%通过非正规渠道出口。全国各地有50多万家庭电影录像带批发和租赁俱乐部，创造了数千人的就业岗位，电影业繁荣。而且，尼日利亚电影业潜力巨大，预计规模将超过27.5亿美元。电影业缴纳公司税和消费税为政府增加收入，估计对GDP的贡献为860亿尼日利亚币（2006年1美元=127.38尼日利亚币）。

尽管电影于1903年进入尼日利亚，事实上，1948年尼日利亚才开始制作电影，而且仅限于纪录片和新闻片。直到1972年尼日利亚才开始生产第一部商业电影。1970年代胶片电影产业经历了快速发展，但是1980年代尼日利亚由于引进了“结构调整计划”，影响了电影制作成本，电影产业衰退。为了发展电影业，政府于1979年成立尼日利亚电影公司，电影公司策划了一系列的项目，采取了多项政策措施，举办了很多活动，并经过相关部门努力，电影业不断增长，已经对国家经济、社会和文化的发展产生重要影响。

在观念上，不能过分强调电影对社会文化的影响。但是，国家通过发展电影而受益无穷。电影是人与人沟通（教育、娱乐、社会生活、信息和移动）的有效方式，电影向世界展现的价值、艺术、丰富的文化遗产是突出和提升国家形象的有效途径。当电影在国内外体现尼日利亚人民的民族自豪感和爱国主义精神时，可以提高民族凝聚力，促进国家各种文化的统一。

虽然尼日利亚电影快速增长，但是依然面临很多问题，困扰电影事业的提高和发展。这主要是尼日利亚的家庭电影录像带进入国际市场受到限制。具体问题有：当地的国际分销和营销网络不规范，电影制作存在剽窃行为，内容空泛，电影质量差，缺少制作、分销和展示的基础设施条件，产业缺乏资金来源，专业技巧和培训不足，产业链间缺乏协调，缺乏规划和决策的产业数据。

政府认识到电影业具有影响国家发展的潜力，采取积极措施，修改规划，重新定位电影产业，在机构和政策方面实施改革：重组相关的联邦政府电影产业局，创立必要的政策环境促进电影事业发展，加强培训，进行能力建设，促进尼日利亚本国电影发展，建立电影生产基地，设立电影发展基金，专业化发展电影产业。

尼日利亚的私有部门在编剧、制片、设备展示等领域也积极参与电影发展，而且在资金投入机会方面拥有优势：培训、能力建设、发展电影村、分销和营销、设备租赁与销售、电影设备的制造和组装以及使用等都可以成为私有部门的投资领域。

家庭录像带是尼日利亚电影制作和分销的独特方式。一些因素导致了这种结果：例如胶片电影制片和后期制作成本高，电影院条件越来越差，缺乏传统电影院放映的专业培训，等等。因此，尼日利亚制片人选择了录像带发行电影的方式，他们也完善分销系统，既采用现存的非正规贸易渠道，也通过超市、电子商店等进行零售，甚至路边叫卖销售产品。

电影录像带产业，如发展适当，能够成为国家非常重要的财富来源，尤其带动GDP的增长，而且是沟通、教育、统一文化，树立形象的强有力工具。电影既是艺术也是产业，在社会和经济价值方面，电影业的发展为国家产生巨大利益。

四、两年一度的达喀尔现代非洲艺术展

最近一些年，非洲举办各种各样的活动，促进艺术家发展各种不同的表达方式。毫无疑问，两年一度的达喀尔现代非洲艺术展促进艺术家在世界传播现代创意作品作出了非常重要的贡献。

现代非洲艺术活动是根据塞内加尔政府的意愿，将达喀尔定为非洲大陆艺术家聚会和文化交流的城市。自1990年开始，每两年举办一次艺术和文学交流活动，以文学为主。1992年，第一次组织了达喀尔现代非洲艺术展，从此视觉艺术成为活动中心。现在，来自非洲34个国家的289位艺术家、16位非洲犹太代表和13位来自世界其他国家的代表参加艺术交流活动。参展艺术家最多的国家有喀麦隆、刚果民主共和国、象牙海岸、塞内加尔、摩洛哥、尼日尔和南非。自1996年开始，达喀尔艺术展与设计沙龙合作，展示非洲有才华的设计师作品，1996—2006年期间，非洲大陆共有15个国家的92位创意设计师被选中参展。

参加2006年达喀尔艺术展的还有63位艺术评论家、25家专业新闻媒体、19位非洲记者、32位画廊和博物馆代表、13位国际水平的前七届达喀尔艺术展活动的组织者以及12位艺术品收藏家。

计划于2008年举办一些重要的活动，首先是由世界银行倡议由非洲举办的“当代非洲”大项目，其次是西班牙的第一届现代非洲艺术博览会。另外，达喀尔艺术展与联合国教科文组织秘书处合作，在联合国贸易发展会议于4月在加纳首都阿克拉举行的第七届部长级会议期间提出“创意非洲”的倡议。届时，举办非洲现代艺术展，展示非洲艺术家的视觉艺术，展示艺术和设计的最新探索，提高大家对非洲现代创意的认识。“创意非洲”将以10个非洲国家的艺术家作品为特征，包括美术、雕塑和拼贴画。

达喀尔艺术展溢出的经济价值，主要是销售艺术家的重要作品，一些经济领域也受益于艺术展，像旅游、国内外交通运输、餐饮住宿业以及其他的服务业。总之，达喀尔艺术展说明国际文化展览对于社会经济发展具有积极的意义。

资料来源：联合国贸易发展会议《2008年创意经济报告》第九章“国际范围内创意产业政策”，见 http://tradeinservices.mofcom.gov.cn/local/2009-01-12/67049.shtml。

思考与练习

1. 什么是区域文化产业分工?

2. 区域文化产业差异的影响因素有哪些?

3. 我国区域文化贸易的特点有哪些?

4. 根据本章案例《木偶剧、文化旅游、电影和艺术展》，分析所述区域的文化贸易特点是什么。

第七章　区域文化产业协调发展与创新

◉**本章知识要点**

区域文化产业协调发展的阻碍因素

区域文化产业协调发展评价指标体系

区域文化产业创新制约因素

区域文化产业竞争力

导入案例 >>>

打造京、津、冀文化产业协调发展示范区

《国家"十一五"时期文化发展规划纲要》曾将环渤海地区规划为我国三大文化产业带之一。近年来，京、津、冀三地都将文化产业作为新兴产业来培育，文化产业已形成一定规模。

据不完全统计，2009年三地文化产业增加值已达到2000多亿元。京、津、冀有相近的文化背景、相连的地域人缘，但三地在发展文化产业上仍不够协调。总体上看，北京作为全国的政治、文化中心，文化产业发展不仅厚重而且强势。天津市在积极研究制定文化创意产业发展规划和相应的扶持政策的基础上，酝酿、建立了一批文化创意产业园区和产业基地。河北作为京畿之地，历史悠久，文化灿烂，积淀深厚，有丰富的物质文化遗产和非物质文化遗产，在文化产业发展上先天基础雄厚，未来前景广阔。

三地文化产业各有优势，可以互相补充、共同发展，但目前自成体系，未能实现区域合作共赢。区域内还缺少在资本、人才、管理、运作、品牌等方面联系密切的连锁文化企业和企业集团，企业之间的合作多为一次性或短期的，缺乏长期、规范、稳定、深入的联系，巨大的合作潜力有待进一步挖掘。应建立促进京、津、冀文化产业协调发展联席会议制度。

（见 http：//www. cnci. gov. cn/content%5C2010310/news_ 56655. shtml）

第一节　区域文化产业协调发展的评价指标体系

区域文化产业协调发展是区域文化产业发展走向成熟的标志，既可以避免区域文化产业之间由于恶性竞争带来的资源浪费、重复建设，同时又可以使不同区域文化产业之间协同发展、最大限度地满足人民群众的精神文化需求。从国外到国内，不同区域的经济发展竞争与合作并存，随着全球经济一体化的逐渐推进，区域之间的协调发展成为不同区域经济主体的发展共识。同样，作为产业重要组成部分的文化产业，区域间的合作也被提上日程。

一、区域文化产业协调发展的必要性

1. 区域市场的分割要求区域文化产业协调发展

所谓区域市场分割，是指在改革进程中，地方政府出于保护自身利益的考虑，所采取的一种地方保护措施。例如，即使把运输成本和地理条件等因素考虑在内，1997 年中国消费者购买的本省产品是其购买的外省产品的 21 倍，而在 1987 年，这一数值是 11 倍。这一数据充分说明在我们国家区域市场的分割是多么严重，与 1997 年相比，近些年来的情况大有好转。

2. 区域文化产业一体化要求区域文化产业协调发展

区域协调发展的最终目的就是实现区域经济一体化，对于文化产业而言就是实现区域文化产业一体化。区域文化产业一体化是指按照区域文化产业发展总体目标，充分发挥地区优势，通过合理的文化产业地域分工，在全区域内优化配置生产要素，推动区域文化产业协调发展，以提高区域文化产业总体效益的动态过程。区域文化产业协调发展过程实质上就是区域制度不断创新的过程，制度创新的目的就是加速经济的市场化进程，实现资源的合理配置。综观各地区文化市场的协调发展过程以及国际文化市场一体化的进程可知，文化市场一体化也是在管理制度不断创新的条件下逐渐发展的。

3. 区域间的恶性竞争要求区域文化产业协调发展

党和政府一再强调要用科学发展观指导实践，文化产业领域区域间竞争激烈，个别区域文化产业的发展较混乱。比如，各地纷纷建设影视基地，大力发展动漫产业，举办各种雷同的动漫节，但是最终的成效不好，浪费了人力、物力和财力。因此，科学发展非常必要，在文化产业领域的体现就是区域文化产业的协调发挥。

4. 区域文化产业的成功经验要求我们处理好区域协调发展问题①

现代欧盟的“文化治理”对于区域文化产业的协调发展起到很大的推动作用。近年来，“文化治理”成为欧盟新的文化政策纲领。“文化治理”指的是为文化发展确定方向的公共部门、私营机构和自愿非营利团体组成的复杂网络，其中包括来自公共部门、私营企业、非营利团体等各种性质的机构和个人，涵盖文化、经济、社会等各个政策领域，涉及不同地理和行政运作层面，通过政府与非政府组织的合作，实现一种新的治理关系。这种经验证明，协调发展可以促进整个区域文化产业的发展。我国区域文化产业的协调发展可以适当借鉴这些成功做法。

二、区域文化产业协调发展的阻碍因素

1. 体制因素

体制因素成为区域文化产业协调发展的一个主要因素。以政府为主导的改革开放和经济发展，使得政府既是区域经济发展的保障，也是区域文化产业协调发展的障碍因素之一。财政权、行政权、税权等在不同层级政府之间的分配直接影响着地方政府的利益，各级政府会从各自的利益出发，促进或限制区域间的贸易往来与协调发展。

2. 经济因素

区域间经济实力的差异也是造成区域文化市场分割的重要原因。经济是不同区域文化产业发展的决定性因素，经济水平的差距将在教育、市场观念、创新机制等各个方面影响各区域的经济发展进程，导致区域经济差距呈现指数性放大。这种区域间经济实力的差异一方面引导了各种稀缺资源从欠发达地区流向发达地区，另一方面，对于文化产业这种收入需求弹性较大的产业而言，经济的差异会带来较大的需求差异，进而引发当地企业的生存危机，欠发达地区的政府只好采取违背市场规律的行政强制性措施来保护本地利益。

3. 自然因素

自然因素是阻碍区域文化产业协调发展的主要原因之一。自然因素是区域形成的重要因素，是区域间相区别的重要表现。自然因素使得区域内的交流成本更低，认同感更强。复杂的自然因素成为阻碍区域协调发展的重要因素之一。

4. 社会因素

社会因素是影响区域文化产业协调发展的阻碍因素之一，在社会因素中又以文化因素成为主要原因。不同区域由于文化传统、价值观、喜好等存在差异，会阻碍区域文化产业的协调发展。

---

① 李阳：《长三角区域文化产业协调发展对策研究》，载《经济论坛》2009 年 8 月。

5. 历史因素

由于历史传统不同，或者由于历史遗留问题，导致不同区域之间文化产业的协调性不够。如历史所形成的区域间语言（方言）差异，或者历史恩怨等都影响着区域间文化产业的协调发展。

如我国计划经济体制遗留下来的封闭的或自成体系的地方产业布局，致使各个地方政府为本地产业发展不遗余力限制外省同类行业进入本区域市场。同时，由于不同区域的地方利益不同和行政区划等问题，形成了条块式分割、画地为牢的经济发展模式，不同的区域重复着“大而全”、“小而全”的建设发展思路，阻碍了地区间分工协作和专业化的发展。

6. 其他因素

造成地区区域文化市场分割还有其他一些因素，如语言、风俗、习惯等。其中很重要的一点是政治因素，不同区域间因为政治、战争等因素可能也会影响区域间文化产业的协调发展。经济的协调发展总是与和平的环境相一致的。

三、区域文化产业协调发展的策略

1. 制定区域文化产业协调发展规划，实现不同主体共赢

所谓协调发展，简单地说就是共同、更好、更快地发展。不同的区域要结合自身的自然资源、社会资源等发展特色优势产业，不同区域实现错位发展。

发展是一个长远规划问题，需要长时间的磨合、协调，因此，不同区域要协调发展，就需要制定区域文化产业协调发展规划，把区域内不同主体的利益考虑进来，在规划中统一协调处理。既要考虑到自身的发展，同时也关注其他区域的发展，以期实现共赢。

2. 建立区域文化产业协调发展小组，发挥不同主体功能

各利益相关的企业、协会以及政府都是协调发展小组的重要组成部分。政府是区域文化产业发展的主导因素，政府需要着眼长远利益，放弃小我，从区域的根本利益出发谋划区域文化产业的发展。市场经济的逐渐完善，除政府协调区域文化产业发展外，企业、协会将成为区域文化产业协调发展的另外主体。这些主体要建立协调机制，寻求矛盾解决方法，处理问题，促进共同发展。

3. 推进文化体制改革，消除限制区域文化产业发展的体制性障碍

推进文化体制改革，就是改变不适应社会主义市场机制要求的一些做法，就是要按照市场经济的运行逻辑，培育真正的市场主体，使这些市场主体能够在市场中自主经营、自负盈亏。同时，在不同的区域间设立项目化运作，搭建区域文化产业合作平台。

4. 建立区域统一的政府协调部门，建设区域协调机制

在区域的协调发展中，起主导作用的是政府部门，各个区域的主抓文化产业的主要领导可以建立非正式的协调发展组织，并通过定期的沟通交流、解决问题等机制，来互通有无，协调发展。

四、区域文化产业协调发展评价指标体系的构建①

（一）制定区域文化产业协调发展评价指标体系的必要性

对文化市场一体化建立一套科学并行之有效的评价指标体系是十分必要的，这一评价指标体系将主要产生以下几个方面的作用：

1. 规范作用

科学合理的区域文化产业协调发展评价指标体系有利于规范区域的协调发展，可以根据指标要求对区域文化产业进行调节。

2. 引导作用

科学合理的区域文化产业协调发展评价指标体系有利于引导区域文化产业协调发展，确定区域文化产业的发展方向。

3. 激励作用

科学合理的区域文化产业协调发展评价指标体系对于区域文化产业能起到激励作用，确定区域文化产业协调发展的方法，明确努力目标，对区域文化有较大的激励作用。

（二）原则

1. 系统性原则

系统性原则，即区域文化产业协调发展评估指标首要考虑系统性原则，指标要全面，涉及考评的主要内容，考评具有针对性。

2. 层次性原则

层次性原则是指区域文化产业协调发展评估指标要具有层次性，这是由系统性引申而来的原则。针对不同层级的主体，要有不同层次的指标，指标要层层细化、具体。

3. 可操作性原则

① 南京大学国家文化产业研究中心：《长江三角洲地区区域文化市场一体化过程中市场分割与非经济壁垒》，见 http：//www. cnci. gov. cn/content/62/index_ p4. shtml。

所谓可操作性，是指指标设计要求概念明确、定义清楚，能方便地采集数据和收集信息，或者能用合理的成本获得，这样才能使指标的失真程度降到最低，有用性得到增强。

4. 简明实用原则

这一原则的内容是：应尽量简单明了，易于理解，便于操作；用尽量少的指标反映尽量多的内容，同时便于收集和计算分析，对于区域文化市场一体化的研究、战略规划具有实用价值。

5. 可比性原则

为便于进行不同区域间的比较研究，应尽量使指标和资料的口径、范围与国际常用的指标体系相一致。

6. 动态性原则

数据的采集和搜集必须是具有确定的时间截面，这样的模型才能保证随着时间的推移数据是实时动态仿真的。

（三）区域文化产业协调发展评价指标体系基本框架

具体而言，在层次上，文化市场一体化水平评价指标体系分为准则层、领域层和指标层。

在准则层上，选取了对文化市场一体化的最基本的准则——文化市场基础指数、文化市场分割指数、文化产业壁垒指数。

在领域层上，选取了每个准则上最主要反映该准则指数的领域指数，力求提取能够表现该准则最主要的指标。在文化市场基础指数准则下分别列出了经济指数领域、环境指数领域和市场基本参数领域；在文化市场分割指数准则下，提出了市场同质化指数、市场价格指数和市场成本指数三个领域指数，在文化产业壁垒指数准则下，提出了经济壁垒指数、制度壁垒指数、其他壁垒指数三个领域层指数。

指标体系的综合评价方法一般有简单加权法、专家评分法、层次分析法、Electer法、Topsis法、DEA法、模糊评价法及人工神经网络评价法等，每种方法都各有其优缺点。当前，国内外通常采用层次分析法（Analytical Hierarchy Process，AHP）。AHP方法通过指标层指标的两两比较来构造判断矩阵，确定指标层指标的互相之间的权重，最后得出具有权重参数的市场一体化水平评价体系。具体程序如下：

（1）确定指标层评价指标。

（2）对每个评价指标进行标准化处理。

（3）确定各评价指标相对于上一层次指标的权重。

（4）计算各层次各领域一体化水平状况。

第二节　区域文化产业创新系统的构建

一、区域文化产业创新的必要性

文化产业发展需要创新，区域文化产业发展同样需要创新。概括而言，区域文化产业创新的必要性有以下几点：

1. 文化产业本身对创意的重视要求区域文化产业进行创新

创意是文化产业的核心，文化产业与创意产业在对创意追求方面是一致的。只有有创意的内容，才会有有价值的产业，才会推动文化产业的持续发展。

2. 区域文化产业之间激烈竞争要求重视创新

不同区域之间的文化产业竞争激烈，各区域都将面临文化企业被淘汰、区域文化市场被其他区域占领、区域文化影响力降低的风险，因此，区域文化产业要不断地创新，以求在区域竞争中获取优势地位。

3. 消费者需求要求注重创新

消费者的精神需求是多样的，而且这种需求是不断变动的，要满足多样的、不断变化的消费者的精神需求，就需要区域文化产业在发展过程中不断创新。

二、区域文化产业创新制约因素

1. 对知识产权的保护不力抑制了区域文化产业创新

改革开放的过程中，我们作为一个追赶型的国家，在许多产品的生产方面模仿了国外的产品，没有很好地保护产品的知识产权，也没有意识到产权保护的重要性。同样道理，现阶段我们国家已经到了赶超西方国家的地步，如果还一味地等待其他国家和地区创作出来供我们模仿，那么区域文化产业永远也不会达到世界一流水平。

抵制盗版

2. 因循守旧观念阻碍创新

我们国家的文化，一向是尊崇古人说法，认为古人说的东西都是对的，结果养成了师古不变的风气，不敢也不愿意轻易改变已有的观念形式、文化形式、产品形式等，总觉得现状挺好的。

3. 政府对一些效率低部门的保护，不能优胜劣汰，结果抑制了创新

胜不优、劣不汰，创新又有什么用？不创新又有什么坏处？正是因为保护主义、地方利益作祟，使得市场机制不能正常发挥作用，抑制了区域文化产业发展过程中对创新的追求。

4. 创新教育缺乏，人才创新能力弱

教育对创新能力的培养不够，过多地关注应试教育，导致了整体的创新意识薄弱。文化产业发展的先进性要求与文化产业人力资源准备不足之间形成突出的政策性和战略性矛盾。我国教育过分重视应试教育，对学生的创新意识、创新能力的培养重视不够。

文化产业是高科技与高文化相结合的产业，在历史的进程中，集中体现了先进的生产力要求和先进文化的发展方向之间的高度统一，是一个特别需要高素质人才运作的领域。因而它对文化产业的经营管理人员，特别是文化管理人员的知识、智力和综合文化素质的能力结构要求是很高的，尤其是当今时代已进入信息时代。而我国加入 WTO 后，面临的最大困难和挑战恰恰在于这方面人力资源的严重不足。如果说，政策可以马上改变，制度也可以迅速通过立法加以调整，而人才的培养则有一个时间过程。所谓十年树木，百年树人，人的问题并不是马上就能解决和奏效的。然而，中国“入世”后，境外可准入的文化产业集团竞相抢滩我国文化市场，区域文化产业竞争更加激烈。这些都将影响区域文化产业的创新。

5. 文化管理体制束缚创新

文化管理体制改革与文化产业政策制定系统缺乏整体性创新联动，产业政策创新滞后，这已经成为严重阻碍我国文化产业发展的重要制约因素。[①] 文化管理过程中过度关注意识形态属性，束缚了企业和个人对创新的追求。

6. 竞争力度不够，扼杀创新

一些垄断性的行业，集中了行业内的优质人力、物力和财力，对新进入该行业的企业进行阻挠，甚至政府也实行进入门槛保护主义，结果使得这些企业的竞争意识弱，不思进取，更别提创新了。

1990 年代以来，我国一些地方先后组建了影视、报业、出版、发行、印刷等几大文化产业集团，但是，由于这些产业集团的组建都还是在政府的安排下进行的，而不是市场竞争的结果，政府权力的作用取代了市场在资源配置中的基础性作用，市场主体的作用在这种产业集团的大组建（兼并）过程中被弱化了。文化企业作为创新主体的核心作用被消融于政府的计划安排之中。这种垄断属于行政性垄断，即通过国家权力形成

---

① 胡惠林：《我国文化产业创新体系的若干问题》，载《学术月刊》2001 年第 11 期。

的垄断，完全排斥了市场平等竞争的可能性。不仅非公有经济成分的资本不能进入文化产业的核心领域，即使是非文化系统的公有经济资本也难以在现有管理制度的森严壁垒下获得“市场准入”。单一的文化经济主体和单一的文化资本结构，使原本已经存在的不平衡的文化经济关系出现了愈加明显的倾斜。

条块分割、行业壁垒和单一投资主体政策与文化贸易投资主体多元化、自由化原则不相适应，与发展先进的文化产业、搞活文化大流通、建立文化大市场所需要的资本扩张能力的必然要求形成尖锐对立，成为阻碍我国区域文化产业发展创新的“瓶颈”，弱化了国家应在“入世”后所应有的文化创新能力。

三、构建区域文化产业创新系统

（一）构建区域文化产业创新系统中需要注意处理的关系

在构建区域文化产业创新系统中，要注意处理好以下几方面的关系①：

（1）正确处理融入国际文化产业格局的国家文化产业战略与特殊意识形态的关系，制定具有全球视域的文化立国和文化输出方略。这是当下我国文化产业制度创新中一个重要问题。

（2）在地域经济社会发展的布局中要正确处理文化产业发展与地域经济社会发展的关系。

（3）在技术创新中要处理好技术创新与文化产业核心的关系。

（4）在资本创新中要处理好发展文化产业集群与中小型文化产业主体之间的关系。

（5）在内容创新上要处理好授权产业的内容创意与产业伦理的关系。

（二）构建区域文化产业创新系统的要求

1. 加快体制和制度创新②

制度创新和体制创新是区域文化产业与其他产业融合的必要条件，也是区域文化产业发展的基础。目前，政府在区域文化产业发展过程中的作用过于强大，导致文化产业的资本、人才、技术的流动性很弱，没有真正形成文化运作的市场机制。应加快区域国有文化企业的经营机制和管理体制的创新，实现政府职能从办文化向管文化转变。同时，政府也应在投融资领域、税收等方面为非公有制资本进入文化产业创造平等的市场环境。

2. 加快推进大型文化产业集团的建立和发展

---

① 马永强：《文化产业创新发展必须处理好五个关系》，载《甘肃理论学刊》2009年第3期。

② 李萱：《产业融合：文化产业创新的强大动力》，载《郑州大学学报》2008年第4期。

目前，世界上成功的大型传媒集团都是通过大规模的收购与兼并进行跨地域、跨行业、跨媒体的多元化经营，如时代华纳公司在1997年并购TNT的有线频道，并于2000年并购美国在线后成为国际传媒巨人。

3. 调整产业政策，促进文化产业与其他产业融合

在产业融合的背景下，原来分业监管的产业政策已经不再适合，政府部门要根据产业融合的不同发展阶段，制定和调整与文化产业相关的产业政策，包括信息产业向文化产业的渗透和融合等内容，同时也要鼓励文化服务等相关产业向其他产业渗透。完善政策创制系统和制度创新系统。党委宣传部门和政府文化行政部门的职能需要理顺，要有一个分工管理的界限。党管意识形态，产业问题主要是市场行为。

4. 积极调整区域文化产业的内部结构

由于文化产业包含范围相当广泛，门类繁多，产业内部各行业之间的发展不可能会有相同的速度，因此，应积极改造传统文化产业，使之能够实现产业的升级换代，进而实现文化产业的高级化。

5. 构建民有市场准入机制

以经济利益关系和文化产业格局的战略性调整为目标，制定和实施积极稳妥的“民有市场准入”政策，构筑国家文化产业发展的“国民文化经济利益共同体”，建立以伙伴关系为特征的文化管理新体制和以公共力量发展我国文化产业新格局。

6. 制定区域文化产业与文化市场准入的反垄断政策

实施宽领域的文化市场准入原则，坚决打破行业垄断和行业壁垒，建立平等、公正的市场竞争机制，在做大做强的同时，制定和实施“做宽做深”的文化产业政策，形成我国文化商品大流通格局。

7. 改善政策环境

进一步改善我国文化产业与文化管理整体创新的政策环境，加大对文化原创能力系统建设的政策投入，构筑文化产业和文化管理人才培养高地，全面推进国家文化创新体系建设。

第三节 区域文化产业竞争力及其分析

一、区域文化产业竞争力概述[①]

著名战略管理学者波特把产业竞争力定义为：一个国家（地区）创造一个良好的

① 梅文庆：《我国文化产业竞争力现状及对策研究》，载《湖北行政学院学报》2009年第1期。

商业环境，使该国（地区）企业获得竞争优势的能力。很显然，波特所给的竞争力定义更多的是从外部环境考虑某一特定产业竞争力的源泉。国际竞争力评价权威机构世界经济论坛（WEF）和瑞士洛桑国际管理开发学院（IMD）认为：竞争力是指一个国家的企业和企业家设计、生产、销售产品和劳务的能力，其产品或劳务的价格和质量比竞争对手具有更大的市场吸引力，是企业家在适应、协调和驾驭外部环境的过程中成功地从事经营活动的能力。与波特定义竞争力的切入点不同，WEF 和 IMD 是从企业自身来理解竞争力的。

“竞争力”这一概念包含的内容范围较广、层次较多，可分为微观、中观及宏观竞争力。文化产业竞争力即属于中观竞争力范畴，其内涵是文化产品和服务的提供者通过对所拥有文化资源的开发、支配、利用，最终获取利润的能力。近 30 年来，我国文化产业伴随着改革开放进程而逐步兴起、发展和壮大，由“自发、无序”进入“自觉、有序”的新阶段，文化产业竞争力发展呈现以下特点：

1. 我国区域众多，区域竞争力差异明显

我国的区域可以分为东部、中部和西部，从区域文化产业的竞争力角度来看，东部受惠于其雄厚的经济实力、良好的投融资环境、完善的政策体系、较好的服务水平、较强的科学技术实力、成熟的市场运作手段和经验、顶尖级的人才支撑，使得东部的区域文化产业竞争力处于优势地位，相比较，中西部的区域文化产业竞争力在部分领域领先，但是整体实力较弱。

2. 区域文化产业体系初显规模

与国外相比较，各区域文化产业整体实力偏弱。总体来看，我国区域文化产业的规模都不够大，实力偏弱。相比之下，在发达国家，文化产业已成为国民经济的重点和支柱产业，占其 GDP 的比重超过或接近 20%，日本娱乐业的年产值早在 1993 年就超过其汽车工业产值；美国的视听产品出口额仅次于航空航天业；英国文化产业的年产值高出我国近 10%，平均发展速度是整个经济增长率的两倍；加拿大的文化产业规模超过农业、交通、通讯及信息产业。

3. 区域文化产业主体多元壮大，但集约化程度不高

近年来，文化事业单位转企改制与联合重组不断深入，培育了一批自主经营、自我发展的合格市场主体，涌现出中国对外文化集团公司、中国国际电视总公司、江苏凤凰出版传媒集团等一批具有较大影响力的国有大型企业集团，上海新华传媒、辽宁出版传媒等多家国有控股文化企业先后上市融资。我国鼓励和支持非公有资本进入文化产业，民营文化企业发展迅猛。2006 年，我国民营文化企业约有 29 万家，从业人员 320 多万人，分别是国有文化企业和从业人员的 5 倍和 5.5 倍。上海盛大网络公司、湖南三辰影库、浙江宋城集团等一批具有较强核心竞争力的民营企业崭露头角。目前，以公有制为

主体、多种所有制共同发展的文化产业格局已经形成。但是，与国外企业相比，我国文化企业的规模偏小，集约化程度不高。中央电视台 2005 年总收入为 120 亿元，而美国时代华纳公司 2003 年营业额达 416 亿美元。在日本，索尼等 4 家企业的音像制品销售额占全国的 90%，6 家电影公司票房收入占全国 90%，前两家最大电台的收入超过后面 20 家之和。此外，我国文化企业的投入产出效益较低，对文化资源的转化能力也较低。

浙江宋城集团景区

4. 产业外向度有所提升，但在国际竞争中处于劣势

近年来，我国积极实施文化“走出去”战略，文化企业通过提升竞争力加大产品服务出口力度，培育推出一批具有民族特色、自主知识产权和原创性的知名文化品牌，在扭转文化贸易逆差方面初显成效。但是，我国文化产业在国际竞争中处于劣势的状况依然存在。

二、我国区域文化产业竞争力不强的原因

我国区域文化产业竞争力不强，究其原因，既与我国文化产业起步晚、基础弱等客观因素有关，也与体制机制等一系列因素紧密相连，归纳起来，主要体现在以下方面：

1. 文化产业管理体制有待理顺

我国文化产业宏观管理在许多地区不同程度地存在条块分割、多头管理、政企不分等问题。目前，多数地区尚未建立统一高效的文化产业管理体制，文化、广电、出版、旅游等相关部门各自为政，管理分散，协调难度大，文化市场多头执法。

2. 文化产业法规政策有待完善

我国文化产业法律法规还很不健全，尚没有发展文化产业的基本大法，文化产业领域内的一些基本法律，如文艺演出法、电影法、出版法等也处于缺失状态，导致地方在文化立法上受到限制，增加了地方立法的难度。文化产业政策不够完善，许多地区特别是未进入全国文化体制改革综合性试点的地区，尚未制定出台促进文化产业发展的优惠政策。文化企业融资难问题普遍存在，部分地区非公有资本进入文化产业还存在一定障碍，国家制定出台的一些文化产业政策在部分地区难以落实。

3. 文化生产传播方式有待改进

科技运用程度低是我国文化产业竞争力不强的一个重要原因。我国的演出业、影视业、出版业等诸多文化产业领域制作传播文化产品，仍然停留在传统技术基础上，运用

高新技术创新不够，与发达国家存在较大差距，导致文化产品缺乏吸引力和竞争力。

4. 与我国区域整体的经济实力不强有关

文化产业的发展是依托于整个经济实力基础上的，国外发达的区域文化产业总是依托于该区域发达的经济、科学技术的基础上。我们国家虽然经济实力在增强，但是与发达国家相比较，在区域的均衡发展方面、区域的优势开发方面还有差距，这些都影响着区域文化产业竞争力的提升。

5. 其他原因

区域文化产业发展经验不足也是其中原因，还有区域间的竞争，互相拆台、互设壁垒，等等，使得我们国家整体文化水平、区域文化产业的竞争力都受到损害。

三、区域文化产业竞争力分析

（一）区域文化产业竞争力分析框架和指标体系构建①

地区文化产业竞争力评价模型的基本框架基于地区文化产业竞争力的内涵和特点，为了能够客观、准确地描述地区文化产业竞争力的现实强弱和发展潜力大小，地区文化产业竞争力的评价指标应该具有以下四方面的基本功能：①描述竞争力的现状和水平；②反映竞争力的提高和变动情况；③预测竞争力的未来发展潜力；④综合测度一个地区文化产业竞争力整体与各部分之间的协调性。由此，构建区域文化产业竞争力的总体框架由三大模块八个竞争面组成（如下图所示）。

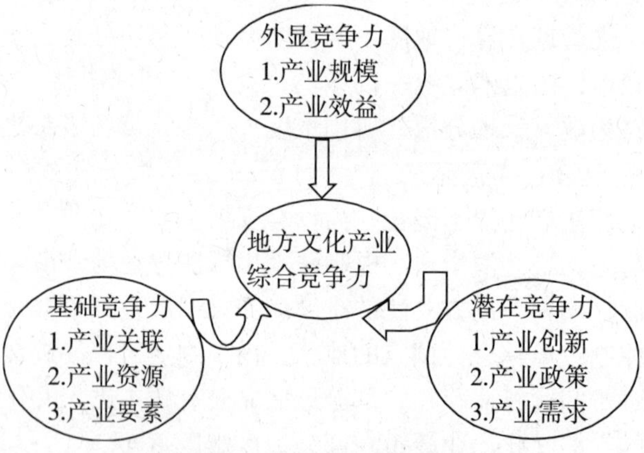

区域文化产业竞争力总体框架

① 王岚风、赵国杰：《中国地区文化产业竞争力评价模型的构建》，载《天津大学学报》（社会科学版）2009年1月。

地区文化产业综合竞争力由以下三大模块构成：

第一模块是外显竞争力。即地区文化产业的产品和服务在市场中表现出的满足市场需求、扩张市场份额的能力，是竞争力最为直接的外部表现，包括产业规模和产业效益两个层面。

第二模块是基础竞争力。即支撑地区文化产业发展的基础条件，对竞争力具有很强的影响力，包括产业关联、产业资源、产业要素三个层面。

第三模块是潜在竞争力。即决定地区文化产业成长与可持续发展的潜在影响力，对竞争力具有持久和根本的影响，包括产业创新、产业政策、产业需求三个层面。

以上三大模块中竞争力之间是相互制约和相互促进的关系，外显竞争力是竞争力最集中、最外在的表现，是基础竞争力和潜在竞争力的基础，又是基础竞争力和潜在竞争力的直接作用结果；基础竞争力是竞争力赖以存在的根本条件，是外显竞争力和潜在竞争力的重要影响因素，同时又受到外显竞争力和潜在竞争力的制约；潜在竞争力是竞争力更为隐含的重要组成部分，是文化产业发展的激励性因素和动力，是提升文化产业竞争力的关键，是需要不断培育、不断改革的关键。区域文化产业竞争力评价指标可用表格具体加以说明（见下表）。

区域文化产业竞争力评价指标体系之一

竞争力模块	竞争面	竞争力指标名称/单位	权重	数值
外显竞争力 A	产业规模 A1	地区文化产业增加值 A11	W1	X1
		地区文化产业总产出 A12	W2	X2
	产业效益 A2	地区文化产业固定资产产出率 A21/%	W3	X3
		地区文化产业劳动报酬产出率 A22/%	W4	X4
		地区文化产业资产利税率 A23/%	W5	X5
基础竞争力 B	产业关联 B1	地区国际旅游外汇收入 B11/百万美元	W6	X6
		地区接待入境旅游人数 B12/万人次	W7	X7
	产业资源 B2	地区文物保护机构和博物馆文物藏品人均拥有数 B21/件	W8	X8
		地区公共图书馆人均拥有藏书册数 B22/册	W9	X9
		本地拥有世界自然和文化遗产数量 B23/处	W10	X10
		本地拥有国家级非物质文化遗产数 B24/项	W11	X11
	产业要素 B3	地区城镇文体娱固定资产投资占总投资比重 B31/%	W12	X12
		地区城镇文体娱就业人数占总就业人数比重 B32/%	W13	X13

续上表

竞争力模块	竞争面	竞争力指标名称/单位	权重	数值
潜在竞争力 C	产业创新 C1	地区文艺教育与科技增加值占文化产业增加值比重 C11/%	W14	X14
		地区文化科研机构完成科研项目数 C12/个	W15	X15
	产业政策 C2	地区文化事业费占财政支出的比重 C21/%	W16	X16
	产业需求 C3	地区城镇居民家庭文化娱乐用品人均年消费支出 C31/元	W17	X17
		地区城镇居民家庭文化娱乐服务人均年消费支出 C32/元	W18	X18

其他学者也有自己的区域文化产业竞争力的评价体系和指标体系。顾乃华、夏杰长构建的区域文化产业竞争力评价指标体系如下表所示①：

区域文化产业竞争力评价指标体系之二

竞争力模块	竞争面	竞争力指标名称
竞争实力	市场份额 文化产业的经济地位 文化产业发展深度 文化产业增长能力 政府扶持能力	文化服务业增加值 人均文化服务业增加值 文化服务业经济贡献 文化服务业增加值占 GDP 比重 文化服务业增加值占第三产业增加值比重 文化服务业增长率 地方财政预算收入占 GDP 比重
潜在需求能力	消费便利性 居民的文化消费力 产业融合可能性 消费惯性推动	文化服务业增加值密度 城市居民人均纯收入 文化制造业总产值 人均文化服务消费
潜在供给能力	经济环境的外向化程度 相关产业发展能力 技术支撑能力	对外贸易依存度 人均 GDP 高新技术产品产值与地区 GDP 的比值

① 顾乃华、夏杰长：《我国主要城市文化产业竞争力比较研究》，载《商业经济与管理》2007 年 12 月。

这些学者研究的区域文化产业竞争力评价模型，其分析的角度有一定的差异性，构建的模型也有很大不同。这些模型的构建对于完善区域文化产业竞争力模型非常有益，有利于促进区域文化产业竞争力的提高。当然，每个区域都要根据自己的区情，借鉴这些竞争力评价模型可用之处，对自身的区域文化产业竞争力做出科学、准确的模型，提出措施，改正不足，提升区域文化产业的竞争力。

（二）我国区域文化产业竞争力整体状况

北京、上海、广州文化产业的综合竞争力位列前三名，这主要得益于这些城市文化产业竞争实力强，而这又与这些城市的政府起步早、力度大的政策扶持密不可分。

北京市委和市政府早在1996年召开的"首都文化发展战略研讨会"上就明确提出，要"重新认识文化产业的巨大潜力，迅速壮大北京的文化产业，为首都的文化建设与发展奠定经济基础"。同年12月，北京市委、市政府出台《关于加快北京文化发展的若干意见》，再次明确"要充分利用北京丰富的文化资源和人才资源，大力发展北京文化产业，使其成为北京的支柱产业之一，使北京成为全国重要的文化产业基地"。2006年，北京又颁布了《北京市促进文化创意产业发展的若干政策》，出台了若干具体的保障文化产业发展的优惠政策。

上海在1993年就提出：像广播电视这类大众传媒，"既是喉舌，又是产业"，要重视文化的产业属性，把文化产业的经济效益和社会效益统一起来。在制定"九五"和"十五"规划时，上海都把文化产业作为文化建设的一个重要方面，提出了建立支柱型文化产业，活跃多层次文化市场，加快与国际文化市场接轨的发展战略和具体措施。

广州自1990年代中期以后进入了前所未有的文化建设大规划时期，市政府制定了《广州文化发展战略纲要》、《广州建设现代化国际大都市的文化发展总体规划》等一系列法规和文件，对活跃文化市场起到了重要的推动作用。

另外，北京、上海、广州这三个城市均是高校集中地，发达的教育为文化产业的发展提供了丰富的人力资源。深圳作为新兴的工业化城市，其文化资源尤其是历史文化资源、教育资源、文艺资源远不及其他城市深厚，这必然会影响深圳文化产业的竞争实力。

厦门、长沙、天津、武汉文化产业综合竞争力相对于北京、上海等城市显得滞后，其主要原因存在相似之处：

（1）受地理位置、经济发展水平等因素的影响，文化产业相对于辖区其他产业而言，无论是总量还是比重都相对较低，抑制了文化产业对经济增长的贡献。

（2）受当地居民消费能力的限制，本地文化消费市场规模和潜力均相对较小。

（3）文化产品制造业不够发达，妨碍了文化服务业同文化产品制造业的融合成长。

四、基于“钻石模型”，提升区域文化产业竞争力①

（一）“钻石模型”

波特认为，产业的竞争力是国家（地区）竞争优势的核心基础，而产业竞争力形成的关键在于能否使主导产业具有优势，分析国家（地区）的竞争力问题应从产业入手，考察一个国家的经济、社会、政治等环境如何影响各个产业的竞争力。由于世界各国都在通过强大的产业竞争优势在全球范围内推销其文化价值观和文化产品，同时，我国在正式成为世界贸易组织成员国时也明确承诺了相关文化产业的开放进度表，在这种复杂的全球市场格局中讨论我国如何提升城市文化产业竞争力，波特的“钻石理论”模型将更具现实意义。

波特是从产业层面研究竞争力的最有影响力的学者，他把产业定义为生产直接相互竞争产品或服务的企业集合，并将产业竞争力置于企业、产业和国家这三个主体的互动过程中进行分析，从而为分析产业竞争力提供了一个全面、正确的分析框架。

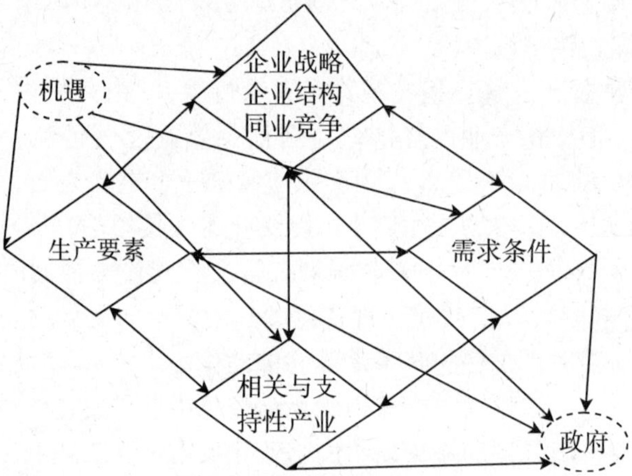

波特“钻石模型”

“钻石模型”最基本的内涵是，一国或区域特定产业是否具有竞争力取决于四个基本因素：一是生产要素，包括人力资源、自然资源、知识资源、资本资源、基础设施等。波特特别强调的是“要素创造”，而不是一般的要素禀赋。二是需求条件，包括市场需求的量和质（需求结构、消费者的行为特点等）。三是相关与支持性产业的状况。

① 顾乃华、夏杰长：《我国主要城市文化产业竞争力比较研究》，载《商业经济与管理》2007 年 12 月。

四是企业战略、结构与竞争对手。此外，政府和机遇是两个不可或缺的因素。在钻石体系中，每个点（要素）以及体系本身都是影响企业和产业在竞争中获得成功的基本条件。各点（要素）的作用要看其他点的表现，任何一点出问题，都会限制整个产业进步与升级的潜力。此外，每个点（要素）也会自我强化，构筑成一个体系。

波特不仅对产业竞争力进行了准确的定义，还提出了产业竞争力四阶段学说，即产业竞争力的成长阶段大致分为四个依次递进的阶段：要素驱动阶段、投资驱动阶段、创新驱动阶段和财富驱动阶段。其中，前三个阶段属于产业竞争力的上升时期，后一个阶段属于衰落时期。对于我国区域文化产业发展而言，大多还处于要素驱动阶段和投资驱动阶段，创新要素的缺乏使得区域文化产业的竞争力相对较弱。

（二）提升区域文化产业竞争力

波特的“钻石模型”为我们分析文化产业竞争力提供了非常丰富的启迪，具体而言，有以下几点：

1. 为文化产业发展创造环境

为促进文化产业竞争力提升，必须“多管齐下、齐头并进”，为文化产业发展创造适宜的外部环境。而且在这个过程中，政府大有作为的空间，将发挥着至关重要的作用。

对于处在转型发展期的中国来说更是如此，北京、上海、深圳等城市文化产业迅猛发展的事实为该论点提供了确凿的论据。综观全球文化产业发展的成功案例也可以看出，政府在文化产业发展过程中确实有很大的施展空间。例如，曾是制造业大国的英国，在完成工业化和城市化进程后，大量制造业向外转移，为了调整产业结构并获取更高附加值，英国在 1997 年成立了“创意产业特别工作组”，随后英国还设立创意产业局，负责相关扶持政策和产业规划的制定。短短数年时间，创意产业局就在英国培育了 12 万家创意企业，每年产值高达 600 亿～700 亿英镑，创意产业相关从业人员，竟占全英国就业人口的一半。类似的成功典范，也出现在韩国。

根据波特的“钻石模型”并结合英国、韩国以及我国发达城市发展文化产业的经验可以看出，政府在文化产业发展的作用主要体现在制定科学、合理和适时的文化产业政策，扶持文化产业发展和规范文化市场，以完善文化产业发展必要的支撑模块，便于文化企业抓住发展机遇和克服发展过程中面临的挑战。具体而言，就是要针对“钻石模型”包含的决定竞争力的模块，施加相应的政策，使这些模块能够协调地产生效力。决定文化产业竞争力的首要模块是文化企业战略系统和文化需求状况系统。文化企业战略系统包括了文化企业的经营战略、治理结构、营销方式和竞争状况等。文化企业是文化产品和文化服务的具体提供者，因此，一个地区文化企业的竞争力状况将直接影响该地区文化产业的竞争力状况。从国际文化产业成功的经验来看，文化企业的民间化以及在此基础上建立的现代企业制度是其关键所在。政府一般不直接介入文化企业的市场运作，它对文化产业发展所起的作用主要是宏观调控和经济支持，依靠税率差别对不同文化企业进行调节，对文化企业进行监督管理等。

文化产业竞争力的需求状况系统反映的是公众对文化产品和文化服务的需求，是文化产业持续发展的原动力。有效需求能够不断刺激文化产品和文化服务的有效供给，进而促进文化产业结构的不断优化。在经济全球化的宏观背景下，需求又包括了国内需求和国际需求两个层次的需求状况。由于文化产业是通过创造供给来培育和创造消费需求的，也就是说，在文化产品未被生产出来之前，市场对此的需求是难以判断的，投资文化产品是要承担市场高风险的。因此，政府应该尽力通过加强对消费者的引导、整顿和规范文化市场秩序等途径，协助企业去建立有利于刺激文化消费的市场环境。影响文化产业竞争力的其他模块还包括生产要素系统、相关辅助产业系统。建立和完善这两个模块，根据国外的成功经验以及已有的研究成果，我们认为，政府应该做好以下几项工作：首先，增强所辖区域内外的连接性和开放性，从而能够集中各种人群的文化需求，刺激文化市场的迅速扩大，赋予各类文化资源以更强的互补性，提高资源的有效利用率；其次，培育文化组织和机构，增强文化活动的分工协作，形成对周边地区的强大辐射力，通过形成与国际文化市场接轨的投资和退出机制、中介服务机制、信托责任机制等，以吸引大量灵活高效的创业投资进入文化产业领域；最后，要坚决而稳妥地推进体制改革，打破不适应文化生产力的行政区域分割，促进文化资源的自由流动，通过完善信息通讯网络和技术创新平台，为文化产业提供技术支撑系统。

2. 应根据不同的经济发展阶段，选择匹配的驱动方式促进文化产业的发展

在经济起飞前期阶段发展文化产业，主要依靠要素驱动，也就是依托相对丰富的文化资源优势，大力发展文化旅游等产业。在进入起飞时期，发展文化产业主要依靠投资驱动，即通过承接发达国家转移出来的文化产品制造业，推进文化产业的发展。当进入向技术成熟推进时期的创新阶段，技术密集的高附加价值的文化产业逐步上升到主要地位，如软件、影视、动漫等高水平的文化服务业。到了大众高额消费时期的财富驱动阶段，能保持一定竞争力的文化产业主要是娱乐、奢侈文化品制造等，而其他大部分文化产业开始失去竞争优势。此时，文化企业应注重保持地位而不是进一步增强竞争力，政府也应该有意识地出台相应政策保护辖区内的文化企业。当前，我国大部分城市正处于依靠投资驱动促进文化产业的阶段，少部分城市已经进入或者正欲进入向技术成熟推进时期的创新阶段。为了顺利接驳这两个阶段，政府所要做的工作除了前面所说的建立和完善文化产业发展必需的生产要素系统、相关辅助产业系统外，还应该做好相关的制度建设和搭建相应的公共平台。主要包括：应建立和完善人才市场机制，进一步消除人才流动中的各种限制，促进人才合理流动，特别是要努力培育和吸引大批的文化创意精

英；要营造包容多元文化、社会秩序良好而宽松和谐的城市环境。另外，政府应遵循文化产业价值链的客观属性要求，围绕配套产业的发展，坚持规划导向，做到规划先行。根据国内外发展文化产业的成功经验，文化产业的发展规划应包括总体规划、产业规划和空间布局规划，三者要相互衔接。文化产业发展规划的编制，要充分注重时间与空间的有机结合，从具体产业到业态的布局，从规模到数量，均要在规划中予以明确，并制定相应的保障措施。

3. 发展文化产业应本着“有所为有所不为”的原则，主动、科学地选择主导产业

波特认为，由于各国（地区）资源禀赋不同，比较优势不同，选择具有竞争优势的产业也会不同。事实上，在文化产业发展问题上，任何国家特别是一个城市不可能在所有的文化产业领域拥有竞争优势。只要在一些关键的文化产业领域占有竞争优势，该地区整个文化产业和经济的竞争地位就会提高。因此，意欲发展文化产业的地区必须首先结合自身特点，选择合适的主导文化产业。而不要违背自身条件的客观制约，盲目地贪大求全。

4. 要促使文化产业链协调发展，逐步实现文化产业集群化成长

文化产业从诞生之初就具备了明显的竞争优势，特别是在规模经济性、范围经济性、知识积累性和学习创新性领域所具备的独特特征异常明显，从而在世界各国获得了蓬勃的发展。好莱坞、迪斯尼等产业集群就是其中的典型代表。产业集群之所以对于文化产业发展非常重要，原因主要有两方面：首先，文化产业集群中会包括一批对竞争起重要作用的、相互联系的产业和其他实体；其次，产业集群具备着天然的横向扩张和纵向扩展的内在动力机制。因此，文化产业集群的形成和发展，将伴随着文化产业规模的不断扩张，不断扩张的产业规模反过来又促进产业集群的发展和壮大，从而对文化产业竞争力的提升发挥着重要的作用。

本章小结

本章围绕区域文化产业协调发展和区域文化产业竞争力展开论述，深入分析了区域文化产业协调发展的阻碍因素，并介绍了区域文化产业协调发展的评价指标体系，分析了区域文化产业创新的制约因素，最后探讨了区域文化产业竞争力模型及其具体指标。

案例精选

湖南台以卫视为重点进行创新，提升区域文化产业竞争力

1997 年 1 月 1 日，湖南电视台第一套节目正式通过亚洲 2 号卫星传送，频道呼号“湖南卫视”。湖南卫视上星播出之后，推出了《玫瑰之约》、《快乐大本营》、《超级女

声》、《快乐男生》、《天天向上》、《晚间新闻》等节目，推出大型电视连续剧《还珠格格》、《大长今》等，在国内外产生了广泛影响，确立了娱乐传媒的强势品牌地位。

一、湖南卫视的竞争力

2006年湖南卫视上星10周年，广告创收突破12亿元，创收能力稳居全国省级卫视第一、全国所有卫视第三。2006年，湖南卫视的超级女声节目创收超过3亿元人民币，创造了中国国内单一电视活动营销的最高纪录！

可以说，湖南卫视是改革开放以来电视产业市场化程度最高的省级电视台，其在节目创意、制作体制、频道定位、电视运营等方面，无一不进行着创新，走在全国同行的前列。如今，湖南卫视已从一个地方区域性电视媒体成长为一家在海内外都具有广泛影响和传播价值的强势媒体。

湖南卫视涌现出像何炅、李湘、曹颖、汪涵等金牌主持人，湖南卫视收视率也叫板央视，栏目内容不断创新，成为地方电视媒体的标杆。湖南卫视涌现出来的多位主持人，意气风发，轻松、幽默、诙谐的谈话主持风格，颠覆了电视媒体过去一本正经、字正腔圆、铿锵有力的措辞主持风格，在轻松愉悦中显露出主持人的镇定自若和智慧光芒，在诙谐搞笑中沟通着大众市民的心灵世界，宣扬自我。想唱就唱，唱得响亮，天天向上，勇往直前，湖南卫视娱乐大众的同时，也激发着人们积极、乐观、进取、崇尚生活的追求，融时尚风格、潮流文化、娱乐天地等于一身。

湖南卫视成功的核心根源到底是什么？是什么因素让湖南卫视这样一个处于经济、资源并不占优势区域的电视传媒能走到全国卫视的前列？有什么样的机制保障了湖南卫视能持续推出引领潮流的创新节目？

二、湖南卫视的创新经验

1. 湖南卫视栏目内容的策划创新。这不是资金、机制的问题，而是意识、水平的差距。湖南人“敢为天下先”的开拓进取精神，湖南“湘楚”文化的深厚底蕴，湖南“惟楚有才”的自负，湖南独具特色的“歌厅文化”，湖南人所特有的那种不安于现状、敢为人先、拼搏吃苦的精神，正是建立他们对创新执著追求的精神基础。湖南卫视人有着强烈的危机感与超越意识，从不满足于已取得的成绩，这种高昂的创意热情，鞭策他们不断推出新的更具市场力的节目。

电视剧《还珠格格》

2. 定位奠定创新成功基础。湖南卫视是全国最早提出并明确了频道定位的电视媒体，自提出做“中国第一娱乐电视媒体”以来，始终以“娱乐”为目标，所有节目的创新均围绕“娱乐”这一核心，从未跳移过。这种对定位的坚持贯穿了上至台长、下至最基层员工的整个湖南台，上下思想高度统一。正是由于对定位的坚持，湖南卫视才形成了今天的高稳定度、高忠诚度的收视人群，基于对这一收视观众群体的研究，又为节目创新与广告置入提供了有益的参考，稳定的观众群体也为广告客户带来了信心。

3. 目标管理强化全员营销意识。湖南卫视一直用两个指标来衡量节目部门的综合业绩，一方面是节目的收视率，另一方面是节目的创收能力（也就是节目的财务贡献）。节目的成功与否不再仅仅是收视率的多少，更是对全台经营的贡献。而这一业绩，不是单一部门能够独立实现的，必须通过市场与节目部门的协调才能完成，在这种绩效指标的指引下，无论是节目部门、管理部门还是广告部门，都清楚地知道创新的目标，都建立起了强烈的市场意识与观众意识，也正是以这样共同意识为基础，不论处于节目创新营销的哪个环节、哪个阶段，相关的各方都能自觉地从这两个方面去考虑观众的喜好与客户的需求，这样就形成了节目创新贴近观众与保障市场的大方向。

“超女”——李宇春

4. 运作机制保驾护航。创新是一项复杂而繁重的工作，能够持续创新并取得成功的关键，在于湖南卫视建立了一整套行之有效的运营管理机制，这一机制以“四轮驱动”为特色，在总编室的统领下，节目部门、广告部门、广告客户（冠名商）、制片人共同参与，四方融合在一起共同协商解决节目创新中的问题，这样的机制从根本上改变了传统的节目制作、播出与广告业务脱节的弊病，将营销环节前置，在保节目收视的前提下，充分满足广告客户的传播目标，实现电视台与广告客户的双赢。

综观湖南卫视的节目创新营销，其最根本的成功之处也是最具借鉴价值的一点就是电视台全员树立强烈的市场意识并辅以执行机制保障。不论是在收视率市场的竞争，还是广告营销领域的竞争，将节目创新与市场营销全程无缝对接，节目创作部门、广告业务部门相互的融合，协同作战。湖南卫视实施的是一场全员参与、全程互动的创新组织行动。

湖南卫视的娱乐节目创新，不仅要在主持人方面注重培养后继人才，更要从节目内容创新的源头集思广益，把握时尚潮流文化，在创新的基础上还要学会拿来主义，积极吸收外来文化的精华，拒绝平庸，打造一个精彩纷呈的娱乐电视文化平台。

三、新广告规定下的创新开拓

2009年9月10日，国家广播电影电视总局发出第61号令（业界普遍称之为“新17号令”）——《广播电视广告播出管理办法》，在2003年颁布的第17号令的基础上，对电视广告的内容、播出的时段、广告的时长做出了严格的规定，对电视广告的监督管理办法以及相应的法律责任给予了明确的规定。61号令颁发的时间，恰逢每年一度的电视广告年度招标会、推介会前夕，宛如一块巨石投入平静的水面，激起千层波浪，在电视台中引起极大的震动，悲观者有之；观望者有之；不以为然者亦有之。新令出台，何以应对？这已成为中国电视广告圈的热门话题。

“新令”对湖南卫视的影响到底有多大？湖南卫视如何看待“新令”？对于我们和全国众多电视台所关心的问题，湖南广电总局局长，湖南电视台台长欧阳常林首先明确地表示：

“61号令对电视媒体的影响肯定是存在的，究竟有多大，因各台情况不太一样，很难一概而论，但有一点可以肯定，我们是举双手欢迎这个新令颁布的，这个新令对湖南卫视的影响是积极的。一方面，我们站在为客户服务的立场上来看新令，新令将有助于净化媒体环境，使得媒体发声更有力；另一方面，站在媒体的角度上，新令的出台，对媒体的创新发展将起到积极的推动作用。”

“湖南卫视发展到今天这个阶段，确保收视率很重要，要保证它的美誉度，广告就不能太多，播出时间就要控制。因此，广告的效率非常重要。新令给我们带来的推动就在于，一方面推动我们提高节目质量，确保节目收视率；另一方面，推动我们一定要创新广告的销售模式，不能有很多的时间打广告。近来我们做了许多的冠名电视剧，把客户的广告植入到节目中等方式，客户就非常满意，而观众既看到了节目，又接受了产品的宣传，避免了广告播出过于占用节目时间、干扰节目收看的问题。当然，做好这件事情是要双方努力，一方面是媒体不断提高节目质量，做好节目宣传；另一方面是媒体要针对客户进行适当地调整，增加他们的投放量或改变他们的投放方式。”

不可否认，新令的出台给中国电视广告界带来了一定的冲击与影响，如果说限时带来的是直接收入的损失，那么摆在各电视台广告部掌门人手上的急迫命题远不止如何创收那么简单。提价是最简单也是最直接的办法，但这将影响广告客户的长远利益。

中国电视广告长期以来扮演着一个贩卖播出时间的角色，电视媒体的唯一资源就是时间，随着广告时间的不断延长，在广告收入提升的背后是对节目与内容干扰的加强，是观众满意度的下降与流失率的上升，长久下去，观众对电视的信任与喜好会逐渐下降。解决这个问题的最根本办法就是努力创新电视节目，提升节目的价值，从单纯的贩卖广告时间，向贩卖节目价值转变。

新令对电视台来说是一个很好的契机，它将推动中国电视节目进入品质化竞争时代，中国的电视广告销售也将进入以传播效能为衡量标准的“贵时代”。诚如是，我们将欣喜地看到：中国的电视观众更多地回归电视荧屏前，客户的广告也成为他们喜好的内容。

《广播电视广告播出管理办法》的出台，给中国电视传媒带来了震动的同时，也揭示着一个方向，中国电视媒体的环境将更加净化，中国的电视媒体将步入品质化竞争、品牌化发展的全新阶段，湖南卫视的思考或许能给大家提供一些应对新令的思考。

资源来源：《记者眼中的湖南卫视创新成功之道》，见 http：//home. hunantv. com/blog/user/detail/61893。

思考与练习

1. 区域文化产业创新的影响因素有哪些？

2. 什么是区域文化产业竞争力？

3. 什么是钻石模型？

4. 以你的家乡所在区域为例，分析其文化产业竞争力，并就如何提高该区域的文化产业竞争力提供一些对策。

5. 根据本章案例《湖南以卫视为重点进行创新，提升区域文化产业竞争力》，结合本章内容，分析以湖南卫视为重点的湖南区域文化产业竞争力。

第八章　区域文化产业发展战略与规划

◉**本章知识要点**

区域文化产业发展战略
区域文化产业发展模式
区域文化产业规划内容
区域文化产业规划特征
区域文化产业规划原则
区域文化产业规划类型
城市经济发展与文化产业规划

导入案例 >>>

南京文化产业发展战略

有着近2500年建城史、历经六朝都城的南京，如今拥有60多所高校，70多座文物博物馆、纪念场馆和820多家科研机构。如此丰厚的历史文化遗存和科教资源，使南京市成为海内外的知名“文化之都”。

2003年、2006年，南京人均GDP先后跨越3000美元、5000美元，面对日益旺盛的文化需求和蓬勃兴起的文化产业，南京市及时提出并不断完善“文化南京”发展战略。

针对本地文化资源特色和文化经济潜能，南京相继出台了《“文化南京”纲要》、《加快发展南京文化产业的意见》、《南京文化产业发展“十一五”规划》及相关政策措施，明确了文化产业重点发展领域、产业布局和主要目标。

以此为导向，全市着力拓展新闻传媒、文化旅游、出版发行、工艺美术、会展博览、文化创意、动漫游戏、数字传输、休闲娱乐、教育培训、印刷复制、体育健身等12个文化产业门类。自2006年起，又设立了文化产业发展专项资金，首批资助了31个文化产业项目。南京文化产业的集群化、集团化、规模化发展，使其逐渐成长为有着强大生命力的支柱产业。

（见 http://www.jiaodong.net/wenchan/system/2009/02/25/010465849.shtml）

第一节　区域文化产业发展战略与发展模式

一、区域文化产业发展战略

（一）区域文化产业发展战略的概念与特征

区域文化产业发展战略是区域经济发展战略的子概念，因此，要理解区域文化产业发展战略，我们首先要理解什么是区域经济发展战略。

所谓区域经济发展战略，是指为一个国家或区域在一个较长历史时期，对其经济、社会发展的总目标、总任务以及实现总目标、总任务的关键性对策所作的全局性、长远性和方向性的谋划。

从区域经济发展战略的定义中可以看出其具有如下特征：

（1）主体。区域经济发展战略必须具有一定的主体。这一主体是一个国家或区域，事实上，一般的主体国家、地区或省、市、县都可以是经济发展战略制订的主体。

（2）时间。区域经济发展战略必然涵盖较长的一段历史时期。战略一般都指较长一段时期的谋划。

（3）内容。区域经济发展战略所涉及的内容一定是关乎主体整体的、全局性的谋划。

（4）意义。区域经济发展战略的意义一定具有根本性，即对组织的长远发展意义重大。

因此，通过对区域经济发展战略概念的解读，我们可以归纳出区域文化产业发展战略的概念。作者认为，区域文化产业发展战略是一个区域在较长一段时期内对事关区域文化产业全局发展的长远谋划，区域文化产业发展战略的特征也具有主体性、时间性、内容性和意义性。

从主体角度说，区域文化产业发展战略是某一区域发展主体的行为，这一主体可能是政府机关，也可能是包括政府机关在内的企业、协会等的集合体。

从时间角度说，区域文化产业发展战略必然是较长一段时期内的谋划。不是一天、两天，也不是一两个月能解决的，而是一年、两年甚至是十多年的发展谋划。

从内容角度说，区域文化产业发展战略必是涉及区域整体全局性的，在这个区域内的任何一个文化企业、公司可能都要受到战略的影响。

从意义角度说，战略对企业长远发展必是具有极其重要意义的。

（二）区域文化产业发展战略的组成部分

1. 战略指导思想

战略指导思想也称战略方针，它是一个区域文化产业发展战略的总纲。战略指导思想看似虚无，但是它是指导区域文化产业发展战略最重要的部分。战略指导思想的任何变动，都将导致区域文化产业发展战略的较大波动，甚至是区域文化产业发展方向性的变化。战略指导思想要求如下：

（1）符合区域实际情况。制订区域文化产业发展战略必须立足于区域实际情况，了解区域文化产业发展现况，掌握区域文化产业发展市场，找到制约区域文化产业发展的症结，清楚地认识到区域文化产业的宏观形势，抓准推进本区域文化产业发展的契机。

（2）具有稳定性。战略指导思想在诸战略要素中是一个总纲，处于统帅地位，因此在战略期内必须稳定。如果战略指导思想发生改变，其他战略要素也要改变，等于重新制订区域经济发展战略。

（3）具有纲领性。纲领性体现在两个方面：一是要立足全局，重点突出。战略指导思想是区域全体社会成员共同遵守的统一思想和共同纲领，因此必须统领全局，且抓住要害，避免面面俱到。二是要高度概括，言简意赅。战略指导思想是区域全体社会成员的行动纲领，具有动员作用和号召作用，因此必须高度概括、直观、易于理解。

2. 战略目标

它是区域文化产业在未来一个较长时期内试图达到的全局性的奋斗目标，是区域未来发展预期达到的总要求和总水平，也是这一时期的总任务。战略目标是一个战略的核心，它决定着其他要素。战略目标要先进、可行、可测量。战略目标是战略指导思想的具体化和量化，它不是一个指标，而是一个能够综合反映整个经济发展水平的指标体系。它具有可达性、概括性、全局性、包容性、一致性、层次性和阶段性等特点，同时既具有相对稳定性，又具有长期衔接性。

3. 战略重点

战略重点是区域文化产业发展战略的要素之一。它是指在区域文化产业发展过程中对于实现战略目标具有关键意义的，有发展优势或比较薄弱，需要特别加强的那些部门、组织、环节、要素或区域。一般来说，战略重点既是实现战略目标的重点，又是资源配置的重点，还是战略管理的重点。其中，作为实现战略目标的重点是最基本的，正因为它们是实现战略目标的重点，所以才从物质上加以保证，成为社会总投入的重点，也才成为战略指导工作的重点。归根结底，战略重点也是为了保证战略目标的实现。

4. 战略布局

从历史发展看，区域文化产业的发展在产业结构上大部分以平衡为手段，以平衡为目的，在空间发展上也力求如此。当然，不同的发展区域，在不同的发展阶段，有不同的战略布局模式。

5. 战略步骤

战略步骤也称战略阶段，它是在一个战略期中由于战略任务的不同所划分的不同阶段，是从时间上来安排区域经济发展战略的实施。一般来说，一个大的区域文化产业发展战略期大约需要经历三个阶段：

（1）准备阶段。准备是为实现总的战略目标做准备的时期。这时对发展速度的要求不高，而着力于组织的准备、技术上的准备、资金的筹集、经济结构的调整、经济与政治体制的改革、各种立法的健全以及人才的培养、物质资料的准备等。准备阶段的长短，要视准备阶段面临的任务而定。一般来说，为实现战略目标所需要进行的准备工作越多，总的战略任务越艰巨，准备阶段就越长。

（2）发展阶段。是在准备阶段已经就绪的基础上，大力推进战略目标实现的时期。这一阶段对发展速度的要求较高，经济社会生活的各方面都在向纵深发展，能否达到战略目标取决于这一阶段发展的状况。发展阶段是诸战略阶段中最主要的阶段。

（3）完善阶段。是实现战略目标的最后阶段。在上一阶段加快发展之后，在区域部门关系、效益、环境等方面往往会暴露出许多问题，这就应该调整，力求速度、比例、效益相协调，经济发展和社会发展相衔接，人与环境的关系相融合，并力争实现物质文明建设和精神文明建设相统一。只有这样才能全面完成战略任务。

6. 战略措施

战略措施是为实现区域文化产业发展战略目标，保证战略重点、战略布局和战略步骤的实施而采取的重要措施和手段。战略措施一般具有如下特征：

（1）针对性。战略措施必须针对实现区域文化产业发展战略目标的需要，并要有直接针对性和间接针对性。

（2）多样性。战略指导思想是一元的，但战略目标是由众多目标所构成的目标体系，战略措施是针对战略目标的，因而具有多样性。

（3）层次性。每一个措施都有层次性。如产业布局措施，既有整个区域的布局措施，也有分地区的布局措施，还有部门和行业布局措施等。

（4）协同性。众多的战略措施不是孤立的，而是相互联系、相互制约地形成一个战略措施体系。

（5）灵活性。战略措施与其他战略要素相比具有灵活性和可变性。

（6）可淘汰性。当区域经济社会发展证明某种措施已经失灵时，已经没有继续采取的必要时，就应淘汰。

二、美国和英国区域文化产业发展战略①

我国自2000年第一次提出发展文化产业之后，尤其是“十一五”规划中强调要发展文化产业之后，北京、广东、浙江、江苏等省市都相继出台“十一五”文化产业发展规划，将文化产业作为今后的重要支柱产业。一个好的战略将为该地区、该区域的文化产业发展提供不竭动力与发展保障。国际上文化产业的发展也离不开各级政府、学术等相关文化部门制订的文化产业发展战略。接下来分别介绍和分析美国密歇根州、英国伦敦的文化产业发展战略，总结这些区域文化产业发展战略的特点，以期为我国区域文化产业发展战略的制订提供一些借鉴。

（一）密歇根文化产业发展战略

密歇根州位于美国中北部五大湖地区，由南北两个半岛组成，土地总面积为57022平方英里。北半岛与威斯康星州和密歇根湖相邻，并与加拿大接壤；南半岛被俄亥俄州、印第安纳州和休伦湖、伊利湖环绕。州府位于兰辛，底特律是密歇根州最大的城市。

密歇根是美国最大的汽车和卡车生产基地，经济收入大量依靠汽车行业和各种制造业，然而，由于竞争加剧美国工业增长速度放缓，于是，向来以工业为重的密歇根州亦把发展文化产业作为其经济发展中的重要一环。2005年12月8日，密歇根历史、艺术与图书管理部发布了《密歇根文化经济发展战略》（以下简称《发展战略》），其中指出文化产业每年为密歇根新创造的就业岗位数量为32000多个，截至2005年12月，密歇根文化产业总体新增了108000多个就业岗位，创造了20亿美元的经济产出。《发展战略》指出，在战略投资、规划、教育以及各种专业培训的作用下，这些数字在5年内可以实现翻倍增长。可以看出，文化产业在密歇根经济增长转型中占据了重要地位。

1. 战略定位

《发展战略》中指出，战略定位就是要发展密歇根文化产业，要把密歇根文化行业中潜在的经济能量充分发挥出来。密歇根历史、艺术和图书管理部部长在战略中提到，在当前经济发展不顺的情况下，密歇根传统的经济支撑力量似乎丧失了进一步促进密歇根经济发展的潜力，文化产业可以帮助密歇根经济复苏并取得更好的发展。密歇根文化经济的战略定位就是：成为密歇根经济发展的重要组成部分，充分挖掘密歇根文化行业的经济潜力。我们可以看到，密歇根的这一战略定位是在充分研究密歇根本地经济以及文化产业发展情况做出的。

---

① 郭永航：《国外区域文化产业发展战略对我国的启示》，载《湖北社会科学》2009年第10期。

2. 战略制定主体

《发展战略》是由密歇根历史、艺术和图书管理部会同区域内众多文化企业、教育部门以及政府其他部门共同制订的，其中有公共政策协会、密歇根房地产发展委员会（Michigan State Housing Development Authority）、密歇根州立大学、密歇根本地文化企业长达6个月的配合调研并且出谋划策，劳动经济发展部、州长办公室、Kimbedy咨询公司、企业协会等机构共同制订的，几乎覆盖了与文化产业有关的所有主体，因此在战略目标以及战略对策上可以听到各个主体的声音，战略制订的全面性得到了保障。

3. 战略目标

密歇根文化产业发展的战略目标主要集中在六个方面，分别是：发展以研究为基础的文化业务以及管理；支持密歇根用文化吸引文化工作者；发展文化创意企业增加就业岗位；培养和促进地区文化经济发展，开拓更多市场；储备人力资源；在区域内，增加与各行各业的合作机会。这些战略目标围绕着密歇根区域内可以利用的各种资源，同时又不仅仅局限于区域资源，提出了走出密歇根市场的构想。

4. 具体战略措施

《发展战略》中提出了16条具体的战略对策，如建立产业集群、建立密歇根品牌、发展文化旅游、注重人才培养等。其中颇具特色的包括：与当地大学合作建立文化产业研究机构；建立在线文化市场；对中小企业在知识、技术服务和专业技能培训方面给予支持；在密歇根区域范围内寻求更多部门的通力合作，如与咨询公司、相关文化企业、其他部门之间的密切合作；发展地区中的社区文化产业，增加该社区和地区对于地区、社区的身份认同。

（二）大伦敦区域的文化产业发展战略

据伦敦统计局统计数字显示，1995—2000年之间，伦敦创意产业每年提供的就业机会以5%的速度增长，产出以8.5%的速度增长。2002年创意产业对伦敦的总产出贡献率已经排在了第三位，创造了210亿英镑的产值，2005年，创意产业的就业人数为全市总就业人数的12%，成为近10年来伦敦增长最快的产业。作为世界上首先把文化产业付诸实践的城市，伦敦制订的文化产业发展战略无疑有着重要的借鉴意义。

2003年6月，伦敦颁布了《市长文化战略纲要》，其中简要概述了伦敦发展文化创意产业的战略目标等内容，2004年4月发布的《市长文化战略》则对这些战略进行了一定调整，同时对于每个战略的具体措施和政策做了更为详细的阐述，为伦敦接下来的文化创意发展提供了明确的指导方向。

莎士比亚环球剧场

1. 战略定位

创意伦敦，把创意产业提到了第一位，把文化创意产业作为伦敦的首要标志。

2. 战略目标

《市长文化战略》中有四个主要目标：卓越性、创造性、参与性和价值性，支撑这些目标的是多样性原则。卓越性是指提升伦敦作为世界一流文化都市的地位；创造性是指促进文化创新，使其成为伦敦发展动力的核心；参与性是指市民人人都能参与伦敦的文化活动；价值性是指保证伦敦能从当地的文化资源中获得最大的价值。

3. 战略推广措施

《市长文化战略》中强调在文化战略推广与贯彻上应该与交通发展战略、经济发展战略、土地与建筑战略、环境战略等有机结合，进行密切合作，传播文化产业发展战略，促进伦敦文化产业的发展，实现伦敦经济健康、快速和可持续发展。

4. 具体战略措施

《市长文化战略》提出了 12 条具体的战略对策，如加快基础设施，强调教育和终生学习的重要性，等等。其中颇具特色的有：全民参与文化建设，保障每个人参与伦敦文化建设的权利；文化是加强社区之间融合的方式；挖掘公共领域中的文化价值和发展潜力；充分挖掘伦敦人口、经济和空间需求等同的文化资源；伦敦各个区域都应该有高质量的文化产品供应。从这里我们可以看到，伦敦因为很早就开始发展文化创意产业，在具体战略措施上与密歇根有所不同，在文化创意产业发展已经达到一定程度的时候，就转向发掘更多的文化创意产业发展空间，伦敦文化战略中把发掘公共领域中的文化资源提到了重要的位置。

三、区域文化产业发展战略制订的原则

1. 主体多元化

凡是利益相关方，均应参与到区域文化产业发展战略的制订中来。这些主体包括区域内的文化公司、协会、研究机构、政府各相关部门，甚至还应该包括相邻区域的有关主体参与本区域的文化产业发展战略制订。

这些不同的主体，由于所处的立场不同，可能观点各异，但是也正是由于观察问题的角度不同，拥有的信息不同，在制定政策中发现的问题就不一样，这就使区域文化产业发展战略的制订能涵盖更多的利益主体，有利于对战略的宣传，对达成一致的发展战

略也更利于执行。

一个区域文化产业的发展最根本的都是立足于本地文化资源，同时寻求更多的合作。对于我国，尤其要充分发挥民营企业和公司的作用，发挥市场机制在调配资源、优化资源配置中的作用和意义。

2. 内容科学化

战略涉及长远，要持续较长一段时期，需要保持稳定性，因此内容要科学合理，不应该是个别部门的拍脑袋决策。要达到内容的科学合理，除了参与区域文化产业发展战略制订的主体多元化之外，还需要做好以下几点：

（1）要从本区域的实际情况出发制订文化产业发展战略，脱离了区情的战略必然是空中楼阁水中月。当前，我国各区域的经济发展中存在这样一种情况，就是一哄而上，哪个产业发展好，就不顾地区差异、历史差异、资源差异盲目上马，这其实是不合理的。

（2）要处理好区域文化产业与其他产业的关系。每个区域的区情差别比较大，并不是所有的区域都适合大力发展该区域的文化产业，我国也不可能遍地都建设成区域文化产业发展中心，必须结合本地区的资源优势来制订。而对适合发展文化产业的区域而言，如何处理好文化产业与其他产业的关系是需要重点考虑的问题。

3. 执行方便化

区域文化产业发展战略需要执行。执行有力，才能把战略变成现实。执行的过程中，会遇到各种阻力，需要克服；也可能遇到许多与战略制订时不一致的情况，需要变通；还可能发生环境变化，战略需要调整。但是关键在于战略要可执行，方便执行。

在执行过程中，所有的参与区域文化产业发展战略制订的主体基本都会参与战略的执行。尽可能多地调动人员参与文化产业发展战略的执行过程，就越有利于战略目标的实现。倡导全民参与文化建设，充分挖掘本地文化资源市场。

4. 适当灵活化

战略应当保持稳定性，但是也要保持一定的灵活性，必要的时候需要根据环境变化、资源的支撑适度调整。

四、区域文化产业发展模式

（一）区域文化产业空间开发模式

1. 国外文化产业发展模式介绍

从国别讲，国外文化产业的发展模式主要有美国模式、欧洲模式、韩日模式[①]。这

① 曲江滨、刘伟：《区域文化产业发展模式探讨》，载《石家庄铁路学院学报（社会科学版）》2009年第6期。

些国家文化产业的发展模式与该区域整体的经济模式是相一致的，这也体现区域文化产业的发展受制于大的经济环境这一特点。

美国崇尚自由市场经济，对文化产业的管理和协调机制以“无为而治”为特征。所谓的“无为而治”，就是尽量少地人为干预经济，最大化地发挥市场机制的调控作用。具体管理方式以各州政府为核心协调单位，并且灵活多样。美国的文化与经济的互渗程度和融合程度都是全世界最高的，而这种互渗和融合，特别是整个经济社会体制对文化产业的强有力支持，又使其文化产品的全球竞争力非常强，并且将在相当长的时期内呈现出扩张态势。

由于美国文化产业及其国外扩张在全球领域中显示的进攻态势，欧洲各国普遍感到自己在文化保护和文化产业开发方面受到了非常大的压力，因而十分强调文化的民族认同，强调国家对文化开发和文化产品内容独创性的保护性管理，以期做到文化管理体制的革新，力图通过发展自己独具特色的文化产业，提高自己的文化竞争力，进而以更高的综合国力应对新一轮全球化进程中出现的文化发展方面的挑战。

日本在1990年代泡沫经济破灭、传统支柱产业逐渐衰落、经济持续低迷的情况下，开始了从制造业大国向文化大国迈进的步伐。韩国则在1997年金融危机后调整经济发展战略，将文化产业确立为新经济的核心，将文化产业作为21世纪发展国家经济的战略性支柱产业予以大力推进，出台了大量支持文化产业发展的政策和措施，短短几年时间取得了令世界瞩目的成就。

2. 文化产业发展的其他模式

也有的学者根据区域文化产业发展内容的不同，将文化产业发展区分为六种不同的模式：战略先导型、节庆经济型、新媒体参与型、以文化氛围为龙头的娱乐综合型、项目带动型和综合项目型①：

（1）战略先导型。按照战略规划来做产业的整合，通过发挥企业和政府的招商力度来实现项目带动、区域集聚和规模化发展。上海目前所做的创意产业园建设和会展中心建设就属于这种类型。

（2）节庆经济型。节庆活动是推广城市形象、传播区域文化、塑造区域品牌、促进对外经贸合作、带动经济发展的重要载体。例如中国（盱眙）龙虾节、曲阜国际孔子节。

（3）新媒体参与型。这一种类要求充分重视数字内容产业和网络文化业，文化产业中的新媒体要与数字化内容产业、媒体平台建设以及其他产业广告增长相关联，这关系到今后区域的竞争力水平。网络文化娱乐和手机增值服务将是主体，拥有搜索技术、有吸引力的内容和其营销平台是参与新媒体竞争的重要方式。

① 张长立、魏红丽：《区域文化产业发展模式研究》，载《理论探讨》2008年2月。

（4）以文化氛围为龙头的娱乐综合型。这种模式，需要发展出特殊演艺风格和民俗种类（步行街和文化广场的建设是各地可以发展的一种模式），结合各个风格和种类打造城市名片和民俗区域的目标，实现规划和品牌推广的带动作用，在此基础上带来文化消费，形成消费品牌，使表演、餐饮等的收入达到一定的规模。

（5）项目带动型。以某些项目带动旅游等产业或推广城市形象。如德国世界杯、亚洲博鳌论坛、2008 年北京奥运会、2010 年上海世博会等等。

（6）综合项目型。香港迪斯尼乐园和兴建中的上海环球影城主题公园都是典型的综合项目型。该类型涵盖了景观地产、餐饮酒店、授权产品、音像影视、礼品玩具等诸多产业，它是一系列消费的集成体。

3. 区域文化产业发展模式

根据对国外、国内的区域文化产业发展模式的分析，作者认为存在四种区域文化产业发展模式。

根据区域文化产业发展中政府所起的作用，可分为政府主导型区域文化产业发展模式和市场主导型发展模式。

（1）政府主导型区域文化产业发展模式。这种模式是政府在区域文化产业发展方面起主导作用，政府利用其强大的财政能力、税收能力、政策能力和行政能力，调整区域文化产业的发展方向，影响区域文化产业的发展速度，监控区域文化产业发展成效的一种模式。政府的政策是调控区域文化产业发展的强大手段和工具，而市场起到的作用是辅助性的、补充性的。

（2）市场主导型区域文化产业发展模式。这种模式是指市场机制成为调控文化资源、资金的主要手段，政府只是注重培育市场环境，政府对区域文化产业发展的方向、内容以及效果等方面不起主导作用，它只在法律授权和要求的范围内发挥作用。

另外，根据文化产业发展的跳跃式程度，可以把区域文化产业发展分为跳跃式区域文化产业发展模式和渐进式区域文化产业发展模式。

（3）跳跃式区域文化产业发展模式。这种模式是指在一定条件下，文化产业的发展可以不经过工业主导阶段，直接步入文化产业快速发展期，即文化产业的发展并不一定非要依赖于强大的经济基础，贫困落后地区在条件成熟时也可以直接发展文化产业，使文化产业直接成为该区域的主导产业、支柱产业。

（4）渐进式区域文化产业发展模式。这种模式是指文化产业遵循发展规律，逐渐缓慢的发展模式。区域文化产业的发展必须是该区域农业和工业快速、繁荣发展之后，该区域的文化产业才会发展起来的模式，落后的地区只有在充分发展起农业和工业之后，才会有文化产业的大发展大繁荣。

第二节　区域文化产业发展规划的特征、原则与内容

区域文化产业发展规划是区域文化产业发展战略的延伸，是实现区域文化产业发展战略的操作性工作，也是使区域文化产业从课堂和书本走进实践的关键环节。区域文化产业发展规划是指对一定地域范围内的文化产业发展和建设进行总体部署，是在科学认识区域文化产业系统发展规律基础上，从地区空间角度出发，综合协调区域内经济、资源、环境与社会等要素的关系，以谋求建立和谐的文化产业体系，对区域文化产业中长期发展作出部署。

一、区域文化产业发展规划的基本特征

1. 地域性

地域性是区域文化产业发展规划最重要的特征，因为区域文化产业发展规划总是与一定的区域联系在一起。各地区在自然、资源、环境、文化等方面存在着较大的差别，经济与社会发展水平、发展条件也存在着较大的差别，尤其是在区域经济发展中所遇到的矛盾和困难有着较大的差别，这就使得要规划的区域具有鲜明的区域特色，因而也就决定了区域文化产业发展规划具有鲜明的地域性。

各区域开展区域文化产业发展规划工作，一定要从本区域的具体情况特点出发，依据区域文化产业发展战略所提出的战略目标、战略重点、战略布局，运用系统分析的方法，全面进行资源评价分析，研究区内外自然的、地理的、历史的、经济的、社会的、文化的联系，找出本地区的比较优势，确定主导的文化产业和合理的产业结构，以及空间的重点布局，使区域的经济、社会、人口、环境、资源与文化产业在地域空间合理分布，协调发展。

2. 战略性

作为区域文化产业发展战略的延展，区域文化产业发展规划也具有战略性。区域文化产业发展规划是对未来一定时期区域文化产业发展的规划。

3. 综合性

综合性是区域文化产业发展规划的内容所要求的。2009 年颁布的《文化产业振兴规划》，涵盖了文化产业的各个领域。同时，《文化产业振兴规划》要得到有效实施，是各层级、各职能政府部门通力合作的结果。

4. 动态性

区域文化产业是一个开放系统，同任何一个开放系统一样，它也是一种动态系统。

作为一种开放的动态子系统，区域文化产业系统与区域经济系统、与全国经济大系统之间、与其他区域经济系统之间，以及区域文化产业内部各个子系统之间，随时都在进行着要素的流动和能量的交换。由于影响区域文化产业增长的各种因素在空间转换中不断发生变化，因而作为依据区情制定的区域文化产业发展规划，也必须是动态的区域文化产业的反映。特别需要指出的是，每当世界风云变幻，新技术出现、产业转移或资源方面有重大发现时，区域文化产业的发展战略与规划都必须做出反应，以便抓住机遇，迎接挑战。

5. 群众性

制定区域文化产业发展规划的目的，就是通过规划未来，使区域文化产业发展战略目标变成现实。为了达到预期的目的，既要使区域文化产业发展规划具有科学性，又要使区域文化产业发展规划具有群众性。

现代的区域文化产业规划是一项巨大的系统工程，由于它的内容具有综合性，因而它是一个多学科的联合攻关项目。它涉及经济、资源、人口、地理、建筑、工程技术等多种学科的专业知识，需要吸收各类人才参加区域文化产业发展规划的制定。经验表明，由有组织能力的领导干部、有工作经验的实际工作者和有丰富规划知识的专门人才组成的规划班子，是做好规划的重要保证。

任何一个区域文化产业规划，都要涉及国家、地区、部门、集团、单位的利益，都会遇到错综复杂的矛盾。要处理好这些矛盾，就得通过各种形式，广泛听取各方面的意见。只有把规划建立在群众基础上，才能避免规划中的一些重大决策失误。当然，区域文化产业发展规划的落实和执行，更离不开各级领导干部和群众的努力，没有群众的努力和支持，再好的规划也只能是纸上谈兵。

二、区域文化产业发展规划的原则

要科学合理地进行区域文化产业发展规划，必须遵守相应的原则。

1. 坚持社会劳动地域分工的原则

社会劳动地域分工决定着区域文化产业发展的方向，体现着区域文化产业发展的本质。区际之间比较优势的客观存在是劳动地域分工的基础，各区域在发挥比较优势的基础上建立主导专业化部门，并以此为中心形成合理的文化产业结构和地域空间结构，这是区际文化产业之间分工与合作的前提条件。而区域的比较优势的确定，主导文化产业的选择，以及文化产业结构和地域空间结构的配置，正是区域文化产业发展规划的基础内容。因此，可以认为区域文化产业规划的根本目的在于促进地域分工的发展，即通过科学的规划，使区域资源优势转化为经济优势，形成建立在优势资源基础上的文化产业专业化部门与综合部门相结合的合理的产业结构体系，使区域内城乡之间、各经济区之间有效地分工与协作，并通过区际分工建立与相关地区合理的分工与协作关系，促进区域发展。

因此，坚持区域分工的原则，有利于明确区域文化产业发展规划的方向和重点，在全国区域分工体系中进一步发挥优势，在区际贸易和竞争中获得比较利益。同时，通过区域文化产业发展规划，区域优势得到充分发挥。

2. 坚持正确、全面的分析和认识区情特点的原则

离开区情分析制定区域文化产业发展规划是无的放矢，依据错误的区情分析制定的区域文化产业发展规划将导致规划决策的失误，使区域文化产业发展步入歧途，甚至造成重大的经济损失。因此，区情分析不仅是区域文化产业发展规划的主要内容，而且是区域文化产业发展规划的必要前提。区情分析包括两方面内容：一是区域内生产要素、市场、社会人文、生态环境的分析；二是外部环境的分析。而正确认识区情，需要做好两方面的工作：一是要进行“区力”分析。包括对自然资源、经济资源、社会资源的分析。二是要确定区域文化产业发展阶段。确定区域文化产业发展阶段是一个比较复杂的问题，因为它不仅要考虑区域文化产业发展过程的主要方面，而且还要考虑各种因素的影响。

3. 坚持区域文化产业的增长与社会发展相结合的原则

区域文化产业发展规划是经济发展规划，产业增长不等于经济发展。现代的经济发展概念，既包括产业增长，又包括社会进步，这是因为区域文化产业发展的根本目的，就是要提高人们精神生活水平。区域经济增长和社会进步是区域文化产业发展两个不可分割的组成部分。新的发展观认为，区域文化产业的增长并不意味着区域文化产业发展。因为现实的经济生活中，有的文化产业增长是以道德沦丧、违法违规、资源破坏、社会秩序混乱、恶性竞争为代价的。这种产业增长不仅损害了当代人的利益，而且还损害了后来人的利益。为了区域文化产业可持续发展，区域文化产业发展规划必须注意经济、社会、环境、资源的协调发展和经济效益、社会效益、生态效益的统一，坚持区域经济增长与社会进步相结合的原则。

4. 坚持速度与效益、经济效益与社会效益相统一的原则

区域文化产业发展是产业增长速度与经济效益的同步和统一，也是现代区域文化产业发展规划所要追求的重要目标。但是，长期以来，我国的区域文化产业发展规划受到传统经济体制和增长方式的影响，往往重数量、轻质量，重速度、轻效益。为了追求区域文化产业增长速度，甚至以牺牲效益为代价，以致出现区域文化产业的增长速度上去了、经济效益反而下降了的反常现象。当然，区域文化产业发展的正常增长速度还是应该保持的，但这种增长速度只能建立在经济效益的不断改善和提高的基础上。区域文化产业发展规划坚持这一原则，具体要求做到以下几点：

（1）在规划的指导思想上，必须转变经济增长方式，由高投入、高消耗、高速度的粗放型经济增长方式，转变到发展速度适度、效益比较好的集约型增长方式上来。集约型增长方式是速度、质量、效益三者的结合与统一。

（2）优化区域经济结构，把速度和效益的统一建立在优化区域经济结构上，包括优化技术结构、产业结构、空间布局结构等。其中的关键是立足发挥本地优势，选准主导专业化部门，以主导产业为核心，延伸和扩展产业链，优化配置产业结构，并以此提高区域经济的整体素质，提高区域经济的质量和效益。

（3）必须建立经济效益和社会效益的双重考核指标。文化产业是一个经济效益和社会效益都十分明显的产业，不能偏重经济效益而忽略了社会效益。

三、区域文化产业发展规划的内容

1. 区域文化产业发展目标

有两种发展观，一种是单纯的经济增长观，另一种是科学发展观。传统的发展观，认为经济发展就是经济增长。现代的科学发展观，认为发展应以社会和人为主体，社会进步是发展的目标，经济增长只是一种手段。区域文化产业的目标应坚持科学的发展观，体现经济效益、社会效益、生态效益三者的统一。

2. 主导产业的选择

文化产业的涵盖类别较多，一个区域不可能面面俱到，把每个产业发展得都比较好，该区域必须结合区域的资源优势、区位优势、人力资源优势、历史传统优势等确定主导的文化产业类型，集中发展优势产业。

3. 产业结构的配置

主导产业一经确定之后，就要对产业结构进行优化配置，这也是区域文化产业发展规划的重要内容。区域文化产业结构是若干个产业的结合，它涉及产业的分类、产业结构合理化标志以及如何配置等问题。因此，在制定区域文化产业发展规划时，必须注意如下问题：

（1）对本区域产业结构的现状、特点、问题产业的原因进行综合评价分析，在此基础上深入分析本区域的文化产业结构。

（2）对影响和决定本区域产业结构以及文化产业结构配置的因素进行具体分析，这些因素包括经济、政治、社会、文化、科技和自然等因素。

（3）产业之间的联系及产业结构的优化组合，主导文化产业的合理规模，主导文化产业与其他产业以及其他产业之间的比例关系和时序上的衔接与协调。

（4）产业结构的优化要与本区域所处的经济发展阶段相适应，不能不顾条件地追求高指标。要把重点放在生产要素在各产业间的优化组合上，通过优化配置提高产业结构的效益。

（5）不能把主导文化产业绝对化，而要注意优势产业系列的培植，并随环境和条件的变化而逐渐调整。

4. 区域文化产业空间布局

区域文化产业结构的布局是把文化产业生产要素按行业配置，并把它们组合起来，行业之间按一定比例协调发展。而区域文化产业空间布局是把文化产业的生产要素按地域空间配置，并把它们组合起来，使文化产业在地区间按比例协调发展。区域文化产业空间布局主要是通过文化生产力的布局，来协调区域内各地区之间文化产业的发展关系，以促进区域文化产业生产力的发展和经济效益的提高。为此，在安排区域文化产业空间布局时应注意以下几个问题：

（1）要明确区域文化产业空间布局的整体框架和历史发展轨迹。要确定在规划期内文化产业开发建设的方向、重点等基本轮廓，以便作为项目选点和生产分布的宏观依据。

（2）在区域文化产业空间投资上，采取非均衡协调发展模式。要正确处理投资重点地区与非投资重点地区的关系，既要从总体上把握投资效果，又不使区域内各地之间的文化产业差距越拉越大，要在非均衡中保持适当的均衡性。

（3）从区域全局上对主导文化企业和相关企业的区位选择、各建设项目的规模配套和建设时序进行协调安排。

（4）区域城镇体系建设布局，要按照发达地区和不发达地区的多层次的生产力水平，进行不同层次和等级的城镇体系建设布局，使城镇体系的规模结构、职能结构和地域结构与之相适应，更好地发挥城镇体系在区域文化产业发展中的作用。

四、区域文化产业发展规划的制约因素

区域文化产业规划意义重大，但在进行规划之时，会遇到许多制约因素，这些因素会影响文化产业规划的进度、内容以及规划的科学程度，具体包括以下一些内容。

（一）经济发展程度的制约

文化产业是现代国民经济发展的产物，而且是经济发展到一定程度后文化产业才会日益受到重视，对于区域文化产业发展而言，更是如此，这是因为：

（1）按马斯洛需求层次理论，人们只有在解决了基本的生存需求之后，才会追求更高层次的精神文化需求。

（2）文化产业本身是需要具有充足资本支持的行业。只有经济发达的区域，资本才会充足，才能为文化产业提供必不可少的资本支撑。

(3) 文化产业就其技术本质而言，许多属于高新技术，需要有专业的文化人才、专业的技术人才以及专业的经营管理人才。

(4) 区域市场经济的成熟度也是制约文化产业规划的一个重要因素。区域市场机制越成熟，规划就可能越多地借助于市场资源，更能调动各方的积极性参与到规划的制定与实施中来。

（二）政治层面的体制因素

区域文化产业规划的制定是一个涉及公司、企业、政府机构、协会团体等众多组织的群体行为，而其中政府机构的体制因素是影响规划制订的重要因素。

文化体制包括文化行政管理体制、文化经济管理体制和文化意识形态管理体制等方面。

(1) 文化意识形态管理体制涉及关于文化产业与意识形态关系的认识，事关国家文化安全的核心利益，因此，文化产业空间布局结构的开放性程度反映了一个国家文化市场准入的程度。

(2) 文化经济管理体制是涉及以何种文化经济制度来建设和管理文化产业，是计划经济，还是市场经济。不同的国家经济制度下的文化产业空间布局是不一样的，前者是政府主导，后者是市场主导。

(3) 文化行政管理体制事关政府文化行政权力的范围和权力作用的大小程度。在现阶段，我国文化产业布局的一个最大特点就是条块分割，部门协调性不足。

(4) 文化产业规划的决策机制和实施机制。

当然，对文化产业具有管理职能的部门包括文化部门、广电部门和新闻出版部门以及其他一些政府职能部门，各个政府部门从自身的职能出发有或多或少的管理职责和管理权限，如何协调部门之间错综复杂的权责关系，对区域文化产业规划的制定与实施有重大意义。当前，文化产业领域的政府主管部门开始探讨新型决策机制，在地方部分区域，文化、广电、新闻出版等政府部门合成一个新的政府机构，这有利于对文化产业的监督、管理。

有规划，需要加强执行，政府部门需要在区域总体规划基础上出台实施细则，配套相应的财政、金融、税收等政策，对区域内的文化企业申办项目加快审批，对区域文化产业的经营状况要加强监管，并给予指导。

（三）文化要素禀赋的制约

1. 文化资源丰富度

区域文化产业规划是建立在一定文化资源基础上的，这种文化资源可以是传统的文化资源，也可以是现代的文化资源。只有具有一定的文化资源，区域文化产业的规划才更顺畅，可选择的余地更多。

2. 区域文化产业主体的精神要素①

即规划主体对未来发展认识的真理性程度。这是一个属于文化产业发展主观领域的问题，更多的是体现和反映规划主体的智慧和能力。参与规划的主体对未来发展认识的真理性程度，将不仅直接决定文化产业空间布局规划的绩效，而且它所形成的历史局限性也将作为文化要素禀赋，长期影响着这个地区文化产业发展的未来命运。对未来发展认识的真理性程度主要表现和反映在以下几个方面：

（1）观念的先进度。所谓观念的先进度，是指文化产业规划主体对于文化产业认识的程度。在这里，既包括对文化的理解，对文化产业与文化事业关系的认识，对文化和意识形态关系的理解，对经济效益与社会效益关系的认识，也包括对文化产业发展和人的主体性建设的理解。这里既需要政府主管部门解放思想，也需要作为文化产业市场主体的企业家们关注前沿，与时俱进，塑造现代创新精神的企业家文化。

（2）视野的广阔度。这是指对整个国家乃至整个世界发展大趋势的熟悉和了解程度。文化产业规划本质上是一种战略性规划，而战略性规划是要能够反映事物的发展趋势的，这个发展趋势不是局部性的，而是整体性的，这就要求规划主体要立足民族，走向国际，甚至走在世界的前列。

五、我国区域文化产业发展规划中存在的主要问题

（一）规划内容的非科学性

规划也是一种决策，讲究科学、民主、公开，但是一些区域文化产业发展规划是在少数人的研究和论证中产生的，没有经过广泛的讨论和论证。少数学者因为自身原专业背景等原因使论证本身就有偏颇，是很不完善的，所以，虽经政府部门发布，但其权威性仍不是很高，在社会上和业界的影响力仍是十分有限的，其实施的可行性也就可想而知了。

各地规划建设众多的动漫基地，其成效甚微，正说明这一问题。由于主盈利模式不清，全国曾经批准设立的20多家动漫基地中，仅有深圳国家动漫产业基地成为与当时国家批文一致、运作完整的动漫基地，而其他20余个国家级动漫基地基于各种原因，

① 胡惠林：《区域文化产业战略与空间布局原则》，载《云南大学学报》（社会科学版）2005年第4卷第5期。

要么搞起了房地产，要么搞起了其他类别的产业园，即使里面仍有动漫企业留守，也只是产业链上的某个环节而已。①

（二）规划主体的观念落后

规划主体的观念如何，影响规划的科学合理性。这里的观念包括以下几个方面：第一，是对规划重要性的认识。“凡事预则立，不预则废”，讲的是规划的重要性，但现实中仍有拍脑袋决策，经验主义的现象，这种观念遗害无穷。第二，是要有国际视野。国际视野要求不排斥外来投资者，要有与之共赢的包容心。国际视野要求紧跟国际的发展趋势，取长补短。第三，是要正确认识市场和计划两种手段，不能唯市场论，也不能唯计划论。要灵活运用两种手段，调控区域文化产业的发展。第四，要正确处理好政治效益、社会效益和经济效益的关系，三者不能偏废。

（三）规划目标的夸大性

规划是对未来蓝图的构建，超越于现实，又要建立在现实基础之上。一些区域制定文化产业发展规划，设定的目标大大超越了区域资源支撑能力，单纯地追求轰动效果，规划的作用被过分夸大。

规划必须是建立在现实基础上，经过一段时期的刻苦努力可以达到的。只有这样，规划才具有现实意义和激励作用。当下，许多省、市、县都在建设文化大省、文化大市、文化强县，力图在文化产业振兴的背景下发展文化产业，这一出发点是好的，但是部分区域所设定的规划目标超越了区域的能力范围，虽然制定出了规划，也只能是一个口号而已。

（四）规划主体缺乏协调性

随着20世纪最后10年文化产业的实践和理论认识的发展，要发展文化产业，首先要解决的、而且应该尽快解决的是体制问题，这已经成为人们的共识。就体制问题而言，又是以“人”为核心。文化体制改革本身就是一个复杂系统，与我国经济政治体制改革相配套、相适应，其本身也是一个完整的体系。在区域文化产业规划中，主体的协调性是规划中的主要问题之一。

因此，区域文化产业规划过程中，虽然会受到文化体制的制约，作为规划制定和执行主体，一定要建立一套合理的协调机制，推动区域文化产业规划的顺利开展。而建立

---

① 《中国动漫产业的烦恼：国产电视动画片几乎不盈利》，见 http：//www. ccdy. cn/2010 - 07/22/content_488530. htm。

区域文化产业规划协调体制就是要建立政府部门内部的协调机制，政府与文化公司、企业之间的协调机制，政府与科研机构、协会团体的协调机制以及不同区域之间的协调机制。

（五）规划弱于执行

“语言的巨人，行动的矮子”，最终仍然是一事无成。规划再科学，如果没有强有力的执行，规划就等于零。我们国家部分区域文化产业规划的执行就存在类似问题：有规划，无执行；有规划，乱执行，使规划的作用和价值消失。

（六）规划的特色不明显

特色就是生命，就是竞争力，区域文化产业规划要体现特色性。目前，有关的区域文化规划中，大打特色牌，是一种值得关注、研究和赞赏的做法。强调特色、营造特色、突出特色，显然是对以往在自发状态下的发展成功的总结。但是，现阶段也出现了为特色而特色、相邻区域间特色不明显等现象。

在强调特色发展方面，云南文化产业做得较为成功，其经验值得人们借鉴。云南充分利用其区域资源，将发展文化产业定位在“民族文化”，这是根据其当地实际而确立的准确定位。云南的少数民族多，奇山异水，风景秀丽，无论是具体项目还是品牌，都大打民族文化牌，强调其独一无二性，“人无我有”，甚至可以将其带有这一特色的项目和品牌展延到其他地区。政府将其当做贯彻当地政府意图发展经济的重要任务来抓，措施得力。

对于这一系统工程，云南当地也是分头落实、逐步推进的。近年来，为了推动民族文化工程向前发展，在全省开展了“三个一”活动，即在全省25个少数民族中，要创作生产出代表本民族艺术水准的一歌、一舞、一曲，并且取得了可喜的进步。仅以丽江为例，就先后推出纳西古乐、歌舞剧《丽水金沙》等作品，取得了良好的社会效益和经济效益。这种多样性的尝试，还体现在杨丽萍的《云南映像》中，这种原生态歌舞剧经过市场化的包装运作，取得了出人意料的成功，给人以很多启示。这些虽是在政府规划之外所取得的成功，但无疑打的也是特色牌。

（七）规划缺乏系统性

区域文化产业规划是一个系统工程，但并不意味着面面俱到，贪大求全。哲学上讲，要抓主次矛盾，要分清矛盾的主次方面，这一原理贯彻到在区域文化产业规划中，就是要求做规划必须有所取，更要有所弃，必须立足于区域特色和优势进行科学规划。但现实中的区域文化产业规划却存在贪大求全的病态，这值得我们关注。“贪大”，就是区域文化产业规划中脱离实际地追求大手笔，追求大规模。“求全”，就是区域文化产业规划中追求“麻雀虽小，五脏俱全”的效果。结果“大”却成了虚大，“全”却导致了均衡发展。

对于区域文化产业发展而言，最根本的是区域文化产业特色。美国洛杉矶地区的文化产业最著名的是电影业而不是其他，这就是明证，该区域就注重特色发展，才成就了该区域文化产业在全球的影响力。

评价区域文化产业发展好与坏的标准是区域文化产业竞争力，“大而全”并不是一个区域文化产业发展良好的必备条件，各地方政府在进行区域文化产业规划时要慎重考虑这些内容。

第三节　城市经济发展与文化产业规划

一、城市

（一）城市的概念

城市在现代生活中处于核心地位，人类发展史，也是一部城市化的历史。美国著名城市理论家、社会哲学家刘易斯·芒福德在其享誉世界的名著《城市发展史》中，深刻论述了城市实质就是人类的化身。

从词源和词义上来说，我国古代汉语中“城”指的是围绕人群聚落修筑起来的环形墙壁，是一种防御用的构筑物，即《墨子七患》所说的：“城者，所以自首也。”“市”是交易的场所，“城”和“市”组合在一起成为城市，这既反映了城市的历史起源，也表明了城市早期的基本功能。

日本的学者指出城乡之间的显著差别在于城市是一个巨大的人口集团，人口密度远大于乡村；城市的产业活动主要是第二产业和第三产业；城市的中心性强，即城市是一定区域内的行政、经济、文化等中心，对周围的乡村起着支配或服务作用；城市的人们在职业、民族、流动性等方面构成复杂，文化程度很高。因此，“城市是一个巨大的人口集团密集的地域，它以第二产业、第三产业为主并与之相依存，同时，作为周边的地方中心，进行着高级的社会经济文化活动，是具有复杂的利益目标的各种各样的组织的地方”。

在我国地理学界，对城市的概念较有代表性的解释有以下三种：①城市是具有一定规模的工业、交通运输业、商业集聚的、以非农业人口为主的居民点；②城市是具有一定人口和建筑、绿化、交通等用地规模，以第二产业和第三产业为主的居民点城市是社会经济发展到一定阶段的产物，是社会生产力、社会分工、社会生产关系变革和发展的必然结果；③城市作为区域内经济、政治、文化发展的中心，在整个社会经济发展、社会交往、信息沟通中居于中心地位，在整个国民经济发展中起主导作用。

（二）城市的特征

1. 城市的表面特征

城市的表面特征即城市的表现形式。城市最表面的表现形式是区别于乡村最显著的标志，诸如琳琅满目的商品，川流不息的往来人群，源源不断的物质流，便利的交通设施，行驶在四通八达道路上的各种各样的车辆，各式各样的工厂、企业，高楼大厦，各种休闲、旅游、娱乐场所，等等。

2. 城市的内在特征

城市的内在特征是区别于乡村最本质的特征，也是农村人口涌入城镇的原因。归纳起来，有以下三点：

（1）集聚性。马克思指出："城市本身表明了人口、生产工具、资本、享乐和需求的集中，而在乡村里所看到的都是完全相反的情况：孤立和分散。"马克思真实地描述出了城市和乡村的差别。城市集聚了大量的基础设施和服务设施，集聚了大量的非物质生产活动，集聚了大量从事商业服务、文化教育、科学研究和工业生产的人员，集聚了大量的各种各样的物质流。集聚是城市的一个显著特征。当然，人口的密度是有限度的，过大或过小，对资源的利用都是不利的。

（2）多功能性。城市是商品经济发展的产物，其功能是多方面的，它是贸易中心、文化中心、教育中心、信息中心、思想中心，同时还是政治中心。城市可以满足人们多种多样的需求。城市功能的多样性来源于其开放性、互补性以及它的创造力，来源于城市在城乡经济、社会发展中的中心地位。

（3）高效性。城市的节奏很快，也从侧面说明了其高效性。因为城市汇集了生产力的多种要素，汇集了科技、人才、资本、政策等充足的资源，这里有最先进的技术方法，是知识与信息最充足的地区，也是市场竞争最激烈的地区，因此城市的效率具有高效性。

（三）城市化的负面效应

城市化或城镇化主要是指人类的生产和生活方式由乡村型向城市型转化的过程，由乡村人口向城镇人口转化的过程，以及城市在不同区域不断发展和完善的过程。城市化使人们享受到了工业文明所带来的各种成果，但随着城市化水平的不断提升，过度的城市化也使人们品尝到了城市化的恶果。

联合国计划发展署做的一份全球市长调查显示，世界城市面临的问题具有相似性，主要集中于失业、犯罪、道路、交通、环境、基础设施、水资源、空气质量、固体废弃物处理、贫困、住房状况、能源等，正所谓的现代城市病。

二、城市与区域文化产业

城市与区域文化产业关系密切，城市是区域文化产业发展的核心，城市是文化产业最为发达的区域，城市文化产业发展也是最重要的区域。

（一）城市之于文化产业的意义

1. 城市为文化产业发展提供广阔的市场

目前，我国大部分人口仍集中在农村，但是城市的市场份额却极大。文化产品消费的主要人群集中在城市，城市有充足的文化市场，文化产业就有更大的发展空间。

2. 城市为文化产业发展提供必要的人才

文化产业是一个需要高专业素质人才的产业，而城市由于集中了优秀的教育和人力资本，可以为文化产业的发展提供必要的技术人才、经营管理人才。

3. 城市为文化产业发展提供必要的资本

城市中的金融业较为发达，银行林立，资本充足，可以为文化产业的发展提供必要的资金。

4. 城市为文化产业发展提供科技等

文化产业需要运用高科技，城市是先进技术产生地，是先进技术交流地，各种科技设备的供应商云集在城市，可以为文化产业发展提供必要的科技支持。

5. 城市便利的交通、开放的观念为文化产业发展提供了良好的环境

交通便利，利于交流，利于提高效率。观念开放，消费者接受能力强，有利于各种文化产业内容的生产。

6. 城市为文化产业提供了文化资源和信息资源

城市也是文化资源丰富的区域，在这里，文化企业可以充分利用各种文化资源，生产优秀作品。充分利用各种信息，促进生产。

（二）文化产业之于城市的意义

1. 文化产业提升了城市的文化品位

文化内涵更能展现一个城市的魅力，一个有影响力的城市一定是具有较高文化品位的城市。因此，大力发展文化产业，可以提高城市的文化品位。

2. 文化产业为城市发展创造了直接的价值

大力发展文化产业，还可以解决就业人口，促进经济增长。在部分城市，文化产业已成为城市主要的产业支柱。

3. 文化产业塑造城市品牌

城市通过发展文化产业，提升文化品位，最终成为城市名片，塑造了城市品牌。

4. 文化产业有利于解决城市化过程中带来的一些问题

现代化也是一个城市化的过程，城市化带来了一系列的社会问题、环境问题、心理问题，大力发展文化产业，有利于解决这些问题，推动社会健康和谐发展。

5. 文化产业有利于解决城市人口的精神文化需求

随着人们生活水平的提高，精神文化需求成为主要的需求，大力发展文化产业可以直接地解决城市人口的精神文化需求。

6. 提升了城市的竞争力

发展文化产业有助于城市软实力的提高，提高城市竞争力，优化软环境建设，促进投资，推动生产建设。

（三）大力发展城市文化产业

1. 城市要为文化产业提供良好的环境条件

每个城市都具有发展文化产业的基础和条件，但是由于基础和条件的不同，文化产业的发展思路和目标也存在差异性。城市首先要为文化产业的发展提供政治环境，保持政策的稳定性；其次，提供良好的社会环境，保持社会的稳定；最后，提供良好的教育人才和优秀的科技支持。只有这样，文化产业才会顺利发展起来。

2. 发展文化产业要处理好多种关系

在发展文化产业的同时，要处理好城市文化产业与其他产业的关系。同时，更要处理好城市文化事业与文化产业的关系，在追求经济效益的同时，要关注社会效益。

城市是区域经济的核心，城市也是文化产业最重要的载体，城市文化产业是区域文化产业中最引人注目和值得研究的类别之一。发展城市文化产业是发展文化产业的重点。除了以上提到的两点外，城市的企业主体、中介组织和政府部门要互相配合协调，共同推动城市文化产业的发展。

本章小结

本章讲述了区域文化产业发展战略和模式，对区域文化产业发展规划的特征、类型和规划原则展开分析。城市是区域文化产业重要组成部分，在区域文化产业发展中扮演着重要作用，本章最后部分对城市经济发展与文化产业规划进行了简要分析。

案例精选 □□□

巴黎城市文化产业

巴黎，作为世人瞩目的“世界城市”，其城市经济的发展历程及1950年代之后工业结构的变化过程实可作为我们不容错失的研究案例。至1960年代，巴黎第三产业的就业比重经历了持续的提升过程；至1970年代，巴黎的经济发展状况已基本表现出“福特制”向“后福特制”时代转变的种种特征，与此同时，某些极具优势的传统行业和文化艺术产业赖以蓬勃发展的土壤也渐趋成型。

传统意义上的巴黎（小巴黎），仅仅指现在法国第75省。但由于区划调整及经济转型，现代意义上的巴黎一般指巴黎大区（大巴黎），即法兰西岛（Ile-de-France），它由第75省——巴黎；及近郊区：92省——上塞纳（Hauts-de-Seine）、93省——塞纳·圣·丹尼斯（Seine-Saint-Denis）、94省——瓦·德·马赫勒（Val-de-Marne）；远郊区：77省——塞纳·马赫勒（Seine-et-Marne）、78省——依夫里勒（Yvelines）、91省——艾索勒（Essonne）、95省——瓦·德奥赛（Val-d'Oise）组成。本文中所言巴黎即指巴黎岛范围区域（大巴黎）。

工业革命开始之初，法国工业区的划分并不明显，到处都是小的造纸厂和皮革厂。随着工业化的发展，工业逐渐与农业分离，形成了新的工业中心。尤其到19世纪中叶，以巴黎为中心的法国铁路网的建设，让巴黎成为真正意义上的法国的经济中心。1911年，巴黎工人数达到110万，其中，冶金业，15.8万人，食品工业，4.8万人，化学工业，3.2万人。除此之外，巴黎还大量集中了服装制作和奢侈品生产企业，以满足在巴黎的大量上流社会和新贵们的需要。据统计受雇于文化艺术品行业的人数在1860年已经达到25748人。

2003年，法国文化产业部门吸收就业人口249800人，企业19500家，其中，45%集中在大巴黎（113400），38%集中在小巴黎。巴黎文化产业部门就业人数占总就业人数的2.9%，远高于1.6%的全国平均水平。

与此同时，具有“新经济”内涵的文化行业、奢侈品行业、高新技术行业在巴黎经济发展中的地位也日趋上升。

但从目前法国的学界来看，其对“文化产业”的考察主要集中在较为传统的领域——电影、录影、电视、广播、音乐、书籍、出版、印刷。

我们大致可以定位“文化产业”所属的行业、部门。在NES分类中，其主要存在于“消费品工业”、“大众服务业”中，主要涉及行业、部门为视觉艺术、表演艺术、出版、印刷、视听等。由此来看，上述两种产业分类法中，如果依据“中心—外围”

来划分，从“内容的创造、生产和商业化”标准的角度，似乎有所缺陷，巴黎的文化产业的全部面貌并没有展现出来。

当前，法国文化产业的发展，一个重要特点是：产品的地方性、文化遗产继承传播性非常明显，如传统的香水行业、工艺品制造行业、旅游业及创意性极强的设计行业在法国经济发展中逐渐突出。

以“法国奢侈品行业协会”为例，其目标就是：“把决策者、大众、年轻人、未来的创意者、未来的消费者组织起来，以活力无限的方式和创意、革新使参与这个协会的品牌在法国和全世界提升其价值，同时提升法国的艺术及促进其国际化。”由此可见，对法国文化艺术的创意、创新、生产、传播是其发展的重要目的。从这点来看，其与文化产业“内容的创造、生产和商业化”的标准不谋而合。从其会员行业分布来看，主要有时装与成衣、青铜、银器、皮草、水晶器皿、出版、装饰、瓷器、旅馆、餐饮、香水、葡萄酒12个行业。同时，“法国奢侈品行业协会”对这12个行业的各个品牌的标准也依据“品质、艺术、本土性、传统”这四个方面。

巴黎的文化产业覆盖面广、涉及行业众多。除了视觉艺术、表演艺术、出版、印刷、视听之外，富含创意的传统奢侈品行业所涉及的传统工艺领域，如高级成衣、香水、皮革、葡萄酒、餐饮、旅游也是巴黎文化产业的重要内容。

自1960年代以来，随着新兴国家的兴起及冲击，法国也出现了工业非中心化及工业郊区化的过程。在大巴黎，这一过程表现为众多生产性部门离开小巴黎向巴黎郊区转移，在巴黎郊区先后兴起了5个工业新城。从1954年以来，大约有20万个职位在城市被削减，在巴黎之外产生了60万个职位，其中一半是来自80个大企业，其中的1/4是来自10个大企业。1961—1962年，工业非中心化进程达到巅峰。

而与此同时，文化艺术部门、商业消费型部门却又向小巴黎集中。

自1960年代工业郊区化以来，传统工艺领域的众多行业在小巴黎获得了广阔的发展空间。据统计，1860年，在传统工艺领域就业人数就已达25748人。当今，虽然受到来自新兴国家的巨大竞争压力，但其在某些领域仍然保持巨大的优势地位，如高级成衣、皮革、出版、家具、香水、化妆品等。在传统的小巴黎中心区，香水、成衣等传统领域仍是主要的经济部门。

以成衣、皮革行业为例，巴黎大区就业人口为26715人（2000年），其中小巴黎为17906人，其中的优势非常明显。

除了这些传统工艺行业之外，印刷、出版业也同样在小巴黎表现出极强优势。2000年，小巴黎出版业就业人数达41318人，企业2829家，占整个大巴黎比例达到51.1%。

由此可见，巴黎文化产业的发展是一个传统与现代结合的过程，传统的文化基因深深地烙在现代城市经济的印迹中。

巴黎是一个有很高文化品位的城市。巴黎的文物遗存丰富多彩，很多古建筑至今风韵犹存，走进巴黎，就如同走进了建筑的历史、文化的圣殿、艺术的宝库。巴黎受到保护的古建筑有3115座，每一座历史建筑都为巴黎添色增辉。

雨果的寝室、莫奈的睡莲池、巴尔扎克的小花园使城市宁静，卢浮宫、爱丽舍宫、凡尔赛宫使城市尊贵，协和广场、孚日广场、巴士底广场使城市博大，荣军院、凯旋门、巴黎公社墙使其庄严，圣心教堂、巴黎圣母院、玛德兰大教堂使其神圣，埃菲尔铁塔使其崇高，而巴黎歌剧院则使其高雅。数量巨大、价值极高的历史文物塑造了巴黎高尚的城市文化。

巴黎市政府非常重视保护这些历史遗产。对新建筑的规划、古建筑的使用都有严格的法律规定。市政府制定新的建设规划必须事先公布方案，广泛征求市民的意见后方能实施。

1977年，巴黎制定了古城保护规划，105平方公里内是古城范围，得到法律严格保护。古城内城市建设主要侧重环境绿化和美化。建设现代建筑控制很严，允许兴建的，在设计上必须追求与古城整体风貌的和谐统一。因此，在巴黎旧城区内，很少能见到新建的高层建筑。而现代化的城市新区建在34公里外的拉德方斯。

政府重视文物保护，巴黎市民也视文物保护为自身义不容辞的责任。巴黎有民间文物保护组织2000多个。“历史巴黎协会”是其中很有代表性的一个。该协会设古建筑保护委员会、历史遗址保护委员会、文物保护演讲寻访委员会和信息中心四个机构，拥有众多志愿者。他们通过宣传活动，形成有利于古建筑遗产保护的公众舆论，唤起公众关注，说服各种权力部门、开发商和群众自觉保护文物，阻止盲目拆除旧的建筑和建设与周围环境不协调的新建筑；动员社会力量修缮那些古老的或者有历史意义的建筑。

在他们的保护名单上，保护对象数量比政府的高出一倍多。

一个城市文化场所的多少，设施水准的高低标志着它文化品位的档次。巴黎有很多的文化中心、艺术中心、体育中心、娱乐中心、阅览中心、资料中心和信息中心，总数多达364个。巴黎还拥有134所博物馆、170多家歌舞厅、350个电影厅、141个剧院、64所市属公共图书馆。文化活动场所和设施真可谓既多又好，成了巴黎一道亮丽的人文风景线。巴黎的体育设施在世界城市中也是名列前茅的。

在仅仅105平方公里的面积里，有体育设施437座。在23座体育初学中心，每天都有2000多名儿童在学习各种体育项目。巴黎的群众性体育组织也相当多，光社区体育组织就有618个，各种俱乐部3500多个。

巴黎市民的文化活动多种多样，人们将参与各种文化活动看做是日常生活最重要的内容之一。在巴黎的各个社区，到处可以看到中小学生在小公园里踢足球，打篮球，练习乐器，在河边湖边和植物园中画画。

资料来源：

1. 巴黎的城市文化，见 http：//gb. cri. cn/3601/2004/09/16/109@ 301697_ 1. htm。

2. 巴黎文化产业的现状、特征与发展空间，http：//www. bylw8. com/Thesis/Economics/Industry_Economics/012H225642010 - 1264590987. html。

资料链接 □□□

文化产业振兴规划

党的十七大明确提出，要积极发展公益性文化事业，大力发展文化产业，激发全民族文化创造活力，更加自觉、更加主动地推动文化大发展大繁荣。为贯彻落实中央精神，在重视发展公益性文化事业的同时，加快振兴文化产业，充分发挥文化产业在调整结构、扩大内需、增加就业、推动发展中的重要作用，结合当前应对国际金融危机的新形势和文化领域改革发展的迫切需要，特制订本规划。

一、加快文化产业振兴的重要性紧迫性

文化产业是市场经济条件下繁荣发展社会主义文化的重要载体，是满足人民群众多样化、多层次、多方面精神文化需求的重要途径，也是推动经济结构调整、转变经济发展方式的重要着力点。党的十六大以来，党中央、国务院高度重视发展文化产业，采取了一系列政策措施，深入推进文化体制改革，加快推动文化产业发展。国有经营性文化单位转企改制取得重要进展，涌现出一批具有较强实力和竞争力的文化企业和企业集团，文化产业规模逐步壮大，以公有制为主体、多种所有制共同发展的文化产业格局初步形成。文化“走出去”步伐加快，文化进出口贸易逆差逐步缩小，我国文化产业的国际竞争力不断增强。总的来看，我国文化产业呈现出健康向上、蓬勃发展的良好态势，正在成为推动社会主义文化大发展大繁荣的重要引擎和经济发展新的增长点。

同时要看到，我国文化产业的发展水平还不高、活力还不强，与人民群众日益增长的精神文化需求还不相适应，与日趋完善的社会主义市场经济体制还不相适应，与现代科学技术迅猛发展及广泛应用还不相适应，与我国对外开放不断扩大的新形势还不相适应。当前，国际金融危机仍未见底，并对文化产业发展产生诸多影响，但困难和挑战中蕴涵着新的机遇和有利条件，文化具有反向调节功能，面对经济下滑，文化产业有逆势而上的特点，这为创新文化体制机制、做大做强文化产业带来了契机。要抓住机遇，大力振兴文化产业，为“保增长、扩内需、调结构、促改革、惠民生”作出贡献。

二、指导思想、基本原则和规划目标

（一）指导思想。全面贯彻党的十七大精神，坚持以邓小平理论和“三个代表”重要思想为指导，深入贯彻落实科学发展观，紧紧围绕《国家“十一五”时期文化发展规划纲要》（以下简称《规划》）确定的文化产业发展的各项目标任务和当前文化体制改革的重点，大力培育市场主体，加快转变文化产业发展方式，进一步解放和发展文化生产力，切实维护我国文化安全，推动文化产业又好又快发展，将文化产业培育成国民经济新的增长点。

（二）基本原则。坚持把社会效益放在首位，努力实现社会效益和经济效益的统一；坚持以体制改革和科技进步为动力，增强文化产业发展活力，提升文化创新能力；坚持走中国特色文化产业发展道路，学习借鉴世界优秀文化，积极推动中华民族文化繁荣发展；坚持以结构调整为主线，加快推进重大工程项目，扩大产业规模，增强文化产业整体实力和竞争力；坚持内外并举，积极开拓国内国际文化市场，增强中华文化在国际上的影响力。

（三）规划目标。完成经营性文化单位转企改制，文化市场主体进一步完善，活力进一步增强，文化产业规模不断扩大，推动经济社会发展的功能和作用得到较好发挥。

1. 文化市场主体进一步完善。按照创新体制、转换机制、面向市场、增强活力的原则，基本完成经营性文化单位转企改制，文化市场主体进一步完善，活力进一步增强。

2. 文化产业结构进一步优化。重点行业和项目对文化的拉动作用明显增强，文化创意、影视制作、出版发行、印刷复制、广告、演艺娱乐、文化会展、数字内容和动漫等产业得到较快发展，以资本为纽带推进文化企业兼并重组取得重要进展，力争形成一批跨地区跨行业经营、有较强市场竞争力、产值超百亿的骨干文化企业和企业集团。

3. 文化创新能力进一步提升。文化体制机制创新取得实质性进展，文化产业发展活力明显增强，以企业为主体、市场为导向、产学研相结合的文化创新体系初步形成，文化原创能力进一步提高，数字化、网络化技术广泛运用，文化企业装备水平和科技含量显著提高。

4. 现代文化市场体系进一步完善。市场在文化资源配置中的基础性作用得到更好的发挥，文化产品和生产要素合理流动，城乡文化市场进一步发展，现代流通组织和流通形式逐步成为文化流通领域的主要力量，文化消费领域不断拓展，在城乡居民消费结构中的比重明显增加。

5. 文化产品和服务出口进一步扩大。一批外向型骨干文化企业和国际知名品牌初步形成，对外文化贸易渠道和网络进一步拓展，文化产品和服务出口大幅增长，文化贸易逆差明显缩小，成为我国服务贸易出口的重要增长点。

三、重点任务

当前和今后一个时期，要着力做好以下八个方面工作：

（一）发展重点文化产业。以文化创意、影视制作、出版发行、印刷复制、广告、演艺娱乐、文化会展、数字内容和动漫等产业为重点，加大扶持力度，完善产业政策体系，实现跨越式发展。文化创意产业要着重发展文化科技、音乐制作、艺术创作、动漫游戏等企业，增强影响力和带动力，拉动相关服务业和制造业的发展。影视制作业要提升影片、电视剧和电视节目的生产能力，扩大影视制作、发行、播映和后产品开发，满足多种媒体、多种终端对影视数字内容的需求。出版业要推动产业结构调整和升级，加快从主要依赖传统纸介质出版物向多种介质形态出版物的数字出版产业转型。出版物发行业要积极开展跨地区、跨行业、跨所有制经营，形成若干大型发行集团，提高整体实力和竞争力。印刷复制业要发展高新技术印刷、特色印刷，建成若干各具特色、技术先进的印刷复制基地。演艺业要加快形成一批大型演艺集团，加强演出网络建设。动漫产业要着力打造深受观众喜爱的国际化动漫形象和品牌，成为文化产业的重要增长点。

（二）实施重大项目带动战略。以文化企业为主体，加大政策扶持力度，充分调动社会各方面的力量，加快建设一批具有重大示范效应和产业拉动作用的重大文化产业项目。继续推进国产动漫振兴工程、国家数字电影制作基地建设工程、多媒体数据库和经济信息平台、“中华字库”工程、国家“知识资源数据库”出版工程等重大文化建设项目。选择一批具备实施条件的重点项目给予支持。

（三）培育骨干文化企业。着力培育一批有实力、有竞争力的骨干文化企业，增强我国文化产业的整体实力和国际竞争力。坚持政府引导、市场运作，科学规划、合理布局，在重点文化产业中选择一批成长性好、竞争力强的文化企业或企业集团，加大政策扶持力度，推动跨地区、跨行业联合或重组，尽快壮大企业规模，提高集约化经营水平，促进文化领域资源整合和结构调整。鼓励和引导有条件的文化企业面向资本市场融资，培育一批文化领域战略投资者，实现低成本扩张，进一步做大做强。

（四）加快文化产业园区和基地建设。加强对文化产业园区和基地布局的统筹规划，坚持标准、突出特色、提高水平，促进各种资源合理配置和产业分工。对符合规划的产业园区和基地，在基础设施建设、土地使用、税收政策等方面给予支持。建设若干辐射全国的区域文化产品物流中心，建设一批文化创意、影视制作、出版发行、印刷复制、演艺娱乐和动漫等产业示范基地，支持和加快发展具有地域和民族特色的文化产业群。

（五）扩大文化消费。不断适应当前城乡居民消费结构的新变化和审美的新需求，创新文化产品和服务，提高文化消费意识，培育新的消费热点。加强原创性作品的创作，打造一批具有核心竞争力的知名文化品牌。努力降低成本，提供价格合理、丰富多样的精神文化产品和服务。加快建设具有自主知识产权、科技含量高、富有中国文化特色的主题公园。开发与文化结合的教育培训、健身、旅游、休闲等服务性消费，带动相关产业发展。

（六）建设现代文化市场体系。建立健全门类齐全的文化产品市场和文化要素市场，促进文化产品和生产要素的合理流动。重点建设传输快捷、覆盖广泛的文化传播渠道。发展文艺演出院线，推动主要城市演出场所连锁经营。支持全国文化票务网络建设。推进有线电视网络整合，鼓励通过并购、重组等方式，进行广电网络的区域整合和跨地区经营。推进电影院线、数字电影院线的跨地区整合以及数字影院的建设和改造。支持国有出版发行企业以资本为纽带实行跨地区兼并重组。鼓励非公有资本进入文化创意、影视制作、演艺娱乐、动漫等领域。支持优先选用拥有自主知识产权、产品质量水平高的文化设备及产品。

（七）发展新兴文化业态。采用数字、网络等高新技术，大力推动文化产业升级。支持发展移动多媒体广播电视、网络广播影视、数字多媒体广播、手机广播电视，开发移动文化信息服务、数字娱乐产品等增值业务，为各种便携显示终端提供内容服务。加快广播电视传播和电影放映数字化进程。积极推进下一代广播电视网建设，发挥第三代移动通信网络、宽带光纤接入网络等网络基础设施的作用，制定和完善网络标准，促进互联互通和资源共享，推进三网融合。积极发展纸质有声读物、电子书、手机报和网络出版物等新兴出版发行业态。发展高新技术印刷。运用高新技术改造传统娱乐设施和舞台技术，鼓励文化设备提供商研发新型电影院、数字电影娱乐设备、便携式音响系统、流动演出系统及多功能集成化音响产品。加强数字技术、数字内容、网络技术等核心技术的研发，加快关键技术设备改造更新。

（八）扩大对外文化贸易。落实国家鼓励和支持文化产品和服务出口的优惠政策，在市场开拓、技术创新、海关通关等方面给予支持。制定《2009—2010年度国家文化出口重点企业和项目目录》，形成鼓励、支持文化产品和服务出口的长效机制。重点扶持具有民族特色的文化艺术、展览、电影、电视剧、动画片、网络游戏、出版物、民族音乐舞蹈和杂技等产品和服务的出口，抓好国际营销网络建设。支持动漫、网络游戏、电子出版物等文化产品进入国际市场。鼓励文化企业通过独资、合资、控股、参股等多种形式，在国外兴办文化实体，建立文化产品营销网点，实现落地经营。办好国家重点支持的文化会展，通过中国（深圳）国际文化产业博览会、中国国际广播影视博览会、北京国际图书博览会等推动文化产品和服务出口。支持文化企业参加境外图书展、影视展、艺术节等国际大型展会和文化活动。

四、政策措施

（一）降低准入门槛。落实国家关于非公有资本、外资进入文化产业的有关规定，根据文化产业不同类别，通过独资、合资、合作等多种途径，积极吸收社会资本和外资进入政策允许的文化产业领域，参与国有文化企业的股份制改造，形成以公有制为主体、多种所有制共同发展的文化产业格局。

（二）加大政府投入。中央和地方各级人民政府要加大对文化产业的投入，通过贷款贴息、项目补贴、补充资本金等方式，支持国家级文化产业基地建设，支持文化产业重点项目及跨区域整合，支持国有控股文化企业股份制改造，支持文化领域新产品、新技术的研发。支持大宗文化产品和服务的出口。大幅增加中央财政“扶持文化产业发展专项资金”和文化体制改革专项资金规模，不断加大对文化产业发展和文化体制改革的支持力度。

（三）落实税收政策。贯彻落实《国务院办公厅关于印发文化体制改革中经营性文化事业单位转制为企业和支持文化企业发展两个规定的通知》中的相关税收优惠政策，研究确定文化产业支撑技术的具体范围，加大税收扶持力度，支持文化产业发展。

（四）加大金融支持。鼓励银行业金融机构加大对文化企业的金融支持力度。积极倡导鼓励担保和再担保机构大力开发支持文化产业发展、文化企业“走出去”的贷款担保业务品种。支持有条件的文化企业进入主板、创业板上市融资，鼓励已上市文化企业通过公开增发、定向增发等再融资方式进行并购和重组，迅速做大做强。支持符合条件的文化企业发行企业债券。

（五）设立中国文化产业投资基金。按照有关管理办法，由中央财政注资引导，吸收国有骨干文化企业、大型国有企业和金融机构认购。基金由专门机构进行管理，实行市场化运作，通过股权投资等方式，推动资源重组和结构调整，促进国家文化发展战略目标的实现。

五、保障条件

（一）加强组织领导。地方各级人民政府要按照科学发展观的要求，切实将《规划》的实施列入重要议事日程，把《规划》提出的目标任务纳入经济社会发展总体规划，建立相关的考核、评价和责任制度，作为评价地区发展水平、衡量发展质量和领导干部工作实绩的重要内容。文化行政主管部门在党委宣传部门协调指导下，具体组织实施，相关部门密切配合，确保《规划》提出的各项任务落到实处。

（二）深化文化体制改革。通过深化文化体制改革，进一步解放和发展文化生产力，激发全社会的文化创造活力。要紧紧抓住转企改制、重塑市场主体这个中心环节，加快推进出版发行单位转企改制和兼并重组，加快电影制片、发行、放映单位和文艺院团转企改制，抓好党报党刊发行体制和广播电视节目制播分离改革。大力推动行政管理体制改革和政府职能转变，建立统一高效的文化市场综合执法机构。

（三）培养文化产业人才。继续抓好全国宣传文化系统“四个一批”人才培养工程，着力加强领军人物和各类专门人才的培养。继续办好经营管理人才培训班，培养一批熟悉市场经济规律，懂经营、善管理的人才。吸引财经、金融、科技等领域的优秀人才进入文化产业领域。注重海外文化创意、研发、管理等高端人才的引进，为我国文化产业发展提供强有力的人才保障。

（四）加强立法工作。进一步完善法律体系，依法加强对文化产业发展的规范管理。完善国家知识产权保护体系，严厉打击各类盗版侵权行为，促进国家文化创新能力建设。

思考与练习

1. 什么是区域文化产业发展战略？
2. 区域文化产业规划类型有哪些？
3. 区域文化产业规划特征是什么？
4. 简述城市在区域文化产业发展中扮演的角色。
5. 以所感兴趣的城市为例，探讨该城市文化产业发展状况。
6. 根据本章案例《巴黎城市文化产业》，分析巴黎城市文化产业的特点，并进一步说明影响巴黎区域文化产业的因素。

第九章　区域文化 产业政策与管理

◉**本章知识要点**

区域文化产业政策的地位与作用

区域文化产业的政策环境

区域文化产业的政策风险

区域文化产业的政府引导和宏观调控

区域文化产业的协调机制

导入案例 >>>

上海文化产业政策

2009 年，上海市下发《关于加快推进上海文化产业发展的若干意见》，为文化产业的全面腾飞提供了制度平台。

文化宏观管理体制逐步创新，率先实行文化市场综合执法体制、建立文化领域国有资产监管体制和文化发展新闻发布制度等，并高度重视文化产业新业态的发展趋势，着力布局推进新兴文化产业发展。

为突破文化产业的投融资瓶颈，上海还先后建立文化产业风险投资、担保资金，上海文化产权交易所（版权交易中心），全国第一家华人文化产业投资私募基金。制定《上海市金融支持文化产业发展繁荣的实施意见》，充分发挥了金融对文化产业发展的支持保障作用。

2009 年上海文化产业实现增加值 847.29 亿元，比上年增长 9.5%，占上海生产总值的 5.63%，增幅比 GDP 高出 1.3 个百分点，文化产业对上海经济增长的贡献率进一步提高到 6.8%。

（见 http://www.dzwww.com/rollnews/news/201008/t20100810_6514255.htm，http://www.tianjinwe.com/rollnews/wy/201008/t20100805_1403361.html）

第一节 区域文化产业政策

一、区域文化产业政策的作用

（一）区域文化产业政策为文化产业提供良好的政策环境

区域文化产业政策是影响区域文化产业发展的重要因素，是推动整个社会发展的强大动力。改革开放，需要破除不符合生产力发展的因素，需要引导人们的生产热情，这都需要政策的支持和保障，改革开放的历史也就是政策发展史。区域文化产业的发展需要稳定与健康的投资环境、社会环境和消费环境，这需要政策提供和保护。

哪一个区域的政策环境好，哪个地区的经济发展就快。同样道理，哪个地区的文化产业政策能够解放思想、与时俱进，哪个区域的文化产业就能得到长足发展。

（二）区域文化产业政策推动区域文化产业快速发展

在市场经济体制下，一个区域文化产业的增长速度是快是慢，除取决于供需双方的矛盾运动外，也与政府的区域文化产业政策密切相关。通过制定文化产业发展的一系列优惠政策，如财政政策、税收政策和金融政策等，可以吸纳资本，扩大市场，增加消费，产业政策是加快产业发展的“加速器”。

（三）区域文化产业政策优化文化产业结构

从某种意义上说，产业政策就是“结构政策”，政府通过政策导向，促进优质产业快速发展，抑制落后产业发展，保护弱质行业发展，通过文化产业政策确定区域文化产业发展的方向、目标、规划，并通过财政政策、货币政策和金融政策推动这种调整，辅以必要的法律、行政等手段，推动区域文化产业结构的不断优化。

二、区域文化产业政策的环境

随着中国加入 WTO，积极融入全球化市场，全球化的逻辑及其国际文化发展新趋势也深刻地影响着中国文化产业的发展。不同区域的文化产业商业往来日益密切，竞争日趋激烈，如何更好地立足本地，走向国际化，成为区域文化产业政策制定过程需要考虑的一个问题。

（1）良好的经济、社会和政治环境为区域文化产业政策的形成提供了较好的宏观环境。我国改革开放以来，经济持续发展，政治保持稳定，社会和谐，这些推动了经济的快速发展。

（2）区域文化产业政策是推动文化产业发展的重要工具。文化产业的重要性得到从上到下的认可，在推动文化产业发展中必须借助于区域文化产业政策。

（3）人们对精神文化产品的需求日益增多。改革开放以来，我国人民生活水平逐渐提高，对精神文化产品的需求日益增多，而在文化产业的供给和文化产品的需求之间还有巨大的缺口，需要通过大力发展区域文化产业来解决，文化产业迎来了大发展的机遇。

（4）文化产业的竞争日益激烈，而且文化产业是以区域为依托进行的，区域文化产业在激烈的竞争中成为主体。这些竞争包括与国际文化产业的激烈竞争，也包括国内区域间文化产业的激烈竞争。

三、区域文化产业政策的风险分析

（一）环境的复杂性使政策效果面临风险考验

区域文化产业政策的制定是必要的，但是区域文化产业政策的制定和实施面临着一系列的风险，其中最主要的一个风险来源于环境。

任何政策的制定都是对环境的一种反应，但是环境是复杂的，环境所涉及的要素众多，包括经济、政治、社会、文化、科技和自然等多种多样的要素，由此形成了经济风险、政治风险、社会风险、文化风险、科技风险和自然风险。每一种环境要素又可以分为更多细类的要素，这些环境要素都处于不断的变化之中，过去适应环境的区域文化产业政策现在可能不再适应。

环境的错综复杂性，使得适合各个环境变量的区域文化产业政策的设计面临着重重困难，而当政策实施之后，其效果也面临着时间的考验。因此，环境的复杂性和变化性是给区域文化产业带来风险的首要因素。

（二）政策变量本身的复杂性给政策效果带来了风险

区域文化产业政策本身带来的风险。这里包括政策不适应风险、政策变化风险、政策扭曲带来的风险、政策执行的风险。

政策在最初的制定过程中，由于对环境认识不清，政策可能不一定是合理的、合适的，因此政策存在不适应环境的风险，不能解决实际问题。

政策在执行过程中可能被执行人员扭曲，也可能政策在执行过程中发生其他变化，这些都会使得政策执行面临着巨大的风险。

（三）政策执行的支持性要素不足所带来的风险

区域文化产业政策制定出来后，需要执行，但是，任何一项政策的执行都需要人、财、物等资源，区域文化产业政策在执行过程中可能因为组织不力、人手不够、人的能力有限、资金不足、物质保障不到位等原因而使得政策执行面临失败的风险。

第二节 政府引导与宏观调控

区域文化产业的发展需要区域文化产业政策的支持，各区域的行政主体要在遵循市场经济调控规律的前提下，制定区域文化产业政策，调整区域文化产业结构，加强对区域文化产业的管理，不断地推动区域文化产业的发展。

一、政府引导与宏观调控的必要性

1. 文化产业的意识形态功能，要求政府对之进行引导与调控

文化产业是具意识形态功能的产业，关乎民族文化复兴、精神文明建设、社会和谐水平。因此，发展文化产业，是一个多目标追求的综合体，既要注重对经济效益和其他经济目标的关注，也要注重对一系列社会目标的追求。为此，区域文化产业在发展过程中，需要政府的引导与调控。

2. 作为市场机制的有益补充，需要政府的引导与宏观调控

市场机制和计划机制都不是万能的。今天在建立社会主义市场机制的过程中，不能因为市场机制的效率而忽略其不足，如市场经济中的外部性、垄断、假冒伪劣产品、信息不对称等引发的系列问题。因此，弥补市场机制不足，需要政府引导、规范。

3. 作为追赶型国家，需要通过政府的引导与调控加快文化产业发展

我国与发达国家相比，在文化产业发展方面还有很大距离，作为一个追赶型国家，不可能像西方国家那样发展，需要经过上百年的历史才能达到西方国家现在的发展程度。作为文化产业重要组成部分的区域文化产业，必须依赖政府的政策调控，加快发展，只有区域文化产业做强做大了，整个文化产业才能做强做大。

二、政府引导与宏观调控方式

1. 经济手段

利用经济手段对区域文化产业引导与调控将是社会主义市场经济条件下主要的方式与方法。所谓的经济手段，就是根据价值规律自觉采取经济杠杆对区域文化产业进行调

控的方式。经济手段包括税收手段、财政手段、货币金融手段，还包括价格、工资等。

随着经济和财政收入的增长，各区域政府可资利用的经济手段越来越多。在国家统一要求规范下，各区域主体可以利用恰当的经济手段对区域文化产业进行引导和调控。经济手段的运用与经济运行规律相一致，利用利益刺激区域文化产业的协调发展，这种手段不具有强迫性，较好地发挥了市场机制的作用。但是，由于经济规律作用的显现具有一定的滞后性，因此，用经济手段调控区域文化产业，见效慢，要经过相对较长一段时间才会体现出调控效果。

在文化产业持续发展之时，要充分利用经济手段促进区域文化产业的发展。

一是充分利用财政、税收、信贷和价格等经济杠杆，在资金投向、产业结构和整体布局、文化产品生产和文化市场管理等方面，体现政策导向。

二是确立财政投入的重点。在投融资政策方面，政府应鼓励各种社会资金投入文化产业，取消对非公有制经济成分投资文化产业领域的限制，可安排一定的政策性贷款，对重点文化产业项目予以扶持。

三是对国有文化单位的资产经过认真清理与评估以后，允许作为资本金投入产业经营，建立合理的文化产业和文化事业发展的宏观路线。

四是通过设立文化产业发展基金和文化资产经营公司，创造有利于发展文化产业的投融资手段和方式。

2. 行政手段

所谓行政手段，是指区域行政主体通过采取强制性的命令、指示、规定等行政方式来调节经济活动，以达到宏观调控和管理目标的一种手段。

虽然在市场经济体制下不强调行政手段的运用，但是行政手段是必需的手段。区域的文化产业发展必须建立在稳定、健康的市场环境中，而任何市场总是存在一些违法的经营问题，并且法律手段、经济手段的落实，归根结底还需要行政手段来执行，因此区域文化产业的管理中仍然需要充分利用行政手段进行管理调控。行政手段见效快，具有强制性，对一些问题可以起到立竿见影的效果，但是行政手段有时候违背经营主体意志，与市场机制本身相冲突，因此需要合理利用行政手段调节区域文化产业。

3. 法律和政策手段

法律和政策手段是指通过立法、司法等方式调控区域文化产业发展的方式方法。市场经济就是法治经济，法律和政策是调控区域文化产业发展的最主要的手段之一，这种方式方法具有稳定性、可预见性、公平性等特点，对于维护稳定健康的市场环境十分有利。因此，社会主义市场机制下区域文化产业的发展将日益受到法律政策手段的调控。

4. 科学合理的评估机制

一是要建立区域文化产业投资和资助评估机制，变政府对文化产业的计划型财政拨款为市场需求型贷款或投资，并发挥政府投入的导向作用。同时，鼓励各种社会资金投入文化产业，并利用评估机制合理引导。二是要对文化作品、文化产品、文化项目投资等的结果进行评估，建立科学合理的评估机制。既要考虑到经济效益的好坏，更要考虑到社会效益的好坏，利用科学合理的评估、评优机制引导区域文化产业投资方向。

第三节　区域文化产业市场协调机制与管理运行

一、区域文化产业市场协调机制

区域文化产业竞争激烈，不同区域文化产业之间的矛盾比较突出，甚至引发恶性竞争的后果，地方贸易保护主义抬头，给我国区域间竞争造成资源浪费、重复建设等后果，亟须区域文化产业的协调机制解决。

一般而言，这种协调机制分为两类：第一类是组织协调机制，就是由政府、非营利性组织以及企业代表组成一个协调小组，处理区域间、企业间矛盾纠纷；第二类是市场协调机制，就是由市场的价格机制、供求机制、竞争机制来协调区域间、企业间矛盾纠纷。市场协调机制作用的发挥，需要成熟的市场经济条件。在我国，这种条件尚未成熟。

事实上，对于任何一个国家、任何一个区域而言，区域间的文化产业协调都是这两类协调机制共同作用的结果，只不过是以哪类协调机制为主而已。下面将对这两类协调机制作简单介绍。

（一）组织协调机制

组织协调机制需要选取有代表性的个体，他们代表不同的利益，由他们组成一个区域文化产业协调小组。建立文化产业区域协调小组之后，还要建立定期的文化产业协商交流机制和危机处理机制。各区域要熟悉和掌握本地区的文化产业状况以及存在的问题，只有这样才能在出现问题的时候及时解决。

区域文化产业协调小组在处理矛盾和问题的时候，要本着共赢的目的、协商的方式解决矛盾和问题。要使矛盾双方皆受惠，要有利于区域整体的长远发展。而且，在处理区域间的矛盾和问题时，尽可能地运用法律和市场的方法。

（二）市场协调机制

一般而言，区域间的矛盾是由区域文化产业不平衡引起的，而区域文化产业的不平衡是客观的，甚至是合理的。但是，区域政府出于地方利益的考虑，试图减小这种不均衡性，这就违背了市场规律。通过市场的机制来协调不同区域文化产业的发展问题，就必然要放弃政府对文化产业的不当干预，破除区域间的壁垒，就是要让市场的三大机制在区域间的文化产业发展过程中成为主要的资源调控者，结果可能是这种不均衡性加剧了，也可能是减弱了，但是无论如何都是市场调控机制的结果，都是符合市场规律的，都会促进文化产业发展。

二、区域文化产业管理

（一）为什么要监管

文化产业不仅具有经济属性，而且具有政治属性。许多文化产品是具有意识形态意义的，它影响消费者的价值观，影响他们对国家、对民族的情感，也往往为国外的敌对势力利用，影响对现存政权的政治态度。在现实生活中，文化产业的问题甚至引发了一系列政治危机，谷歌在亚洲各国和欧洲各国由于信息披露所引发的监管事件足以说明这一点。

另外，文化产业也可以影响社会公民的道德。一些文化企业为了谋取暴利，不惜违反国家的法律、法规，生产一些低俗的文化产品，传播一系列危害身心健康的传媒产品，其个体虽然受益，却损害了社会风气，败坏了社会风俗，让社会承担了巨大的成本。因此，文化产业需要各个区域主管部门对其监管。

（二）怎么监管

1. 建立多主体管理部门

这些主体管理部门包括政府部门、非营利性组织、消费者。对文化产业进行监管，主要依靠政府部门，政府是公共利益的监管者、保护者，它拥有巨大的资源，拥有进行监管的合法权利。

在我国，除了政府进行监管之外，还要充分发挥非营利组织如各种协会的力量。消费者是对文化产业进行监管的最直接、最广泛也是最重要的监管者。消费者是发现问题的第一人，只有充分发挥广大消费者的力量，才能对如此广泛的文化企业进行有效的监管。

这里尤其要提到的是，政府部门在进行监管的时候，要注意不同部门之间的协调。在我国，对文化产业进行监管，需要文化部、国家广电总局、新闻出版总署、公安部、工商局、工信部等多个部委共同进行。每个部门各管一块，就有可能导致一些领域多头重复管理，另外一些领域却无人问津。这种监管是不合理的，要不断完善。

2. 转变管理方式

我国政府管理方式改革，就是由原来的直接管理向间接管理转变、由微观管理向宏观管理转变、由行政管理方式向法律经济管理方式转变。以法律为主的管理方式一定要严格遵循有法可依、有法必依、执法必严、违法必究的原则。

本章小结

政府部门在区域文化产业发展中的作用突出，政府管理机构通过政策推动着区域文化产业的发展。本章内容包括区域文化产业政策的地位与作用，区域文化产业的政策环境和政策风险以及区域文化产业的政府引导和宏观调控，通过本章内容的学习可以很好地了解政策的重要价值。

案例精选

韩国区域文化产业发展政策

三四十年前的韩国，还是一个比较封闭的以农耕文化为主的岛国，经过几十年发展，尤其是近10年来成为IT强国后，世界对韩国印象改观不少。但韩国人认为，IT产业的成就代表韩国的实力，“韩流”文化则代表韩国的魅力。

据2005年韩国文化观光部公布的《2004年韩国文化产业白皮书》，2003年涵盖了韩国出版、漫画、音乐、游戏、电影、动画片、广播电视、广告、互联网及移动文化信息等10个领域的文化产业的市场销售额为44万亿韩元（按当年汇率，折合370亿美元），占当年韩国GDP的6%。

韩国文化产品的出口为韩国赚取了大笔外汇。2003年，韩国文化产品出口总额为6.3亿美元，只占文化产业销售额的1.7%，但增长极快。韩国文化出口主打产品为游戏、电视剧、电影。2003年，游戏产品出口额为1.81亿美元（占文化产品出口额的29.0%）。2003年，电视剧出口额为3308万美元（占文化产品出口额的5.2%），2004年为7150万美元，增长116.0%。2003年电影出口164部，金额为3098万美元（占文化产品出口额的4.9%）；2004年为194部，金额为5828万美元，增长88.0%。

韩国文化产业的高速发展首先得益于政府的积极推动。在其文化产业发展之初，更多的只是出于支持与保护本土文化，同时抵制越演越烈的欧美日风潮侵袭。

1986年，韩国在第六个经济发展五年计划中提出，“文化的发展与国家的发展同步化”这一重要的政策目标，为“文化立国”战略的提出奠定了基础。1990年，政府颁布《文化发展十年规划》提出，“文化要面向全体国民”的政策理念。1993年，政府出台的“文化繁荣五年计划”将文化产业的开发作为重要目标之一。1994年，文化观光部设立文化产业政策局，并着手准备文化产业的法律体系；同时颁布各种文化政策综合计划，开始积极强调文化产业对经济发展的重要性。亚洲金融风暴后，韩国正式提出“文化立国”的战略，韩国是继日本1995年提出“文化立国”方略后，又一个通过实施国家战略发展文化产业的国家。

1997年，韩国设立了“文化产业基金”，为新创办的文化企业提供贷款。1998年金大中上任总统后，明确提出了“文化立国”的救国方针，将文化产业列为韩国21世纪发展国家经济的战略性支柱产业加以优先发展，并且提出“韩国文化世界化”的口号，将韩国文化推向全球，以此作为推动韩国经济发展的新动力。

1999年，韩国文化观光部、产业资源部、信息通讯部通力合作，建立各自下属的“游戏技术开发中心”、“游戏综合支持中心”，重点扶植游戏产业。文化观光部和产业资源部还分别设立韩国卡通形象文化产业协会（负责创作等）、韩国卡通形象产业协会（负责市场开发），共同推动卡通形象业的发展。

2000年，成立了“韩国文化产业振兴委员会”，其主要职责是制定国家文化产业政策方向、发展计划及文化产业振兴基金运营方案，检查政策执行情况，开展有关调查研究等。2001年，又成立了韩国“文化产业振兴院”，下属韩国文化观光部，以落实各项政策措施。韩国政府成立这些专门文化产业促进机构的主要目的是推动“文化立国”战略的全面实施，全方位地支持文化产业的发展。韩国政府为文化产业发展提供了经费支持。近年来，韩国文化事业的财政预算不断增加，为在经费上确保文化产业的发展，多渠道筹措文化产业发展资金，2002年通过国家预算拨款、投资组合、专项组合、专项基金共融资文化产业事业费5000亿韩元。韩国还设立多个专项基金，分别有文艺振兴基金、文化产业振兴基金、信息化促进基金、广播发展基金、电影振兴基金、出版基金等等。

充分发挥立法在文化产业发展中的重要作用。1999年，韩国政府首次制定有关文化产业的综合性法规《文化产业振兴基本法》，1999—2001年先后制订《文化产业发展5年计划》、《文化产业前景21》和《文化产业发展推进计划》，明确文化产业的发展战略和中长期发展计划。在此期间，韩国有关部门陆续对《影像振兴基本法》、《著作权法》、《电影振兴法》、《演出法》、《广播法》、《唱片录像带暨游戏制品法》等做了部分或全面修订，为文化产业的发展提供了法律法规保障。

加强文化产业发展的人才培养。2000—2005年，韩国政府共投入2000多亿韩元，培养复合型人才，重点抓好电影、卡通、游戏、广播影像等产业的高级人才培养；加强艺术学科的实用性教育，扩大文化产业与纯艺术人员之间的交流合作，构建“文化艺术和文化产业双赢”的人才培养机制。

韩国文化产业振兴院在2000—2001年两年期间，成功运作“投资组合”17项，共融资2073亿韩元（政府350亿，民间1723亿）。2001年，韩国电影振兴公社通过“电影专门投资组合”融资3000亿韩元，保障了电影事业的发展。

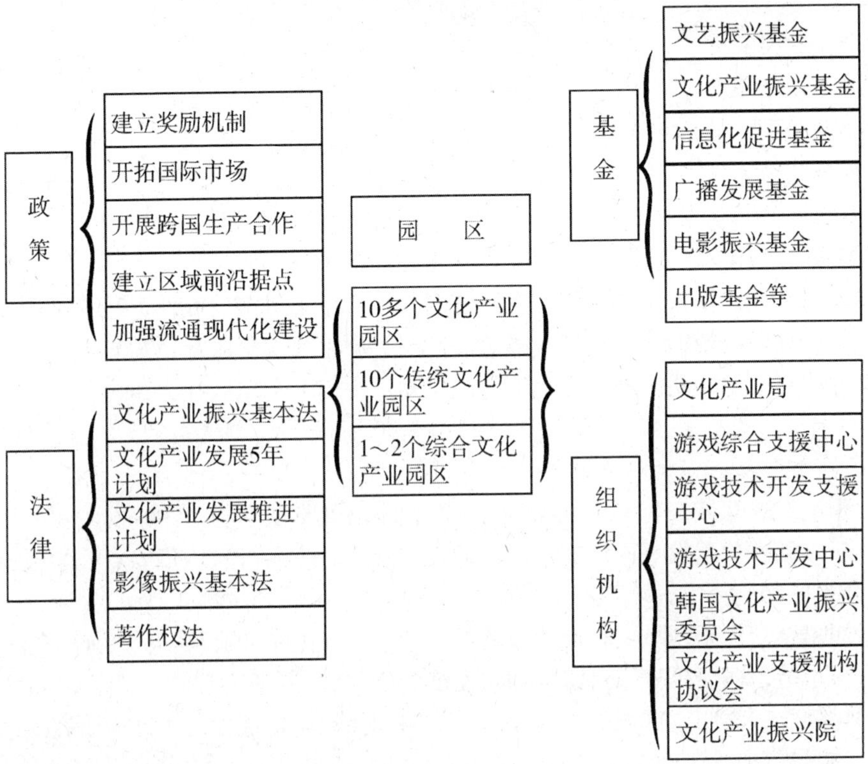

资料来源：《从“韩流”现象看韩国文化产业崛起之路》，见 http://www.cce365.com/wenzhang_detail.asp?id=113891。

思考与练习

1. 什么是区域文化产业政策？
2. 区域文化产业政策有什么特点？
3. 为什么要进行文化产业监管？
4. 我国文化产业监管存在哪些问题？
5. 根据本章案例《韩国区域文化产业发展政策》，分析韩国政府是如何影响文化产业发展的。

参考文献

一、著作

1. 吴殿廷．区域经济学．北京：科学出版社，2009
2. 尹宏．现代城市创意经济发展研究．北京：中国经济出版社，2009
3. 韩骏伟，胡晓明．文化产业概论．广州：中山大学出版社，2009
4. 韩骏伟，胡晓明．国际文化贸易．广州：中山大学出版社，2009

二、期刊

1. 张宝通．地域文化与区域经济发展．西安财经学院学报，2007（6）
2. 李进朝．关于发展区域文化产业的几点思考．中共石家庄市委党校学报，2007（6）
3. 胡惠林．关于区域文化产业战略与空间布局．山东社会科学，2006（2）
4. 白小芳．浅谈延安市经济结构与发展的优劣势．陕西统计与社会，2006（4）
5. 付景涛，李明．区域文化产业发展战略理性的一致性检验．产业研究，2009（2）
6. 昝廷全，赵永刚．区域文化产业在不均衡状态下的均衡发展．郑州航空工业管理学院学报，2009（2）
7. 胡惠林．区域文化产业战略与空间布局原则．云南大学学报，2005（5）
8. 高全成，周冰．陕西产业结构调整中的区位优势选择分析．理论特刊，2005（6）
9. 夏国英．试论全球化背景中的区域文化产业组织经营．学术论坛，2006（1）
10. 叶丽君，李琳．我国区域文化产业竞争力评价与差异分析．科技管理研究，2009（3）
11. 吕健，余政．我国西部区域文化产业合作的博弈分析．社会科学家，2008（10）
12. 陆玉麒．21世纪初我国空间布局的战略取向．学习与实践，2007（5）
13. 商建辉，韦亚娟．保定文化产业集群建构模式的选择．大众文艺，2009（11）

14. 王艳，喻晔. 北部湾经济区文化产业发展思路研究. 当代经济研究，2009（3）
15. 胡伟华. 比较优势：湖南文化产业创新战略的立足点分析. 云梦学刊，2009（2）
16. 李阳. 长三角区域文化产业协调发展对策研究——基于欧盟文化产业一体化发展的经验考察. 经济论坛，2009（8）
17. 朱旭光. 长三角文化产业集群模式的三维分析. 经济论坛，2009（4）
18. 中共成都市委宣传部外宣办课题组. 传承区域遗产与提升文化产业竞争力. 文化艺术研究，2008（1）
19. 周泽超，李秀霞. 促进宁夏文化产业发展对策探讨. 中共银川市委党校学报，2006（3）
20. 黄杉，白芳. 对发展成都地区文化产业集群的思考. 成都大学学报（社科版）2007（5）
21. 韩秀红. 对提升昆明文化产业竞争力的思考. 昆明师范高等专科学校学报，2005（6）
22. 郭永航. 国外区域文化产业发展战略对我国的启示. 湖北社会科学，2009（10）
23. 官旴玲. 国外文化产业政策对我国文化产业发展的启示. 江西教育学院学报（社会科学），2007（5）
24. 顾艳芳. 河南省文化产业结构分析. 焦作大学学报，2008（4）
25. 宋丽丽. 黑龙江文化产业政策研究. 经济技术协作信息，2007（8）
26. 邵培仁，廖卫民. 横店：中国影视文化产业集群发展的一个样本——基于共享性资源观理论的案例分析. 浙江师范大学学报（社会科学版），2009（5）
27. 黄南珊，刘保昌. 湖北文化产业集群发展的前瞻性思考. 江汉大学学报（人文科学版），2009（5）
28. 曾咏梅，袁媛. 湖南四大核心文化产业竞争力比较. 湖南农业大学学报（社会科学版），2009（3）
29. 罗能生，林志强，谢里. 湖南文化产业结构优化研究. 财经理论与实践（双月刊），2009（5）
30. 毕小青，王代丽. 基于“钻石模型”的文化产业竞争力评价方法探析. 华北电力大学学报（社会科学版），2009（3）
31. 杨吉华. 简析中国文化产业政策存在的问题与不足. 武汉职业技术学院学报，2007（3）

三、网络资料

1. 各方为洛杉矶文化旅游献计，见 http：//www. istis. sh. cn/list/list. aspx？id =4325
2. 神游洛杉矶，见 http：//www. tctd. net/html/81/n –2881. html
3. 洛杉矶产业转型对深圳建设国际化城市的启示，见 http：//www. studa. net/jingji/081010/10012375. html
4. 浅析区域均衡发展理论和区域非均衡发展理论，见 http：//www. fanwenzaixian. com/lunwenfanwen/Economic/sort0145/28888. html
5. 关于区域经济发展不平衡的若干问题研究，见 http：//dlibrary. tjl. tj. cn/hbh/fzlt/qy032. htm
6. 长江三角洲地区区域文化市场一体化过程中市场分割与非经济壁垒，见 http：//www. cnci. gov. cn/content/20081225/news_ 37039. shtml